천자문으로
중국 읽기

千字文

千字文
천자문으로
중국 읽기

| 김세환 지음

이담
Books

序言: ≪千字文≫은 어떤 책인가?

≪千字文≫은 우리나라와 中國중국 또는 일본에서 약 1,400여 년 동안 가장 널리 쓰인 漢文한문 교습서였습니다. 아마도 세계에서 가장 많이 읽힌 책이 아닌가 합니다. 이미 너무 오래전이어서 어떻게 만들어졌는지 확실히 알 수는 없습니다. 다만 전해오는 기록을 토대로 하여 여기에 간략한 소개를 합니다.

中國 南朝時代남조시대 梁양나라를 개국한 武帝무제(464~549, 在位 502~549)는 글자의 모양이 정확한 한자 교재를 개발하고자 하였습니다. 왜냐면 인쇄가 아닌 筆寫필사에 의존하던 당시의 글자는 모양이 사람마다 조금씩 다를 수밖에 없었습니다. 그래서 이를 표준화할 필요가 있었습니다. 신하들은 武帝가 좋아하던 王羲之왕희지(303~361)의 붓글씨를 碑文비문에서 탁본하여 중복되지 않는 1,000字를 모아 일종의 서첩을 만들었습니다. 武帝는 이를 王孫왕손들의 붓글씨 교본으로 사용하게 하였습니다. 그러나 문장도 아니고 낱글자만을 모아 놓은 이 교본은 아무런 의미가 없어 아이들에게 흥미를 유발시킬 수가 없었습니다.

武帝는 다시 臣下 중에서 文學에 재능이 뛰어난 周興嗣주흥사를 시켜 이 千字의 글자를 가지고 의미가 통하는 韻文운문(문장 형식을 散文산문과 운문으로 나눈다면 운문은 대체로 노래나 暗誦암송에 적합한 형식을 갖춘 글입니다)을 지어오라 했습니다.

皇帝황제의 명을 받은 周興嗣는 집에 돌아와 千字의 글자를 펼쳐 놓고 이를

韻文으로 조합하기 시작했습니다. 1,000字를 네 글자씩 4言으로 지으면 250句가 되고 다시 짝수의 句마다 押韻압운을 하면 125聯연이 됩니다. 그는 이렇게 하여 每句마다 쉽지만 심오한 의미를 담은 125聯의 운문을 지었는데, 여기에 걸린 시간은 하룻밤이었습니다. 그러나 그 하룻밤은 그의 검은 머리를 모두 백발로 만들어 놓을 정도로 힘든 밤이기도 했습니다. 이로부터 ≪千字文≫은 白首文이라는 별명도 붙게 되었습니다.

이는 지금으로부터 약 1,400여 년 전의 일입니다. 이로부터 글자의 모양을 표준화한 교육이 가능하게 되었고, 아울러 초학자들에게 흥미 있는 한자 공부를 할 수 있게 되었습니다. 그래서 우리나라에서도 그렇게 오랜 세월 동안 변함없이 누구나 ≪千字文≫으로 공부를 시작했습니다. 그러나 중국이나 우리나라 모두가 대체로 낱글자 위주의 교육에 치중하고 그 내용은 다루지 않았습니다.

실제로 내용은 초학자용이 될 수가 없었습니다. 崔世珍최세진(?~1542) 선생은 그 내용의 어려움을 지적하였고, 丁若鏞정약용(1762~1836) 선생은 극렬한 비판을 퍼부으며 스스로 새로운 ≪千字文≫을 지었습니다(그러나 선생의 ≪千字文≫은 별로 사용되지 않은 듯합니다). 그래서 우리는 줄곧 내용을 무시하고, 낱글자의 교육용으로 사용한 것으로 보입니다.

≪千字文≫은 中國의 역사와 天文, 地理, 人事 등의 문화에 대한 포괄적이고도 깊은 내용을 담고 있습니다. 문자의 역사가 오래된 만큼이나 문자에 실려 있는 역사적인 의미는 넓고도 깊습니다. 때문에 ≪千字文≫은 우리가 단순히 글자를 익히는 것뿐만 아니라 역사와 문화를 함께 배우는 데 의미가 있습니다. 다만 옛날에는 이를 암송하면서 글자를 익혔기 때문에 그 내용은 나이를 먹으면서 점차 깨달을 수가 있었습니다. 그러나 지금은 어려서부터 하지도 않았을 뿐만 아니라 커서도 따로 한문을 하지 않기 때문에 이에 대한 해설이 필요하게 되었습니다. 이 책은 바로 한자를 익히고 그 내용을 함께 공부하면서 중국의 문화도 자연스럽게 이해하자는 목적으로 집필하였습니다.

1,000字의 글자 숫자는 비록 많다 할 수는 없겠지만, 그러나 실제 생활에 응용할 때 이는 적은 숫자도 아닙니다. 中國의 고대 商상(西紀前約 16세기~11세기)나라에서 일상생활에 사용한 글자는 대략 1,000자였다고 합니다. 지금도 활용을 잘하면 千字의 위력도 대단합니다. 사실 千字를 깨우치면 나머지는 그렇게 크지 않은 노력으로도 점차 스스로 깨닫게 되며, 아울러 무궁무진한 어휘력을 갖출 수도 있습니다.

  우리에게 있어서 漢字는 우리의 文字입니다. 우리는 줄잡아 2,000년 이상을 이 문자를 사용해 왔으며, 우리의 역사가 이 문자로 기록되어 있고, 아직도 우리의 이름까지 대부분은 이 문자로 짓습니다. 이를 무시하고 한글로 역사의 기록을 바꾸거나 우리의 이름을 한글만으로 쓰면 본래의 뜻이 사라집니다. 우리가 이름을 지을 때는 우선 뜻을 취하는 것입니다.

  우리는 현재 漢字를 우리의 것이 아니라고 배척하면서, 그 자리에는 역시 우리의 것이 아닌 다른 나라 즉 서양의 것으로 메우고 있습니다. 서양의 좋은 것을 받아들이는 것이 우리 역사의 否定으로 이어져서는 안 될 것입니다. 또한 中國의 문자와 문화가 우리의 역사와 문화와 깊은 관련이 있다는 것도 염두에 둘 필요가 있습니다.

  여기에서 원본으로 사용한 책은 淸청 나라의 王嘯尹왕소윤 선생이 纂集찬집한 ≪千字文釋義석의≫입니다. 아울러 현대인의 편리를 위해 표제어에는 중국에서 사용하는 簡體字간체자를 병기하였습니다.

  이 책이 漢子와 中國文化의 이해에 다소라도 도움이 된다면 필자에게는 큰 영광이 되겠습니다.

檀紀 四千三百四十四年(西紀 2011) 開天節에

金世煥 謹書

目　錄

第 三 章

第 四 章

第 五 章

第 六 章

第 七 章

第 八 章

附錄(부록) ··· 267

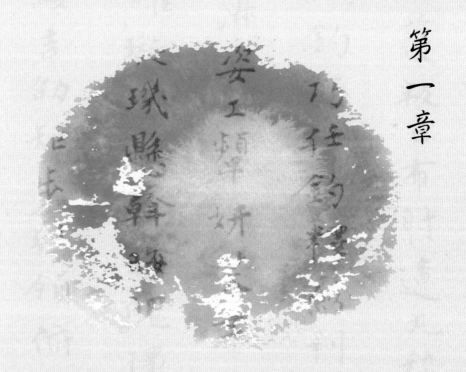

第一章

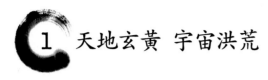

天地玄黃 宇宙洪荒

하늘은 캄캄하고 땅은 누르다
우주는 크고 무한하다

天(大); 하늘천
地(土); 땅지
玄(玄); 검을현
黃(黃); 누를황
宇(宀); 집우
宙(宀); 때주
洪(水); 클홍
荒(艸); 클황

《千字文》은 하늘과 땅을 나타내는 '天地'로부터 시작을 합니다. 천 개의 글자 중에서 이 두 글자를 맨 앞에 둔 것은 우연이 아닙니다. 우리에게 그만큼 의미가 깊은 글자라는 것을 나타냈습니다. '天地玄黃'은 '天地'의 속성을 '玄黃'이라는 색깔로 상징을 한 것입니다.

'天玄' 즉 하늘은 캄캄하다는 뜻인데, 검을 黑흑과는 다소 다른 뜻으로, 밤하늘의 짙은 남색을 뜻합니다. 우리가 시계와 달력을 없애고 생활한다면 우리는 곧 이 캄캄한 밤하늘과 매우 가까이할 수밖에 없다는 것을 알게 될 겁니다. 낮이면 해 그림자를 보고 어느 정도 시간을 가늠할 수는 있겠지만, 해가 없는 밤에는 차고 이지러지는 달(月)의 변화나 北斗七星북두칠성과 같은 별들의 운행을 끊임없이 보아야 시간과 계절을 알 수 있습니다.

그뿐이 아닙니다. 보름달을 보는 회수에 따라 내 몸도 변화합니다. 어려서는 어른으로 성장해가는 자신이 즐거웠지만 나이가 들면 자꾸 떠오르는 보름달이 반갑지만은 않습니다. 별들의 운행이 내 인생의 週期주기와 맞물려 있으니 하늘과 나는 사실 한 몸입니다. 천개의 글자 중에서 '天'으로 시작을 한 著者저자의 의도를 충분히 짐작할 만합니다. 다만 현대인은 하늘을 볼 일이 없고 또 하늘이 잘 보이지도 않는 곳에서 살고 있습니다. 그래서 우리가 하늘과 매우 밀집한 관계에 있다는 것을 이해하기 쉽지 않습니다.

'地黃'은 땅이 누렇다는 뜻이지만 사실은 黃土ᴥ황토의 빛깔을 말합니다. 地球ᴥ지구에서 사람이 살기에 가장 적합한 땅이 황토입니다. 赤潮ᴥ적조로 물고기들이 죽어가는 바다에 황토를 뿌려줍니다. 황토 찜질방으로부터 황토 속옷에 이르기까지 지금은 황토가 대유행입니다. 우리는 원래부터 황토 위에서 삶을 영위했습니다.

'天地玄黃'은 우리가 차지하는 시간과 공간의 조건을 말한 것입니다. 나는 저 하늘의 별들과 그리고 내가 디디고 있는 이 땅과 한 몸이라는 것을 뜻합니다.

그런데 하늘과 땅 외에 또 다른 時空ᴥ시공이 있습니다. 우리의 視野ᴥ시야에 잘 들어오지 않기 때문에 설명이 어렵지만 천문학자들의 끊임없는 연구 대상입니다. 즉 '宇宙'라 합니다. '宇'는 무한한 공간이며 '宙'는 무한한 시간을 의미합니다. 그래서 '宇'는 크다는 의미의 '洪'으로 공간을 나타냈고, '宙'도 단지 크다는 뜻에서 클 '荒'으로 말하였습니다. 여기에서 '宙'는 '때 주'로 訓讀ᴥ훈독하고(지금까지의 ≪千字文≫에서 '집 주'로 훈독한 것은 문맥의 뜻을 따라 훈독하지 않고 단지 그 글자의 대표적인 뜻으로 훈독하였기 때문입니다), '荒'은 '클 황'으로 훈독하는 것이 적합합니다. 즉 '洪荒'은 공간과 시간의 무한한 크기를 말한 것입니다. ≪莊子ᴥ장자≫의 설명을 옮겨 봅니다.

> 구체적인 실체는 있는데 그 실체가 차지하는 處所ᴥ처소가 보이지 않는다. 그것을 '宇'라 한다. 長久ᴥ장구한 역사가 있지만 그 根源ᴥ근원이나 끝을 알지 못한다. 이를 '宙'라 한다. 삶이 있는가 하면 죽음이 있고, 드러나는가 하면 사라진다. 이렇듯 만물은 나타나고 사라지지만 그 흔적이 없다. 이를 하늘의 문이라 한다(有實而无乎處者, 宇也. 有長而无本剽者, 宙也. 有乎生, 有乎死, 有乎出, 有乎入, 入出而无見其形, 是謂天門)〈庚桑楚〉.

≪千字文≫은 우리 존재의 절대 조건인 시간과 공간의 의미로 天地를 가

장 앞에 두었습니다. 그러나 이 태양계도 결국은 다할 때가 있다고 합니다. 태양계의 나이는 현재 약 46억 년이며 앞으로 50억 년쯤 더 존재할 것이라 합니다. 하지만 이것이 곧 끝을 뜻하지는 않을 것입니다. 천지는 무한한 우주에 속에 있어 지금의 천지가 다하면 새로운 천지가 생길 것이기 때문입니다.

우리도 마찬가지일 수 있습니다. 100년을 못 채우는 우리의 인생이지만 子子孫孫자자손손 이어가는 우리의 생명은 무한합니다.

서양에서 가장 널리 읽혔다는 어느 宗敎書종교서도 천지로부터 책의 序頭서두를 열었는데, 곧 "太初태초에 하나님이 하늘heaven과 땅earth을 창조하셨습니다"라는 구절이 이 방대한 책의 시작입니다. 천지가 있고 나서 생물이 있었을 것이니 천지는 곧 생물의 모태라 하겠습니다.

2 日月盈昃 辰宿列張張

해는 뜨고 지며 달은 차고 이지러진다
하늘에는 12辰과 28宿가 펼쳐져 있다

日(日); 해일
月(月); 달월
盈(皿); 찰영
昃(日); 기울측
辰(辰); 地支진
宿(宀); 성수수, 잘숙
列(刀); 반열렬
張(弓); 당길장

앞에 이어서 다시 하늘을 말합니다. 하늘에는 해와 달 그리고 별들이 있는 데, 이들 모두가 시간과 관련된 정보를 줍니다. 해가 뜨고 지면서 낮과 밤이 바뀌고, 달이 차고 이지러지면서 한 달이 지나갑니다. 이렇듯 태양과 달은 우리에게 가장 구체적인 시간의 기준이 됩니다.

'日月盈昃'은 '日昃'과 '月盈'을 묶은 것입니다. 해가 한낮에 南中남중했다가 서쪽으로 기우는 것을 '昃'이라 하고, 달이 차는 것을 '盈'이라 했는데, 여기에서는 하루와 한 달의 기준으로 말했습니다. 해가 뜨고 지는 것이 하루의 기준이며, 달이 이지러지고 차는 주기가 곧 한 달의 기준이 됩니다.

'辰宿수列張' 역시 '辰列'과 '宿張'을 묶었습니다. 天文을 관측하기 위해 하늘을 나누고 별들을 좌표로 지정한 것을 말합니다. 즉 '辰列'이란 12辰으로 배열했음을 말합니다. 우리가 사는 북반구에서 바라보는 하늘은 북극성을 중심으로 둥글게 보입니다. 이 天球천구에 12개의 날줄을 그어 놓고 이를 12地支지지(子자 · 丑축 · 寅인 · 卯묘 · 辰진 · 巳사 · 午오 · 未미 · 申신 · 酉유 · 戌술 · 亥해)로 표시한 것을 12辰이라 하였습니다.

이는 아무렇게나 나눈 것이 아니고 이를 나누는 기준이 있습니다. 해가 지구를 도는(실제로는 지구가 태양을 도는 것이지만 우리의 눈에는 태양이 도는 것처럼 보입니다) 궤도를 黃道_{황도}라 하고, 달이 지구를 도는 궤도를 白道라 하였는데, 백도는 일 년에 12번 황도 위를 지납니다. 이 접점을 기준으로 12등분 한 것입니다.

그러나 이 접점은 좌표가 없으면 알 수가 없습니다. 즉 지금의 달이 올해에 몇 번째 황도를 지나는 것인지 알 수가 없는 것입니다. 그래서 황도 주변 28조의 별자리들을 東北西南 4개의 영역으로 나누어 한 방위에 7개의 대표적인 별들을 배정하였습니다. 이 별자리들을 '宿'라 하며 '별자리 수'로 훈독합니다.

'張'은 이렇게 별자리들을 묶음으로 나누어 펼쳤다는 뜻입니다. 이십팔은 달의 공전 주기에 맞춘 숫자로 보이며, 해와 달의 운행을 관측하는 좌표의 역할을 합니다. 아울러 4계절을 나타내는 좌표이기도 합니다.

中國이나 우리나라에서는 아주 옛날부터 12진을 기준으로 일 년을 12달로 나누는 태음태양력을 사용했습니다.

여자의 생리주기가 대체로 달의 삭망주기와 일치하며, 남자는 봄이 되면 양기가 충만해지는 자연의 이치가 이와 관련되어 있다고 보겠습니다. 시간의 근원이 하늘에 있는 것처럼 생물의 여러 주기가 하늘의 운행 주기와 맞물려 있으니, 땅 위에 있는 모든 생물은 하늘과 한 몸으로 살고 있는 것입니다.

| 참고 : 우리나라의 천문도 |

우리나라에는 세계에서 두 번째로 오래되었다고 하는 '天象列次分野之圖_{천상열차분야지도}'라는 天文圖가 있습니다. '天象'은 하늘의 모습이니 곧 天體_{천체}이며, '列次'는 '次'에 따라 배열한다는 의미입니다. 즉 '日月'이 '盈昃'하면서 일 년에 12차례 黃道에서 만나는 접점을 12辰이라 하고, 이를 기준으로 황도에서 수직으로 나누어 12支로 排列_{배열}하였으니 위에서 '辰列'이라 한 것입니다. 이 자리는 木星_{목성}이 해마다 바뀌는 위치여서 목성을 歲星_{세성}이라고도 합니다. '分野'는 하늘의 영역을 나눈 것으로, 예로부터 땅은 九州구주로, 그리고 하늘은 九野로 나누었습니다. 즉 天象列次分野之圖는 '천체의 모습을 12辰으로 나누어 나타낸 그림'이라고 할 수 있으며, 이는 고구려 때의 천문도를 朝鮮조선의 太祖태조 때 약간의 수정을 거쳐 재현한 것으로 보고 있습니다.

3 寒來_来暑往 秋收冬藏

추위가 오면 더위가 물러가니
가을에 거두고 겨울이면 쉰다

寒(宀);	찰한
來(人);	올래
暑(日);	더울서
往(彳);	갈왕
秋(禾);	가을추
收(攴);	거둘수
冬(冫);	겨울동
藏(艸);	감출장

'寒來暑往'은 추위와 더위라는 기후의 변화를 말하며, '秋收冬藏'은 계절에 따라 달라지는 物候물후의 변화를 말합니다. 지구의 自轉軸자전축은 약 23도 정도 기울어져 있습니다. 태양을 중심으로 公轉공전을 하는 지구는 이 기울기 때문에 태양으로부터 받는 빛의 入射角입사각이 다르게 되고 이로부터 寒暑의 차이가 일어납니다. 즉 지구의 北半球북반구가 태양을 향해 기우는 夏至하지가 되면 태양의 광선을 가장 넓게 받아 덥게 되고, 반대로 북반구가 태양의 반대편으로 기우는 冬至동지가 되면 태양광의 입사각이 좁아지면서 빛을 적게 받아 춥게 됩니다. 하지에는 낮이 가장 길고 동지는 낮이 가장 짧은 것도 같은 이치입니다. 학생들에게 물어보면 지구와 태양간의 거리에 따라 寒暑가 바뀐다고 대답하는 경우가 적지 않은데, 사실 하지와 동지 때 지구와 태양간의 거리는 같습니다.

'秋收冬藏'은 본래 '春生夏長춘생하장'에 이어지는 말입니다. 春·夏·秋·冬이라는 계절의 변화에 따라 생물은 生·長·收·藏이라는 네 변화의 週期주기를 거칩니다. 즉 생물은 寒暑의 변화에 따라 함께 변화함을 말하는 것입니다.

봄이면 陽氣양기가 발동하여 생물은 繁殖번식을 하고, 여름이면 왕성하게 자랍니다. 가을이 오면 결실을 맺거나 마무리를 하며, 겨울이 되면 쉬게 됩니다.

'收藏'을 가을에 거두고 겨울에 저장한다는 뜻으로 이해하면 곤란합니다. 저장을 한다면 가을에 하는 것이지 겨울에 따로 저장할 일이 없습니다. 봄과 여름에는 양기가 발동하여 생물의 생기가 왕성하니 '生長'은 이를 의미합니다. 가을과 겨울에는 음기가 왕성하여 생기가 위축되니 '收藏'이라 하였습니다. 즉 활동을 거두고 쉰다는 뜻입니다.

生·長·收·藏은 곧 일 년을 단위로 순환하는 삶의 과정입니다. 그러나 현대의 우리는 이러한 이치를 거부하면서 삽니다. 寒暑에 적응하기를 거부하니, 추위가 오면 덥게 하고 더위가 오면 춥게 합니다. 겨울에 여름 과일을 먹고 여름에 얼음을 먹습니다. 분주한 심신은 겨울에도 쉴 줄 모릅니다. 이로부터 우리 몸과 마음은 균형과 조화를 잃고, 앓지 않아도 될 질병과 정신적 恐慌공황에 시달립니다. 자연의 순환 과정을 뒤바꾸면서 늘어나기만 하는 새로운 질병에 우리는 세상에서 어느 짐승보다도 바쁘고 불행한 나날을 보내고 있습니다.

배고플 때 먹는 것은 자연의 이치입니다. 그러나 과식은 절제를 모르는 탐욕입니다. 짐승은 먹을 만큼 먹고 남는 것은 다른 짐승에게 넘겨주면서 내일의 식량을 걱정하지 않는데, 오직 똑똑하다는 사람들만이 과식을 하면서 질병을 부릅니다. 어릴 때부터 탐욕을 배워 1,000년을 먹고 살만한 재물을 갖추고서도 만족을 모르며 자신을 학대합니다. 간혹 현명한 사람들이 있어 이 탐욕을 버리고 자연의 이치를 깨닫는 데에 한 평생을 보내지만, 그가 깨달은 경지가 짐승의 경지보다 그리 높아 보이지도 않습니다.

4 閏闰餘余成歲岁 律呂吕調调陽阳

閏(門);	윤윤
餘(食);	나머지여
成(戈);	이룰성
歲(止);	해세
律(彳);	법률
呂(口);	등뼈려
調(言);	고를조
陽(阜);	양기양

나머지로 윤달을 두어 一年을 정한다
律呂의 音階(음계)로 음양을 맞춘다

‘閏餘’는 나머지로 윤달을 둔다는 뜻이고, ‘成歲’는 일 년을 정한다는 의미입니다. 즉 윤달을 두어 일 년의 기준을 정했다는 것으로, 이는 태음태양력의 曆法역법을 말한 것입니다.

일 년을 정하는 방법은 대체로 세 가지로 압축되는데, 太陽曆과 太陰曆 그리고 태음태양력입니다. 태양력은 현재 우리가 사용하고 있는 陽曆으로, 태양을 중심으로 공전하는 지구의 공전주기를 일 년으로 하였습니다. 태음력은 달의 朔望週期삭망주기(朔月과 望月 즉 초승달이 보름달을 거쳐 다시 초승달이 되는 주기를 말하는 것으로, 날짜로는 초하루가 보름을 거쳐 다시 초하루가 되는 음력 한 달의 기준을 말함)를 기준으로 하는 것이지만 계절을 나타낼 수 없기 때문에 거의 쓰이지 않는다고 합니다.

태음태양력은 달의 삭망주기를 한 달로 하고, 다시 이를 지구의 공전주기에 맞추어 일 년을 정한 것입니다. 지금 사용하는 양력은 달하고는 상관없이 지구가 태양을 공전하는 한 주기를 일 년으로 하고 있습니다. 따라서 공전주기만 맞추면 되기 때문에 일 년을 12달로 나눌 근거도 없으며, 또한 한 달이 며칠이 되든 상관없습니다. 가령 2월은 28일인데, 7월과 8월은 31일로 한 달의 날짜가 제각각 입니다. 그러나 음력은 달의 삭망주기로 한 달을 정한 것이어서 일 년을 12달로 정하였으며, 한 달의 날짜도 달의 삭망주기에 따라 29일이거나 30일로 일정합니다.

그러나 달의 삭망주기를 한 달로 하고 이를 다시 지구의 공전주기에 맞추어 일 년을 정하려고 하면 그 주기가 딱 맞아떨어지지 않습니다. 즉 공전주기는 보름달이 12번을 뜨고서도 다시 10.9일 정도를 지나야 일치합니다. 이렇게 되면 달이 자꾸 당겨지게 됩니다. 즉 남는 날들 때문에 1월이 11일 정도 당겨지게 되고 그렇게 십여 년을 지나면 1월이 여름까지 당겨집니다. 그래서 음력에 19년 동안 7달의 윤달을 두어 공전주기와 맞추었습니다. 이렇게 되면 음력으로도 언제나 일정한 계절을 나타내게 됩니다. '閏餘成歲'는 이렇게 남는 날들을 모아 윤달을 두어 일 년을 정했다는 의미입니다.

이렇게 힘들게 달력을 만드는 이유는 때에 맞추어 살림을 운영해야 하기 때문입니다. 특히 농경사회에서 지금이 어느 때인지를 정확하게 아는 것이 매우 중요했습니다. 일 년의 農政농정과 나라 살림을 계획해야 하는 帝王제왕에게는 이것은 가장 중요하면서도 성스러운 일이기도 했습니다.

이것은 인간의 독특한 지혜라 할 수도 있겠지만, 그러나 다른 생물은 이렇듯 요란한 연구가 없어도 때를 알고 자연의 이치에 잘 맞추어 삽니다. 다만 인간만이 理性이성을 내세워 理智的이지적인 이해에 치중합니다. 결과적으로 감수성에 의한 감각이 마비되어 자연으로부터 느낌을 받지 못하니 실제 자연과 하나의 일체감을 이루지 못합니다. 그래서 성인이 이를 보완할 수 있는 방법을 따로 찾았습니다.

'律呂調陽'은 음률을 만들어 사람한테 음양의 조화를 도모함을 말합니다. 班固반고(32~92)가 쓴 ≪漢書한서≫의 <律曆志율력지>에는 "黃帝황제가 律曆율력을 맞추었다(黃帝調律曆)"라고 전합니다. 음악의 音律은 자연의 규율 즉 曆律을 따라 만들어졌으니 자연의 이치를 바탕으로 한 것이라는 의미입니다.

黃帝가 바로 윤달을 두어 매 해가 계절에 맞도록 曆法을 만들었으며, 아울러 음률을 정하여 음양을 고르게 하였다고 전합니다. 하늘의 해와 달이 음양의 서로 다른 기운을 발하는데, 역법은 이 두 기운을 조화시킨 것입니다. 사람도 이에 맞추어 음양의 균형을 이루어야 하는데 이를 음악으로 도왔다는 의미입니다.

'律呂'는 樂律_{악율}을 의미합니다, 음계를 12律로 나누어, 홀수 順의 여섯 음을 陽聲_{양성}의 六律이라 했고, 짝수 순의 여섯 음을 陰聲_{음성}의 六呂라 했습니다. 이렇게 하여 음양을 고르게 하였음을 '律呂調陽'이라 한 것입니다(여기에서는 字數_{자수}와 韻字_{운자}를 맞추기 위해 '陽' 한 글자로 '陰陽'을 나타내었습니다).

| 참고: 양력과 음력 |

태양력에서는 일 년이 꼭 12달이어야 할 이유가 없습니다. 실제로 양력은 로마 시대 초기에는 10개월이었는데 기원전 710년경에 2달을 추가하여 12개월이 되었다 합니다. 또한 한 달을 30일이나 31일로 균등하게 나눌 필요도 없습니다. 7월과 8월이 연속으로 31일이면서 2월은 28(29)일로 적습니다. 이것은 로마의 아우구스투스 황제가 자신의 생일이 들어 있는 8월을 기념하기 위해, 자신의 이름을 따서 아우구스투스(Augustus)라고 바꾸면서 아울러 2월에서 하루를 빼어 8월을 큰달로 만들었기 때문이라 합니다. 이렇듯 양력은 일정한 기준이 없이 오려 붙이기식으로 만들어졌고 따라서 상당히 비과학적인 정보체계입니다.

음력의 한 달은 달의 공전을 기준으로 한 것으로, 지구의 공전주기를 기준으로 하는 일 년에 맞추어 12달이 된 것입니다. 따라서 우리가 사용하는 음력은 사실 太陰太陽曆_{태음태양력}을 말하는 것입니다(간혹 陽曆을 서양에서 들어온 것으로 착각을 하여 '洋曆_{양력}'으로 이해하는 경우가 있는데, 이는 잘못이며, 陽曆이란 太陽曆을 말하는 것으로 우리나라에서도 삼국시대에 이미 사용되었던 것이라 합니다).

달을 기준으로 하면 오늘이 며칠인지 가늠하기가 쉽습니다. 즉 누구나 분명하게 알 수 있는 보름달이 한 달에 한 번 있으며 이로부터 날짜를 추산하는 것은 그리 어렵지 않은 일입니다. 보통 사람들도 달을 보면 대체로 며칠쯤인지는 알 수 있습니다. 태양만을 바라보는 양력이라면 오늘이 일 년의 언제쯤인지 짐작하는 것은 일반인한테는 너무 어려운 일입니다.

그러나 농사를 짓는 농경사회에서 음력으로는 계절을 알 수 없다는 불편이 있었습니다. 때문에 중국이나 우리나라에서도 일찍부터 태양을 중심으로 하는 양력을 겸용하게 되었습니다. 즉 일 년의 단위를 태양이 황도를 지나는 주기로 하고, 여기에 24절기를 두어 계절을 표시한 것입니다. 다시 이를 12節氣_{절기}와 12中氣로 나누어 한 달에 각각 하나씩 들어가도록 하였습니다. 양력으로 매월 상순에 절기가 있고 하순에 중기가 들어 있습니다. 그러나 음력의 12달과 양력의 1년은 10일이 넘는 차이가 납니다. 때문에 절기와 달이 일치하지 않아 어떤 음력의 달은 하나의 절기만 있게 되기도 합니다.

예로 2012년은 음력 3월 윤달이 없다면 음력 4월은 立夏의 절기만 있고 중기가 없게 됩니다. 즉 5월의 하지가 6월에 오게 되어, 윤3월을 넣어 5월의 중기인 하지가 5월에 오도록 합니다. 이렇듯 윤달은 중기가 없는 달(無中月) 앞에 두어 계절과 맞추는 것입니다. 달의 운행주기를 기준으로 한 음력은 본래 계절과 상관이 없는 것이어서 이러한 다소 복잡한 방법으로 계절을 나타내게 되었습니다.

이러한 음력(태음태양력)은 단순한 시간표가 아니고 자연의 오묘한 이치를 내포하고 있습니다. 천지가 움직여 사계절의 변화가 있으니 이에 따라 서로 다른 氣運_{기운}이 일어납니다. 고대 중국에서는 천체의 움직임에 따라 일 년 사계절 24절기를 계산하는 외에도, '候氣法_{후기법}'이라 하여 기운을 이용하여 절기를 확인하는 방법을 사용했습니다.

12개의 竹管_{죽관}으로 길이가 가장 긴 것은 九寸이고 가장 짧은 것은 四寸六分이 되도록 하여 일정한 비율로 길이가 서로 다른 죽관을 만들었습니다. 피리처럼 생긴 이 죽관에 갈대청(갈대의 줄기 속에 붙어 있는 얇은 막)을 태워 그 재를 채웁니다. 이를 西北 쪽의 陰山에 바람이 통하지 않도록 완전히 밀폐한 장소에 묻는데, 12개의 관을 길이의 순서에 따라 위로는 일정한 길이로 가지런하게 묻습니다. 이렇게 하면 땅속으로는 길이가 순서에 따라 다르게 됩니다.

冬至가 되면 땅속에서 陽氣가 발동하는데 이의 기운을 받은 가장 긴 管 속의 재가 날아갑니다. 이처럼 일 년 동안 12개 管 속의 재가 모두 날아가는데 이로써 나타나는 절후의 변화를 천문을 관측해 만든 역법과 비교할 수 있을 것입니다.

이것은 또한 악기에서 12개 音階음계의 음을 정하는 기준이 됩니다(이 방법은 黃帝의 명을 받아 伶倫영륜이 발명하였다고 전해지지만 정확한 방식은 고증하기 어렵습니다).

이것은 계절의 변화(천체의 운동)에 따라 天氣(陽氣)와 地氣(陰氣)의 만나는 위치가 다른 원리를 이용한 것입니다. 이와 같이 12개의 樂器악기를 12달에 배정하였는데 그중에서 음계의 기준이 되는 율관을 黃鐘황종이라 하였습니다.

황종은 또한 度量衡도량형의 기준이 되기도 했습니다. 즉 황종의 속을 채워 넣은 기장(黍)의 길이를 합하여 尺度척도의 기준으로 하고, 그 용적(1,200알)으로 量의 기준을 삼았으며, 그 무게(1,200알)로 衡(重量)의 기준을 잡았다고 합니다.

고대인들은 천지의 기운을 측정하는 도구를 만들어 이를 樂器악기로 응용하면서 음악의 기준으로 삼았습니다. 사람들로 하여금 이러한 음악을 통하여 천지와 함께 하는 일체감을 체험하게 하려는 의도로 짐작됩니다. 아울러 이를 기준으로 도량형까지 만들었으니 이는 음악과 도량형의 기준이 천지와 하나가 되도록 하여 인간의 생활이 자연의 이치에서 벗어나지 않도록 힘쓴 것이라 여겨집니다. 이것이 곧 律呂를 만들어 음양에 조화를 이룬다(律呂調陽)는 의미일 것이라는 생각을 해봅니다.

5 雲云騰騰致雨 露結结爲为霜

雲(雨);	구름운
騰(馬);	오를등
致(至);	이를치
雨(雨);	비우
露(雨);	이슬로
結(糸);	맺을결
爲(爪);	할위
霜(雨);	서리상

구름이 올라 비가 내리고
이슬이 얼어 서리가 된다

雲騰致雨: 구름이 하늘로 올라가 비를 내리게 합니다. 구름은 땅의 음기를 받아 水蒸氣수증기가 뭉친 것으로 하늘의 양기와 만나 비가 됩니다.

'騰'은 뛰거나 오르는 것을 말합니다. ≪禮記예기≫에 "孟春맹춘(정월)이 되면 天氣는 아래로 내려오고 地氣는 위로 오른다(天氣下降, 地氣上騰<月令>)." 고 했습니다. 大地가 윤택해지면서 만물이 蘇生소생 生長하는 것은 바로 이러한 雲雨의 작용으로부터인 것입니다. 이로부터 남녀의 交合과 관련하여 '雲雨' 또는 '雲雨之情'의 말이 생겼으나 대체로 소설에서 남녀의 은밀한 情事정사를 뜻할 때 씁니다.

'雲騰致雨'가 陽氣의 작용으로 대지에 생기를 일으키게 하는 것이라면, '露結爲霜'은 陰氣의 작용을 말합니다. 한 해가 저물어 스산한 寒氣한기가 내습하면서 겨울이 오는 것을 뜻합니다. 양력으로 대략 10월 8일에 오는 寒露한로 때가 되면, 이슬은 추워지는 날씨에 따라 서리처럼 변합니다. 이때 五穀百果오곡백과를 수확하고 생물은 겨울을 준비합니다. 국화꽃과 단풍 빛이 짙어지고 여름새가 떠나고 겨울새가 돌아옵니다.

이어서 10월 23일경의 霜降상강이 되면 밤의 기온이 더욱 낮아져 수증기가 지표에서 엉기면서 서리가 내립니다. 초목이 누렇게 마르고 짐승들이 동면을 시작하는 이때는 생물에게는 한 해의 주기가 끝나가고 있음을 뜻합니다. 구름과 비, 그리고 이슬과 서리는 본래 하나이지만, 구름이 비가 되어 내리는 봄 · 여름이면 생물은 왕성하게 자라고, 날씨가 건조하고 추워지면서 이슬이 서리가 되는 가을이 되면 생물은 겨울을 준비하면서 한 해를 마감합니다.

6 金生麗丽水 玉出崑昆岡冈

金(金); 쇠금, 성김
生(生); 날생
麗(鹿); 고울려
水(水); 물수
玉(玉); 옥옥
出(山); 날출
崑(山); 산이름곤
岡(山); 산등성이강

금은 麗江에서 나고
옥은 崑崙山에서 난다

앞에서는 天地宇宙와 日月星辰일월성신의 운행 그리고 그에 의해 달라지는 계절의 변화 등을 말하였습니다. 여기에서는 화제가 바뀌어 사람에게 매우 중요한 땅의 資源자원을 말합니다. 예로부터 金과 玉은 사람에게 더없이 귀한 물건이었고, 사람들은 집에 金玉이 가득하기(金玉滿堂금옥만당)를 원하였습니다.

金生麗水: 금은 麗水에서 많이 납니다. 麗水는 長江의 上流로, 지금 雲南省운남성의 麗水縣여수현을 지나는 곳입니다. 麗江이라고도 했으며, 예로부터 沙金사금이 많아 金沙江이라고도 했습니다. 不法 淘金도금(모래에서 금을 걸러냄)이 지금까지도 계속되고 있다 합니다.

金은 매우 특별하여 ≪東醫寶鑑동의보감≫에서는 "세상의 만물 중에 썩지 않는 것은 黃金 한 가지"라 했습니다. 아울러 金은 정신을 안정시키고, 五藏오장을 補보하거나 치료하는 효능이 있다고 합니다. 金은 이렇듯 인체와 특별한 친화력을 가지고 있어 지금도 널리 의료에 쓰일 뿐만 아니라, 공업용으로도 언제나 가장 긴요한 자리를 차지합니다. 장신구에서의 절대적인 지위 또한 東西古今이 다르지 않습니다. 이러한 효용성으로 인해 지금도 가장 신뢰받는 국제 화폐의 구실을 합니다. 요즘의 금값은 정말 금값입니다.

玉出崑岡: 옥은 崑岡에서 난다는 뜻입니다. 崑은 崑崙山곤륜산을 말하며 岡

은 산등 즉 능선을 의미합니다. 예로부터 崑崙山은 玉의 産地_{산지}로 유명하였는데, 그 산줄기가 지금의 西藏_{서장} 北部로부터 靑海_{청해}로 이어지는 워낙 거대한 산이어서 당시의 崑崙山 위치는 정확하게 알지 못합니다.

玉도 인체에 여러 가지 효능이 있는데 ≪동의보감≫에 胃熱_{위열}, 喘息_{천식}, 煩懣_{번만} 등을 없애주는 약효가 있다 하였습니다. 중국에서 玉은 邪氣_{사기}를 물리치고 몸의 血行_{혈행}을 돕는다 하여 언제나 집안이나 몸에 玉을 지니는데, ≪禮記_{예기}≫에 군자는 반드시 옥을 佩用_{패용}한다고도 했습니다. 옥은 몸의 평안을 지켜주는데 만일 옥을 지닌 사람에게 무슨 변고가 생기게 되면 옥이 먼저 깨어졌다고도 합니다. 왕들의 부장품에서 옥은 매우 흔하게 발견됩니다.

지금도 옥 침대, 옥 사우나, 옥 베게 등 옥의 용도는 더욱 다양해지고 있습니다. 현대의 우리는 서양의 영향인 듯 금강석을 더 선호하는 경향이 있지만, 금강석은 인체에 특별한 친화력이 있거나 어떤 효능이 있다고 알려진 것은 없는 듯합니다. 금강석 생산량의 약 80%가 공업용으로 쓰인다는 것을 생각하면 우리는 공업용 소재를 몸에 지니고 다니는 셈이 됩니다.

金玉은 꼭 滿堂일 필요가 없습니다. 그저 손바닥 넓이 정도만 있어도 세상이 아름다워 보일 것입니다.

| 참고: 황진이 |

우리나라 黃眞伊_{황진이}의 詩_시에 崑山(崑崙山)이 보입니다.

　　詠半月 _{영반월}
　　誰斷崑山玉_{수단곤산옥}, 裁成織女梳_{재성직녀소}.
　　牽牛離別後_{견우이별후}, 愁擲碧空虛_{수척벽공허}.
　　(누가 崑山의 옥을 잘라 織女의 빗을 만들어 주었는가?

牽牛가 떠난 후 설움에 겨워 허공에 던졌구나!)

　　떠난 임 생각에 잠을 이루지 못하고 밤을 배회하는데, 하늘에 걸린 반달이
마치 님을 보내고 다시 쓸 일이 없어 방구석에 던져둔 내 빗과 같아 보입니
다. 허공에 걸린 저 빗은 견우를 보내고 슬픔에 젖은 織女가 던져 버린 빗인
가요?

7 劍劍號号巨闕阙 珠稱称夜光

검이라면 巨闕이요
진주라면 夜光珠라

劍(刀); 칼검
號(虎); 부를호
巨(工); 클거
闕(門); 대궐궐
珠(玉); 구슬주
稱(禾); 이를칭
夜(夕); 밤야
光(儿); 빛광

劍號巨闕: 劍이라면 단연 巨闕(검의 이름)입니다. 號'와 '稱'은 여기에서 같은 의미로 쓰였는데, 즉 이를 만하다(꼽을 만하다)는 뜻입니다.

중국 春秋時代춘추시대의 越王월왕 允常윤상이 당시 5자루의 寶劍보검을 갖고 있었는데 그중에서 巨闕이 가장 훌륭했다 합니다. 1965년 湖北호북에서 越나라의 왕 句踐구천(允常의 아들)의 보검이 출토되었습니다. 琉璃유리와 옥으로 장식된 청동 검이었는데 발견 당시에도 전혀 녹슬지 않고 칼날이 예리하였다고 합니다.

劍은 예로부터 武무의 상징으로 여겼습니다. 서로가 질 수 없는 吳 나라의 闔閭王합려왕이 거궐의 얘기를 듣고 역시 명검 만들기를 시작했습니다. 그는 검의 名匠인 干將간장과 莫邪막야 夫婦에게 100일 안에 세상에서 가장 훌륭한 검을 만들어 오라고 명령했습니다. 아울러 용광로에 告祀고사를 지낼 때의 祭物제물로 300명의 童男童女동남동녀를 보냈습니다. 그러나 이들 부부는 아이들이 불쌍하여, 좋은 검을 만들 것이니 아이들을 집으로 돌려 보내줄 것을 간청하였습니다. 왕은 이를 수락하였지만, 훌륭한 검을 만들어내지 못하면 이들 부부는 물론 아이들 모두를 죽이겠다는 조건을 붙였습니다.

그러나 검을 만들기 시작한 지 90여 일이 지나도록 쇳물은 잡성분이 완전

虎丘의 劍池 표지석과 試劍石

히 분리되지 않아 원하는 빛깔이 나지 않았습니다. 300명의 아이들과 자신들의 목숨이 위태로움을 직감한 아내 莫邪는 용광로에 몸을 던졌습니다. 쇳물은 순식간에 원하던 색깔로 변하였고, 드디어 두 자루의 雌雄寶劍자웅보검이 만들어졌습니다. 干將은 자신들의 이름을 따서 雌劍은 '莫邪'라 하고, 雄劍은 '干將'이라 하였습니다. 지금의 蘇州市소주시 虎丘호구라는 곳 야트막한 오르막길에 試劍石시검석이라 쓰인 둘로 갈라진 바위가 있는데, 합려왕이 莫邪劍을 받아 이를 시험하기 위해 내리친 것이라 전합니다. 蘇州市소주시에 이들의 이름을 딴 干將路와 莫邪路가 있습니다.

珠稱夜光: 구슬이라면 夜光珠를 꼽아야 한다는 뜻입니다. 珠는 본시 조개 속의 珍珠진주를 의미했습니다. 밤에 빛이 나는 것을 夜光珠라 하는데 구슬 중에서 으뜸이라 했습니다. 이것은 자체적으로 빛을 내는 것이 아니고 낮에 받은 빛이 저장되었다가 밤에 밝히는 것이라 합니다.

夜光의 대표적인 것은 달빛입니다. 달빛이 스스로 빛을 내는 것이 아니기 때문에 夜光珠도 이로부터 유래된 명칭으로 보입니다. ≪淮南子회남자·地形訓지형훈≫에 의하면 조개와 진주, 거북 등은 달빛과 盛衰성쇠를 함께 한다 합니다. 즉 달이 커짐에 따라 이들도 함께 커지고 달이 작아질 때는 이들도 위축된다는 의미입니다. 실제로 달빛이 많아질 때 이들의 生殖腺생식선이 커지고 육질도 좋아지다가 달빛이 적어지면 반대로 이들의 활동이 줄어든다고 합니다.

≪東醫寶鑑≫에서는 珍珠는 차가운 성질로 독성이 없는데, 心身을 안정시

키고 눈을 밝게 하며 안색의 老衰를 방지하는 등의 효능이 있다 했습니다. 그래서인지 진주 가루로 화장품을 만들기도 합니다.

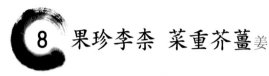

8 果珍李柰 菜重芥薑姜

果(木); 과실과
珍(玉); 보배진
李(木); 오얏리
柰(木); 능금나무내
菜(艸); 나물채
重(里); 무거울중
芥(艸); 겨자개
薑(艸); 생강강

과실은 자두와 능금이 좋다 하고
채소는 갓과 생강을 중히 한다

나무의 열매 중에서 먹을 수 있는 것을 '果'라 하고, 풀 중에서 먹을 수 있는 것을 '菜'라 합니다. '李'는 '오얏리'라고 해왔는데 지금은 '자두'로 통일하여 표준어로 정하였다고 합니다. 그러나 이 둘은 본래 다소 다른 것이라고도 합니다. 《東醫寶鑑》에 오얏씨는 失足실족으로 인한 骨折傷골절상에 약으로 쓰이고, 또한 小腸소장을 통하게 하고 水腫수종을 내리며 얼굴의 기미를 치료하는 효능이 있다 하였습니다. 오얏은 도처에 있는데 6~7월(陰曆)에 씨를 채취한다고 합니다.

'柰'는 흔히 '벚 내'로 훈독을 하지만, '능금 내'로 하여야 할 것 같습니다. 《本草綱目본초강목》에 '林檎임금'과 같은 종류라 했고, 《동의보감》에서도 이 두 가지가 크기가 다를 뿐으로 실제로는 같은 것으로 설명했습니다. 아마도 林檎이 우리말로 능금이 된 듯합니다. 과일 중에서는 오얏과 능금이 珍貴진귀하다는 뜻이 되겠으나, 그때로부터 약 1,500년이 넘게 지난 지금 그 구체적인 의미를 알기는 어려울 것 같습니다.

菜重芥薑: 채소로는 芥와 生薑을 중히 한다는 뜻입니다. 芥는 갓 또는 겨자라 하는데, 배추와 비슷하면서 털이 있고 매우 맵습니다. 《동의보감》에 芥는 腎臟신장의 邪氣사기를 없애고, 九竅구규를 통하게 하며, 귀와 눈을 밝게 하고, 기침을 멈추게 하는 등의 효능이 있다 하였습니다. 黃芥황개, 紫芥자개, 白芥가 있는데 白芥가 가장 맛이 좋으며 약에 쓴다 했습니다.

≪동의보감≫에 生薑 역시 따스한 성질로 맛이 매운데, 風寒풍한이나 濕氣습기를 없애고 기침을 치료하는 등의 약효가 있다 했습니다. 예로부터 생강은 정신을 맑게 하고 냄새와 더러움을 없애준다고 하였으며, 때문에 孔子공자는 食後식후에도 생강을 거두지 않고 놓아두도록 했다 합니다.

9 海鹹咸河淡 鱗鱗潛潛羽翔

海(水); 바다해
鹹(鹵); 짤함
河(水); 물하
淡(水); 싱거울담
鱗(魚); 비늘린
潛(水); 잠길잠
羽(羽); 깃우
翔(羽); 날상

바닷물은 짜고 강물은 심심하다
물고기는 헤엄치고 새는 난다

지구 표면의 **70%**가 물로 덮여 있다고 합니다. 이러한 물은 鹹水와 淡水로 나뉩니다. 바닷물은 짜기 때문에 '鹹水'라 하고, 강물은 짠맛이 없고 淡淡하다 해서 淡水라 합니다.

'鹹(짤 함)'과 혼동하기 쉬운 글자로 '鹽(소금 염)'이 있는데, 鹹은 맛이 짠 것을 말하고, 鹽은 소금을 말합니다. 鹹水는 바닷물처럼 짠물을 뜻하고, 鹽水는 소금을 물에 녹인 소금물을 말합니다.

鱗潛羽翔: 비늘 가진 생물은 물속으로 들어가고. 날개 단 새는 하늘을 날아 오릅니다. 앞에서 열거한 金玉으로부터 채소에 이르기까지 땅 위의 사물들 외에, 물과 하늘에 사는 魚類어류와 鳥類조류도 있습니다. 물속의 생물들을 비늘(鱗)로 상징하였고, 하늘을 나는 새는 날개(羽)로 나타냈습니다.

≪詩經시경≫의 <大雅대아 · 旱麓한록> 편에 "솔개는 날아 하늘에 오르고 물고기는 연못에서 뛰논다(鳶飛戾天, 魚躍于淵)."라는 구절이 있습니다. 서로가 자신의 처소에서 자연에 순응하며 살아갑니다. 새에게는 하늘이, 그리고 물고기는 물이 자신이 살아가는 처소입니다. 물고기가 하늘을 오르려 하고, 새가 물에서 헤엄치려 한다면 전혀 이로울 것이 없을 것입니다. 그런데 사람은 언제나 자신의 처소를 벗어나고자 합니다. 짐승도 가까이하지 않는 산을 오르다

죽고, 하늘과 바닷속을 휘저으며 자연을 오염시키고 파괴합니다. 이로부터 눈 앞의 궁금증은 풀어지겠지만 결국은 극복하기 어려운 재앙을 불러옵니다. 파리 한 마리가 소의 등에 잠시 앉았다고 소를 정복한 것은 아닌데도 말입니다.

10 龍龙師师火帝 鳥鸟官人皇

龍(龍); 용룡
師(巾); 스승사
火(火); 불화
帝(巾); 임금제
鳥(鳥); 새조
官(宀); 벼슬관
人(人); 사람인
皇(白); 임금황

伏羲氏 神農氏가 있었고
黃帝와 少昊氏가 있었다

龍師火帝: 龍師는 伏羲氏복희씨이며 火帝는 神農氏신농씨를 말합니다. 인간이라는 존재는 독특한 문명을 열어 만물 속에서 유일하게 역사를 누적시켜왔습니다. 中國 역사의 始祖시조는 伏羲氏로 알려져 있습니다. 그 뒤로 女媧여왜('여와'로도 읽음)와 神農이 있었으니 이 셋을 흔히 三皇삼황이라 하고, 중국 역사의 서막을 연 聖人성인들이라 일컬어 옵니다.

지금의 甘肅省감숙성 天水市 일대에서는 伏羲와 女媧에 관련된 遺物유물들이 발굴되고 있는데, 이는 이들 기록이 단지 신화나 전설만이 아니고 실제 있었던 역사였음을 나타냅니다(복희 씨는 대체로 약 7,000년 전쯤의 역사로 추정합니다). 다만 복희의 어머니 華胥화서가 연못가에 있는 큰 발자국을 밟았더니 임신을 하여 그를 낳았다거나, 또는 그가 蛇身人首사신인수의 몸이었다는 기록 등은 후세에 보태어졌다고 볼 수도 있을 것입니다. 특히 당시가 母系社會모계사회였음을 감안하면 이러한 전설적인 요소로 확실하지 않은 父系를 대신하게 되었을지도 모를 일입니다.

伏羲는 八卦팔괘를 지어 후세 신비의 책 ≪周易주역≫의 발판이 되었습니다. 또 그물을 엮어 사냥과 고기잡이를 가르치고, 짐승을 길러 祭物제물에 사용할 수 있게 하였다 해서 그를 庖犧포희(제물을 키워 부엌에 공급했다는 의미)라고도 합니다.

그는 각 官職관직의 長官을 靑龍·白龍·黃龍 등으로 불렀기 때문에 여기에서 그를 龍師라 칭하였습니다. 즉 龍의 王이라는 뜻이 됩니다. 伏羲는 姓이 風이었으며, 宓戱복희·太昊태호·太皥태호·太晧태호 등 여러 명칭의 기록이 있습니다.

火帝 神農氏는 火德화덕으로 왕이 되어 火帝라 하는데 炎帝염제라 하기도 합니다. 伏羲氏의 龍名과는 다르게 火名으로 官職을 나누었다고 합니다. ≪周易≫에 그가 나무로 쟁기를 만들어 農耕농경을 가르쳤다는 기록이 있으며, 그래서 神農氏라 부릅니다.

그는 또한 온갖 풀의 맛을 보아 藥草약초를 가려내어 백성의 병을 치료하였습니다. 지금 長江 三峽삼협의 상류 쪽에 神農架신농가라는 곳이 있는데, 神農氏가 사다리를 타고 약초를 채집하던 곳이라 합니다. 약 3,200제곱킬로미터 넓이의 원시 大森林대삼림인 이곳에는 3,000미터가 넘는 봉우리가 6개나 있으며, 지금도 藥材약재의 寶庫보고로 알려져 있습니다. 神農氏는 이곳에서 계곡을 따라 통나무배로 三峽을 거쳐 長江으로 내려 왔다 합니다. 이 계곡을 지금도 神農溪신농계라 부릅니다.

鳥官은 少昊氏소호씨를 말합니다. 黃帝의 아들로 山東의 曲阜곡부에서 태어났습니다. 金德금덕으로 王이 되어 金天氏금천씨라고도 하며, 金氏김씨의 始祖시조이기도 합니다. 그가 즉위할 때 마침 봉황새가 날아들어 그는 관직을 새의 이름으로 지었는데, 예로 祝鳩氏축구씨, 雎鳩氏저구씨, 鳴鳩氏명구씨 등이 있습니다. 여기에서 少昊를 黃帝와 순서를 바꾸어 기술한 것은 韻字운자를 맞추기 위해서입니다.

人皇은 黃帝를 의미합니다. 司馬遷사마천은 ≪史記사기≫에서 중국의 역사를 黃帝로부터 기록을 하였습니다. 그는 五帝本紀오제본기를 쓰면서 여기저기 산재한 五帝에 관한 기록을 정리하여 이를 역사적 사실로 간주하였습니다. 人皇이란 이러한 인문의 역사를 편 皇帝라는 의미로 쓰인 듯합니다.

黃帝는 '少典소전'이라는 部族부족의 자손으로 이름을 軒轅헌원이라 했습니다. 그러나 그가 官職을 나타내는 수레와 官服관복을 만들었기 때문에 軒轅으로 불렸다는 설도 있습니다. 그가 神農氏를 제압하고 蚩尤치우를 정벌하였기 때문에 제후들이 그를 天子로 추대하여 黃帝가 되었다고 합니다. 이는 중국 역사에서 가장 처음 무력으로 사방을 정복하여 중앙 王權왕권을 세웠다는 기록이라 할 수 있습니다.

그로부터 姬氏희씨 姓(黃帝는 처음에 姬水에서 생장하여 姓을 姬라 함)의 왕조가 周주 나라까지 이어진 것으로 알려져 있습니다. 신농씨가 火德으로 천자가 되어 炎帝라 했듯이, 黃帝는 土德으로 천자가 되어 黃帝(五行에시 띵은 黃色으로 나타냄)라 한 것입니다. 지금의 陝西省섬서성 皇陵縣황릉현의 橋山교산에 黃帝의 陵능과 軒轅廟헌원묘가 있는데 중국의 8대 경관의 하나에 속한다 합니다. 이곳에는 黃帝가 친히 심었다고 전해지는 柏樹백수가 한 그루 있으며 나이가 약 5,000년쯤 되었을 것으로 추정합니다. 이 밖에도 한의학 最古최고의 경전인 ≪黃帝內經황제내경≫도 黃帝로부터 시작되었다 합니다. 또한 중국의 유명한 黃山은 본래 黟이山이라 했는데, 黃帝가 여기에서 仙丹선단을 만들어 신선이 된 이래 黃山으로 불렸다는 전설이 전해집니다.

11 始制文字 乃服衣裳

始(女); 처음시
制(刀); 지을제
文(文); 글월문
字(子); 글자자
乃(丿); 이에내
服(月); 옷복
衣(衣); 옷의
裳(衣); 치마상

처음으로 文字를 창제하고
이어 옷을 지어 입게 하였다

　始制文字: '始'는 '初ᄎ'의 뜻으로, 그리고 '制'는 '造ᄌ'의 뜻으로 쓰였습니다. 앞에 말한 人皇 즉 黃帝가 처음으로 문자를 만들었다는 뜻입니다.

　後漢후한(25~220) 때의 許愼허신(30~124)은 ≪說文解字설문해자≫라는 책을 지었습니다. 문자 그대로 '文字'를 '說解'(풀어 설명함)한 책인데 최초의 字典자전이라 하겠습니다. 이 책에서 許愼은 黃帝의 史官인 倉頡창힐이 처음으로 문자를 만들었다고 하였기 때문에 여기에서 黃帝가 문자를 지었다고 한 것입니다.

　許愼은 또 문자의 造字原理조자원리를 설명하였습니다. 즉 사물의 類別유별에 따라 그 모양을 그려 뜻을 나타낸 것을 '文'이라 하였고, 다시 두 개 이상의 文을 합쳐 音과 뜻, 또는 복합된 뜻을 함께 나타낸 것을 '字'라 하였습니다. 그래서 文은 곧 처음 만들어진 初文을 의미하는 것이며, 字는 初文을 합하여 만든 '孳乳字자유자'이니, 이를 다시 말하면 文은 하나의 글자로 된 獨體字독체자이고, 字는 두 개 이상의 글자가 합쳐 만들어진 合體字합체자입니다.

　가령 '女'는 初文이며, '男남'은 '田'과 '力' 두 初文이 합쳐진 글자입니다. 이로 보면 '女'字가 아무래도 더 진화한 글자라 할 수 있는 '男'字보다는 훨씬 일찍 만들어진 글자임을 알 수 있습니다. 이는 여자가 남자보다 더 중시된

사회 즉 母系社會의 영향이었을 것으로 추측할 수도 있습니다. 漢字는 이렇듯 처음에 '女'字와 같이 사물을 象形상형하는 圖畵文字도화문자로 시작하여 '男'字처럼 두 개 이상의 初文을 합쳐 만들게 되면서 지금의 수많은 글자로 늘어난 것입니다.

문자는 인간의 가장 위대한 발명품이라 할 수 있습니다. 그러나 일찍이 이러한 문자의 창제에 부정적인 시각도 있었습니다. ≪淮南子회남자≫에는 "옛적 倉頡창힐이 글자를 만드니, 하늘에서는 곡식의 비를 내리고 귀신은 밤새 울었다." 하는 기록이 있습니다. 글자가 만들어지니 사람들 사이에 서로 속이는 일이 생겨나면서 근본을 버리고 지엽적인 것을 좇아 耕作경작은 하지 않고 하찮은 이익에만 힘쓰게 되었습니다. 하늘이 이를 보고 인간들이 굶을 것을 걱정하여 곡식을 비처럼 내려 주었다 합니다. 귀신은 또한 자신들의 생애에서 있었던 일들이 문자로 기록되어 訟事송사가 걸릴 것을 염려하여 밤새 울었다는 것입니다.

문자는 인간의 문명에서 가장 훌륭하고 편리한 도구였습니다. 그러나 다른 측면에서 보면 문자는 지식의 축적을 가능케 하여 영악한 문명의 발달로 이어졌으며, 이로 인해 인간은 날로 소박한 자연의 이치를 벗어나 자신의 본질을 잊게 하였을 뿐만 아니라, 자연과 자신을 함께 파괴하여 왔다는 부정적인 역기능도 언제나 함께 했습니다.

'乃服衣裳'은 이어서 의상을 지어 입게 했다는 뜻입니다. '乃'는 '이어서'라는 의미의 어조사이며, '服'은 '입는다'의 뜻으로 쓰였습니다. 黃帝가 신하 胡曹호조를 시켜 衣裳을 만들게 하였다 합니다. 윗옷을 衣라 하고 아래옷을 裳이라 하여 上衣下裳이라 합니다.

≪周易≫에서 黃帝·堯요·舜순은 衣裳을 드리우고 있는 것만으로도 천하가 다스려졌다 하면서 이는 乾坤건곤을 따라 했기 때문이라 했습니다. 즉 하늘과 땅의 이치를 따라 다스리니 천하가 자연스럽게 태평시대를 이루게 되었다는 의미입니다. 아울러 天子의 옷도 天玄地黃의 색을 취하였으니, 윗옷은 玄

衣로 하늘을 나타내고 아래옷은 黃裳으로 땅을 의미하여 天地(陰陽)와의 조화를 도모하였습니다. 이로부터 中國 皇帝의 冕服변복(帝王의 정장 모자와 옷)은 明나라 때까지도 줄곧 玄衣黃裳이 기본이었습니다.

옛날에는 옷 하나에도 참으로 깊은 의미를 두었습니다. 그에 비하면 현대인의 옷에 대한 관심은 비교적 유행과 편리성에 치우쳐 있습니다. 우리의 체형에 어울리지도 않는 양복을 입고 넥타이를 매는 풍조가 100년 가까이 변하지 않고 있으며, 여성도 거의 맹목적으로 양장을 합니다. 옷감은 몸의 쾌적함보다는 편리함이나 기능성을 중시합니다. 우리는 옛날의 옷이 불편하다 해서 배척을 하였지만 지금의 옷은 불편한 정도를 넘어 인체에 적지 않게 해롭다는 것을 자각하지 못하는 듯합니다.

12 推位讓让國国 有虞虞陶唐

推(手); 밀추
位(人); 자리위
讓(言); 사양양
國(口); 나라국
有(月); 있을유
虞(虍); 생각할우
陶(阜); 질그릇도
唐(口); 나라당

지위와 나라를 禪讓선양하였으니
陶唐의 堯帝와 有虞의 舜帝라

推位讓國: 天子의 地位를 넘겨주고(推位) 나라를 물려주었다(讓國)는 뜻입니다. 위에서 黃帝는 무력으로 천하를 통일하였으나, 그 후로는 禪讓의 미덕을 실현하였습니다. 이는 국가로서의 틀을 갖추고 안정적인 기반을 마련했음을 뜻합니다.

有虞陶唐: 陶唐의 堯帝요제와 有虞의 舜帝순제였습니다(여기에서도 순서는 堯帝가 舜帝에 앞서기 때문에 '陶唐有虞'라 해야 하지만 韻字를 맞추기 위하여 순서를 바꾸어 썼습니다). 陶唐은 땅 이름으로 堯帝가 처음에는 陶와 唐의 제후였다는 의미이며, 有虞도 部落부락의 이름이었는데 舜帝가 부락 연맹의 수령을 지냈기 때문에 붙여진 이름입니다.

堯帝는 黃帝의 五代孫오대손인데 15세에 제후에 봉해졌다가 20세에 天子가 되었다 합니다. 그는 平陽(지금의 山西省 臨汾市임분시 서쪽)에 도읍을 정하여 98년을 재위하다가 117세에 작고하였다 전합니다. 고고학계에서 발굴한 결과에 의하면 이때가 지금으로부터 약 4,500년에서 4,400년 전쯤이라 합니다.

堯帝의 전설 하나를 소개합니다. 그가 帝位에 오른 지 얼마 되지 않았을 때, 하루는 그가 平陽 근처의 邈姑射山막고야산에 올랐는데 마침 여기에 살고 있는 鹿仙女녹선녀를 보게 되었습니다. 아직 미혼인 堯帝는 그녀에게 청혼을 하여 바로 鹿仙女가 살던 洞窟동굴에서 혼례를 올렸습니다. 밤이 되자 밖의 松林송림 속에서 촛대 비슷한 봉우리가 있어 朱丹주단과도 같은 빛을 발하여 동굴의 洞房동방을 비추었습니다(후에 이들 夫婦부부가 得男을 하자 아들의 이름을 丹朱라 하였습니다). 이로부터 堯帝의 결혼과 관련 있는 이 仙洞과 촛대봉을 합하여 '洞房花燭동방화촉'이라 부르게 되었습니다. 지금은 신랑·신부가 보내는 첫날밤을 뜻합니다.

孔子는 堯帝가 하늘을 본받아 德政덕정을 펼친 제왕으로 받들었습니다. 司馬遷사마천 역시 ≪史記≫에서 "堯帝의 仁政은 하늘 같고, 그의 지혜는 神妙신묘하니, 백성들은 그를 태양처럼 여겼으며, 마치 비를 내려주는 구름을 바라보는 것과도 같았다(其仁如天, 其知如神. 就之如日, 望之如雲.＜五帝本紀＞)." 했습니다. 이로부터 사람들은 太平盛世태평성세를 비유할 때 흔히 '堯天' 또는 '堯年'이라 했습니다.

堯帝는 그의 아들 丹朱가 제왕의 그릇이 아니라고 판단을 하고 사방으로 인재를 구하였습니다. 사람들이 舜을 천거하자 堯帝는 그를 시험해보기로 하고, 자신의 두 딸을 舜에게 시집을 보냈으며, 아울러 舜의 領地영지에 9명의 남자(堯帝 자신의 아들들이라고도 함)를 보내 그곳에 살게 하면서 舜의 治政치정을 살펴보게 했습니다. 3년이 지났을 때 舜은 집안과 治政의 內外 모두에서 훌륭하다는 것이 입증되었으며, 이로 堯帝는 舜에게 천하를 양위하였다고 합니다.

현재 전해지는 堯陵요릉은 두 곳이 있습니다. 하나는 그가 도읍으로 했던 지금의 山西省 臨汾임분에 있는데, 그 규모가 三皇五帝의 陵 중에서 가장 크다고 합니다. 근처에 있는 堯廟요묘도 방대한 규모이며, 堯帝가 직접 팠다고 하는 우물인 堯井亭요정정도 있습니다. 다른 또 하나는 山東省의 荷澤市하택시 鄄城縣견성현 富春鄕부춘향 谷林곡림에 있는데, 堯와 堯母, 그리고 堯妃 모두 谷林에 장사 지냈다는 비교적 뚜렷한 역사적 기록을 근거로 하고 있습니다.

우제비묘. 뒤에 반죽이 보인다.

舜帝는 姓은 姚요이고, 이름은 重華중화입니다. 호는 有虞氏인데 史書에서는 흔히 虞帝우제로 기록되기도 했습니다. ≪史記≫에 의하면, 그는 帝位 39년이 되던 해에 남쪽으로 巡狩순수(帝王이 首都를 떠나 나라의 각지를 巡行순행하는 것)를 떠났는데, 蒼梧창오에 이르러 그만 崩御붕어하였습니다. 江南의 九疑구의(嶷의)山에 장례를 지냈으니 이곳을 零陵영릉이라 했습니다. 중국 역사에서 堯帝와 舜帝는 형식적인 지위와 실질적인 권력을 모두 함께 물려준 확실한 선양의 본보기를 보인 성인들이었습니다.

堯帝가 舜의 인간됨을 살피기 위해 그에게 시집보냈던 두 딸 娥皇아황과 女英여영은 舜帝가 병환이 났다는 소식을 듣고, 그를 찾아 먼 길을 달려 간신히 洞庭湖동정호의 君山(호수 안에 있는 섬)에 이르렀는데, 舜帝는 이미 그곳을 떠났고 곧이어 들린 소식은 그가 작고했다는 訃音부음이었습니다. 이 두 여인은 시집을 온 이래로 舜帝의 繼母_{계모}와 이복동생의 끊임없는 加害_{가해}로부터 온갖 機智_{기지}를 발휘하여 舜帝를 여러 차례 구해 준 적이 있었지만, 지금의 이 天理는 어쩔 수 없는 일이었습니다.

그들 둘은 하염없는 슬픔으로 대나무를 잡고 피눈물을 흘리고는 호수에 몸을 던졌습니다. 눈물이 뿌려진 대나무는 푸른 줄기가 斑點_{반점}으로 얼룩졌으며, 곧 이 일대(湖南省_{호남성} 岳陽市_{악양시} 洞庭湖의 君山)가 모두 이러한 대나무로 덮였습니다. 사람들이 이를 '斑竹_{반죽}' 또는 '湘妃竹_{상비죽}'이라 하였는데, 지금까지 이곳의 명물로 전합니다. 두 왕비는 이곳에 장례를 지내어 虞帝妃墓_{우제비묘}라 하고, 湘夫人廟_{상부인묘}를 세워 그들을 추모하였습니다. 毛澤東_{모택동}의 싯귀에 '斑竹一枝千滴淚_{반죽일지천적루}(반죽 한 가지에 천 방울의 눈물이라)'라 했습니다.

2002년 湖南省의 고고학 발굴단은 九疑山의 玉琯岩_{옥관암} 아래에서 秦_진·漢代_{한대}로부터 세워진 舜帝 陵墓_{능묘} 遺跡_{유적}을 발굴하였습니다. 이는 舜帝의 南方 巡行_{순행}을 역사적으로 입증하는 것입니다. 1972년 발굴된 馬王堆_{마왕퇴}의 漢墓_{한묘}에서 출토된 帛書地圖_{백서지도}에서도 舜帝陵墓의 위치가 표시되어 있었으며, 2004년 湖南省文物局은 永州市 寧遠縣_{영원현} 九疑山의 舜帝陵墓가 가장 오래되고 규모가 가장 큰 三皇五帝의 유적임을 공포했습니다.

13 弔弔民伐罪 周發发商湯汤

弔(弓); 조상할조
民(氏); 백성민
伐(人); 칠벌
罪(网); 허물죄
周(口); 두루주
發(癶); 필발
商(口); 장사상
湯(水); 끓을탕

죄인을 토벌하여 백성을 편케 하니
周주의 武王과 商상의 湯王이었더라

여기에서는 商나라와 周나라의 建國건국역사를 말하였습니다. '弔民'은 백성을 安慰안위한다는 의미이며, '伐罪'는 죄인을 토벌한다는 뜻입니다. 즉 죄인을 征伐정벌하여 백성을 편하게 한다는 의미로, 商나라의 湯王탕왕과 周나라의 武王무왕(發)이 그렇게 하였다는 뜻입니다.

서기전 1,600년경 夏나라의 백성은 桀王걸왕의 폭정에 신음하고 있었습니다. 桀王은 일찍이 자신은 태양과도 같으니 저 태양이 없어지면 나도 없어지리라 한 적이 있었는데, 백성들이 이를 두고 "저 태양만 없어진다면 내가 죽어도 좋으련만" 하면서 桀王을 저주하였습니다. 이때 湯王이 桀王을 정벌하고자 將兵장병들을 설득하여 마침내 夏나라를 멸망시키고 商나라를 세웠습니다. 이 역사는 ≪孟子맹자≫에서 '君王을 誅殺주살하여 백성을 위무하였다(誅其君而弔其民).'라고 기록되면서 '弔民伐罪'라는 成語를 만들어냈습니다.

夏나라는 禹王우왕이 세웠으나 ≪千字文≫은 이의 역사를 생략하고, 湯王의 商나라 建國건국 역사를 적었습니다. 商은 후에 盤庚王반경왕이 殷은으로 遷都천도를 하여 역사에서는 殷商으로 쓰이기도 하며 우리나라에서는 흔히 殷나라로 불렀습니다. 특히 殷나라는 東夷民族동이민족이 세웠다 하여 우리 민족과의 관련설이 제기되어 있습니다.

發은 周나라 文王의 아들인데 후에 武王이 되었습니다. 그가 즉위하였을 때, 殷나라 紂王주왕의 荒淫無道황음무도한 暴政폭정이 하늘을 찌르고 있었습니다. 紂王은 宮庭궁정에 연못을 파고 술을 채워 '酒池주지'라 하고, 다시 연못 주변의 나무에는 고기를 걸어두고 '肉林육림'이라 했으니 이를 합하여 '酒池肉林'이라 했습니다. 梅伯매백이라는 大臣이 忠諫충간을 했다가 炮烙之刑포락지형(불 위에 놓아둔 뜨거운 구리기둥을 오르게 하여 결국 불에 떨어져 죽게 하는 형벌)을 받았고, 紂王의 숙부 比干비간 또한 諫言을 하다가 剖心부심(가슴을 열고 심장을 꺼냄)의 형을 받았습니다. 그러나 紂王도 결국은 周나라의 공격을 막아내지 못하고, 그가 아끼던 보석 옷을 입고 스스로 불에 뛰어들어 죽었다고 전합니다.

武王은 紂의 寵妃총비 妲己달기는 처형하였지만 그의 아들 武庚무경은 죽이지 않고 아비를 계승하여 왕위를 잇도록 하였습니다. 武王은 이로써 天子가 되었고, 이에 殷나라 백성들은 매우 즐거워하였습니다. 고고학계는 이때가 지금으로부터 3,100년 전쯤으로 추정하고 있습니다. 湯王과 武王의 순서를 바꾸어 쓴 것도 역시 韻을 맞추기 위해서입니다.

湯王과 武王의 이러한 정벌은 ≪周易≫에서 혁명으로 예시되었습니다. 즉 혁명을 뜻하는 <革卦혁괘·彖傳단전>에서 "天地가 때를 바꾸니 四季節사계절이 이루어지고, 탕왕과 무왕이 혁명을 하여 하늘을 따르고 사람의 염원에 응하였으니, 革은 그 시기의 의미가 큰 것이다(天地革而四時成, 湯武革命, 順乎天而應乎人, 革之時大矣哉!)."라 한 것입니다.

하늘도 음양을 바꾸면서 계절을 변화시킵니다. 탕왕이 멸망시킨 夏나라는 聖君성군 禹王이 세웠습니다. 그러나 폭군 桀王이 나타나 탕왕이 이를 멸하고 商나라를 세웠습니다. 하지만 商나라도 500여 년 만에 다시 포악한 紂王이 출현하였고, 이에 武王이 나타나 신음하는 백성들을 구하였습니다.

왕조도 계절이 바뀌듯 바뀝니다. 그러나 혁명은 때가 있는 것이며, 따라서 하늘의 뜻과 인간의 염원이 함께 해야 그 명분이 확실해지는 것 같습니다.

14 坐朝問道 垂拱平章

坐(土); 앉을좌
朝(月); 아침조
問(口); 물을문
道(辵); 길도
垂(土); 드릴수
拱(手); 두손마주잡을공
平(干); 평평할평
章(立); 밝힐장

朝廷에 앉아 의견을 물으니
垂拱으로 나라를 다스렸더라

坐朝問道: 君王이 朝廷조정에서 신하들에게 政事정사를 묻는다는 의미입니다. 여기에서 '坐朝'는 立朝입조와도 같은 뜻입니다. 다만 초기에는 朝廷에서 君臣군신이 모두 서서 회의를 하였기 때문에 立朝라고 하다가, 후에(秦始皇진시황부터였다고 함) 앉아서 회의를 하게 되어 坐朝라고 하게 되었다 합니다. 후에는 이 두 어휘가 모두 조정에서 벼슬을 한다는 뜻으로도 쓰이게 되었습니다.

'垂拱'은 '垂衣拱手수의공수'(衣裳을 드리우고 손을 모은다)를 줄여 쓴 것입니다. 이는 武王이 어질고 능력 있는 사람들을 등용하여 이들로 하여금 德을 숭상하고 합리적인 治政을 하도록 하니, 武王 자신은 단지 天子의 의상을 갖추어 입고 손을 모으고 앉아(신하들의 의견을 듣는 자세로 볼 수 있습니다) 있는 것만으로도 천하가 다스려졌다는 故事고사를 뜻한 것입니다.

'平章'은 堯帝의 治績치적을 기록한 ≪書經서경≫의 <堯典>에서 나온 말입니다. 堯帝는 大德을 펼쳐 九族구족 모두를 親睦친목하게 했고, 이어서 百官의 職分직분을 바르게(平) 밝혀지도록(章) 했습니다(平章百姓). 즉 천자 스스로가 정치를 하는 것이 아니고, 필요한 곳에 적절한 인재를 배치하여 각자 직분을 다하도록 맡겼다는 의미로 볼 수 있습니다.

'坐朝問道'는 위에서 열거한 성인들이 바로 堯舜의 德政덕정을 펼쳤다는 것을 나타냅니다. 즉 나랏일은 인재를 찾아 고르게 맡기고, 스스로는 朝廷조정에서 天子의 의상으로 예를 다하여 손을 모으고 앉아 신하들의 諫言간언에 경청하는 모습인 것입니다. ≪周易주역・繫辭下계사하≫에 "黃帝와 堯舜이 의상을 드리우고 앉으니 천하가 다스려졌더라. 하늘과 땅의 이치를 따랐음이라(黃帝堯舜, 垂衣裳而天下治, 蓋取諸乾坤)." 했는데, 여기의 '垂衣裳'은 바로 이러한 '無爲而治무위이치'(자연스러운 순리를 따라 다스림)를 의미합니다.

愛愛育黎首 臣伏戎羌

 遐邇迩壹體体 率賓宾歸归王

愛(心); 사랑애
育(肉); 기를육
黎(黍); 검을려
首(首); 머리수
臣(臣); 신하신
伏(人); 엎드릴복
戎(戈); 오랑캐융
羌(羊); 오랑캐강
遐(辵); 멀하
邇(辵); 가까울이
壹(士); 한일
體(骨); 몸체
率(玄); 거느릴솔
賓(貝); 손빈
歸(止); 돌아올귀
王(玉); 임금왕

백성에게 사랑으로 베푸니
戎과 羌族강족이 신하로 엎디었다
멀고 가까운 모두가 하나 되어
땅 끝까지 天子에게 돌아왔다

‘黎首’는 ‘黎民여민’과 같은 뜻으로 ‘衆民중민’을 의미합니다. 上古時代상고시대에서의 ‘百姓백성’은 벼슬을 하는 사람을 뜻하였으며, 일반 서민은 ‘黎’ 또는 ‘黎民’이라 했습니다. 漢代한대에는 黎民을 ‘黔首검수’라고도 했는데, 冠관을 쓰지 않고 검은 머리를 드러낸다고 해서 ‘검은 머리’라 한 것으로 보입니다. ‘愛育黎首’는 곧 위에서 열거한 성인들은 治政치정에 있어서 일반 庶民서민을 사랑으로 양육했다는 의미입니다.

사랑으로 양육하는 것은 예로부터 治政의 기본이었습니다. 현대의 정치와는 매우 다릅니다. 장관 이상의 청문회에 나오는 사람이라면 특별하게 선택된 사람들인데도 온갖 비리의 열매들이 주렁주렁 달려 있는 것을 보게 됩니다. 내 아이를 위해서 위장전입을 통해 다른 아이를 밀어내는 일은 違法위법인데도 예삿일이 되어버렸습니다.

中國은 땅이 넓고 민족도 다양합니다. 지금은 漢族한족이 90% 이상을 차지하지만 上古時代에는 다른 민족들의 세력도 상당하였습니다. 다만 역사적으로 한족이 강대하여 다른 민족들은 계속 밀려나 점차 줄어든 것으로 보입니다. 본시 中國이란 명칭은 中原중원의 의미가 있습니다. 즉 가운데의 땅인데 이는 黃河의 중류와 하류 지역으로, 예로부터 문명의 중심을 이룬 곳입니다. 이러한 중원을 중심으로 하여 四方에 사는 민족을 東夷동이, 西戎서융, 南蠻남만, 北狄북적 등으로 구분하여 불렀습니다. 물론 이는 중원 밖에 있는 사방의 민족을 포괄적으로 지칭한 것일 뿐, 실제로는 훨씬 더 많은 민족들이 있었습니다.

'戎羌'이란 西戎의 羌族을 지칭하는 말이지만 여기에서는 다른 민족까지 모두를 포괄한 의미로 보아야 할 것입니다. 즉 성인들이 德政을 베풀어 태평성대를 이루었으니, 주변의 모든 부족들이 스스로 중국의 臣民신민이 되기를 원하였다는 의미라 하겠습니다.

중국이 잘하면 주변 변방의 나라들도 편안하였습니다. 그러나 春秋戰國時代춘추전국시대를 지나면서 중국은 王道의 德政덕정보다는 覇道패도의 물리적 힘을 중시하여 힘으로 다른 나라를 제압하려 하였습니다. 이로부터 중국은 변방과 끊임없는 싸움을 하면서 국력을 소모하였기 때문에 이와 같은 왕도정치를 강조한 것으로 보입니다.

'遐邇壹體, 率賓歸王'은 앞의 구절 '愛育黎首, 臣伏戎羌.'을 한 번 더 강조한 것입니다. '遐邇'는 '遠近'과 같습니다. 멀리는 사방의 변방 민족을 말하며, 가까이는 중원의 중국인을 말합니다. 즉 성인의 善政은 중원과 변방의 구별이 없이 모두를 한 몸(壹體)으로 教化교화시킨다는 의미입니다.

'率賓'의 출처는 ≪詩經≫의 <北山> 편인데 "천하의 大地가 왕의 영토 아닌 것이 없고, 그 영토의 모두에는 왕의 신하 아닌 사람이 없다(溥天之下, 莫非王土. 率土之濱, 莫非王臣)."라 했습니다.

'率賓'은 곧 '率土之濱'의 의미를 함축하였다고 보입니다. 즉 '率'은 '循'과 같은 뜻으로 '土之濱'과 함께 '영토의 끝' 혹은 영토의 모두라는 뜻이 됩니다.

'率賓歸王'은 '영토의 끝까지 모든 백성이 왕을 받들었다'는 의미가 되겠습니다. 천하가 모두 하나가 되어 善政을 베푸는 왕에게 돌아왔다는 뜻이 됩니다.

17 鳴_鸣鳳_凤在竹 白駒_驹食場_场

18 化被草木 賴_赖及萬_万方

鳴(鳥);	울명
鳳(鳥);	봉황봉
在(土);	있을재
竹(竹);	대죽
白(白);	흰백
駒(馬);	망아지구
食(食);	먹을식
場(土);	마당장
化(匕);	될화
被(衣);	덮을피
草(艸);	풀초
木(木);	나무목
賴(貝);	의지할뢰
及(又);	미칠급
萬(艸);	일만만
方(方);	모방

봉황은 대나무에서 울고
白駒는 채전의 풀을 뜯는다
교화는 초목에까지 이르고
은택은 만방에 미친다

성인이 베푸는 德政_{덕정}의 혜택은 인간사회만으로 국한되지 않습니다. 鳳凰_{봉황}이 대나무 숲에서 울고, 白駒_{백구}(흰 망아지)는 菜田_{채전}에서 새싹을 뜯어 먹습니다.

뿐만 아니라 성인의 敎化가 초목에까지 미치니(被는 及의 뜻으로 어디에 다다른다는 뜻으로 쓰였다.) 그 이로움이 萬方_{만방}에 이른다는 뜻입니다. '賴'는 혜택이나 이득을 말합니다.

봉황은 세상에 道가 실현될 때 나타난다고 하는 靈物_{영물}로, 오동나무가 아니면 앉지 않고 대나무 열매가 아니면 먹지 않는다 하였습니다. 세상은 바야흐로 이러한 영물이 나타나 구경조차 어려운 대나무 열매를 먹고 있는 것입니다.

'白駒食場'의 출처는 ≪詩經≫의 <白駒> 편입니다. '場'은 집 둘레에 있는

茶田을 의미합니다. 賢者_{현자}가 타고 온 白駒를 채소밭에 붙들어 두어 현자를 떠나지 못하게 하려는 君王의 심정이 나타나 있는 시입니다. 봉황이나 망아지가 제 좋아하는 자리를 얻고 초목도 성인의 교화를 받으니 과연 이러한 은덕이 세상 어디에도 미치지 않는 곳이 없습니다. 이것이 성인의 治政입니다. 口蹄疫_{구제역}이 한 번 돌면 살아 있는 수십만 마리의 짐승을 埋葬_{매장}합니다. 정치가 제대로 되지 않으면 사람과 짐승 모두가 참으로 힘든 고통에 빠집니다.

여기에서 봉황이나 白駒는 우리가 실감하기 어려운 비유입니다. 가령 新羅_{신라}의 화랑도 정신(世俗五戒_{세속오계})의 하나였던 '殺生有擇_{살생유택}'을 현대인이 이해하기 어려운 것과 마찬가지입니다. 우리는 조그만 편리를 얻으려고 산을 자르고 뚫고 도무지 다른 생물을 전혀 염두에 두지 않습니다. 식량 자원이라면 소나 돼지, 개 등을 어떤 잔인한 방법으로 사육하던지 상관도 하지 않으며, 이들 짐승들은 평생 한 번 뛰어보지도 못하고 도살됩니다. 우리는 짐승이나 초목과도 함께 살아야 한다는 것을 현대인에게 설명하는 것은 어려운 일이 아닐 수 없습니다.

요즘에 와서 좀 더 넓은 장소에서 뛰게 하고 특히 자연 사료를 먹인 짐승이 더 맛있다 해서 점차 사육 방식을 바꾸고 있습니다. 생태계를 되찾는다 해서 산에 곰 몇 마리 풀어주고 온갖 요란을 떨기도 합니다. 도심 속의 하천을 복원하면서 다시 자연 환경이 인간에게 매우 필요하다는 것을 절감하기도 합니다. 다소 변해가는 모습입니다.

옛날에는 다른 생물과 더불어 살면서 생태계의 조화를 이루고, 아울러 인간의 생활환경을 최대한 적절한 조건으로 유지하려 했습니다. 때문에 짐승은 물론 초목 하나에까지 함부로 하는 일이 없었으니 성인의 은택이 과연 이에 두루 미치는 것이었습니다. 우리는 별로 어렵지 않은 지혜를 참으로 어렵게 배웁니다.

19 蓋_盖此身髮_发 四大五常

20 恭惟鞠養_养 豈_岂敢毀_毁傷_伤

蓋(艸); 덮을개
此(止); 이차
身(身); 몸신
髮(髟); 머리발
四(口); 넉사
大(大); 클대
五(二); 다섯오
常(巾); 항상상
恭(心); 공손할공
惟(心); 오직유
鞠(革); 기를국
養(食); 기를양
豈(豆); 어찌기
敢(攴); 굳셀감
毀(殳); 헐훼
傷(人); 다칠상

대저 이 몸과 터럭은
四大 五常으로 태어남이요
부모님의 양육을 받았으니
어찌 감히 훼손 하리오

'蓋'는 여기에서 특정한 의미 없이 말을 시작할 때 사용하는 '무릇' 정도의 發語辭_{발어사}로 쓰였습니다. '身髮'은 '身體髮膚_{신체발부}'의 의미입니다. 《孝經_{효경}》에서 "몸과 四肢_{사지}, 모발과 피부는 모두 부모로부터 받았으니 이를 훼손하지 않는 것이 孝의 시작이다(身體髮膚, 受之父母, 不敢毀傷, 孝之始也)."라고 했습니다.

'四大'는 佛家_{불가}의 용어로 보입니다. 우리 몸은 네 가지의 성질이 모여 이루어졌다고 보는데, 곧 地·水·火·風입니다. 地는 堅性_{견성}을 지녀 몸을 유지시켜 주고, 水는 濕性_{습성}으로 몸을 하나로 뭉쳐주며, 火는 煖性_{난성}으로 몸을 성숙시키고, 風은 動性_{동성}으로 몸을 增長_{증장}시키는 작용을 한다고 합니다.

'五常'의 字義_{자의}는 다섯 가지의 변하지 않는(항상 일정한) 규범이나 원칙을 의미합니다. 예로부터 五敎_{오교}·五倫_{오륜}·五行_{오행} 등이 五常에 속했습니다. 五教는 父義부의 · 母慈모자 · 兄友형우 · 弟恭제공 · 子孝자효의 규범을 말합니다. 五倫은 君臣 · 父子 · 兄弟 · 夫婦부부 · 朋友의 인륜관계를 뜻하며, 五行은 水 · 火 · 木 · 金 · 土라는 다섯 가지 물질 구성의 성질 요소를 말합니다. 五常은 이처럼 포괄적으로 쓰입니다.

이 외에 仁 · 義 · 禮 · 智 · 信인의예지신을 뜻하기도 하는데, 여기에서는 바로 이 뜻으로 쓰였습니다. 사람은 수많은 생물 중의 하나이지만 다른 생물과는 분명히 구별이 된다고 보았습니다. 그 근거로는 사람은 天賦的천부적으로 오상의 덕을 타고 태어난다는 것입니다. 즉 仁 · 義 · 禮 · 智 · 信은 사람만이 갖는 고유한 天性의 덕성이라는 의미입니다. 이러한 덕성을 닦아나가는 것이 修身수신인데 孝가 바로 이의 기본이 된다는 뜻입니다. 身體髮膚와 오상의 덕목이 모두 부모로부터 받은 것이기 때문에 효는 곧 우리 몸과 마음을 닦는 수신의 시작이 되는 셈입니다.

'恭惟'는 윗사람에게 자신을 낮추어 말할 때 쓰는 謙辭겸사입니다. 여기에서는 '삼가 받든다'는 뜻으로 쓰였습니다. '鞠養'은 '養育양육'의 의미입니다. '恭惟鞠養'은 '부모님께서 양육하여 주신 뜻을 받든다'(곧 자신의 몸을 소중히 한다는 의미)는 것이며, '豈敢毀傷'은 '어찌 이러한 뜻과 몸을 훼손할 수 있겠는가'라는 뜻입니다.

孝는 참으로 독특하면서 오래된 미풍양속입니다. 현대에서도 사라지지 않는 지혜가 그 속에 있는 것 같습니다. 가령 가족이라는 공동체에서 나의 생명은 나 하나만의 소유가 아닙니다. 내가 다치거나 變故변고가 생기면 일차적으로 나의 가족들이 그 어려움을 나와 함께 해야 합니다. 나는 이런 일이 생기지 않도록 내 스스로의 몸 관리를 성실하게 해야 할 의무가 있다고 하겠습니다. 거꾸로 내 가족이 건강하고 별 탈 없이 살아주는 것은 나에게 한없이 고마운 일입니다. 내 몸과 생명은 이렇듯 가족과 共有공유하고 있는 셈이니, 머리카락 한 올이라도 성실하게 간수하는 것은 부모님을 그만큼 편하게 해드릴 뿐 아니라 다른 가족에게도 믿음을 줄 수 있게 됩니다. 孝의 바탕은 바로 이런 것이 아닐까 합니다.

또한 우리는 전통적으로 생명은 永續영속한다는 생각을 유지해 왔습니다. 즉 우리는 부모로부터 생명을 받은 것처럼 자녀를 통해 생명을 이어줍니다. 생명체 하나하나가 독자적이거나 개별적인 것이 아니고 모두는 縱的종적으로 이어져 있습니다. 생명체의 어느 하나도 독자적으로 태어나지 않습니다. 부모님께 효도하고 자녀에게 자애로워야 하는 것은 바로 이러한 생명의 영속을 원만하게 하려는 노력으로 볼 수도 있습니다. 존엄한 생명을 위한 값진 노력입니다.

지금은 우리의 이러한 思考사고가 상당부분 와해되고 있습니다. 특히 서양 종교의 영향이 큰 것 같습니다. 서양의 어느 종교는 부모보다는 절대 神을 중시하여, 개인과 신의 직접적인 상호관계를 우선으로 하는 듯합니다. 따라서 모두는 신 앞에서 개별자이면서 독립적인 지위에 있으며, 생명의 원천도 부모가 아니고 신입니다. 이러한 사고방식이 곧 우리의 전통적인 生命觀생명관에 큰 영향을 주고 있는 듯합니다.

21 女慕貞_贞潔_洁 男效才良

女(女); 계집녀
慕(心); 사모할모
貞(貝); 곧을정
潔(水); 깨끗할결
男(田); 사내남
效(攵); 본받을효
才(手); 재주재
良(艮); 어질량

여인은 바른 氣質과 순결을 흠모하며
남자는 재능과 善良을 배우고자 한다

　　여자와 남자라는 話頭_{화두}는 길게는 인류의 역사를, 그리고 짧게는 내 평생을 좌우합니다. 불교나 천주교의 僧侶_{승려}들은 이로부터 벗어나 있는 것 같기도 하지만, 이들 종교 전체를 본다면 역시 이 화두가 끊임없이 들락거립니다.

　　여자와 남자는 과연 어떻게 다른가? ≪千字文≫은 매우 간명하게 구별을 하였습니다. '貞'은 '正'의 뜻으로 바르다는 뜻입니다. '潔'은 '純潔'을 뜻합니다. 내면의 바른 품성과 외면의 정결한 품행을 의미하는데 당시의 여인은 이러한 덕성을 흠모하였다는 뜻이 되겠습니다. 이에 비해 남자는 재능(才)과, 이의 방향을 잡아줄 수 있는 선량한 양식(良)을 배우고자 함을 말하였습니다.

　　春秋時代_{춘추시대} 魯_노나라에 秋胡_{추호}라는 사람이 있었습니다. 결혼을 하자마자 곧 벼슬길을 떠나게 되었습니다. 3년 만에 휴가를 얻어 고향에 돌아오게 되었는데, 마을 어귀 뽕나무 밭에 뽕잎을 따는 여인을 보고 그 자태가 아름다워 은근히 수작을 걸었습니다. 그러자 여인은 남편이 벼슬길을 떠난 후 3년을 혼자 살았지만, 오늘 같은 모욕은 처음이라 하면서 돌아서 버렸습니다. 秋胡는 무안해 물러나 집으로 왔는데, 잠시 후 집에 들어오는 자신의 아내를 보니 좀 전의 그 여인이었습니다. 부부가 서로 부끄러울 뿐이었습니다. 기다리던 남편에게 너무 실망한 부

갑골문의 男

인은 가까운 강에 뛰어들어 죽었습니다. 당시 남자에게 벼슬은 곧 才良의 기준이었고, 정결은 여인에게 自尊_{자존}의 기준이었습니다.

갑골문의 女

남녀의 구별 의식은 그 글자에도 나타나 있습니다. ≪說文解字_{설문해자}≫에 '男'은 논밭(田)에서 일을 하는(力) 사람이라고 설명하였습니다. 즉 '田'과 '力'을 합친 會意字_{회의자}입니다. 남자는 열심히 일을 하여 가족의 생계를 이어가도록 하는 존재인 것입니다. 이것이 곧 '才良'과도 상통하는 의미일 것입니다.

여자는 어떤 존재로 여겼는가? 이 대답은 쉽지 않습니다. '女' 字는 ≪說文解字≫에 단지 '婦人_{부인}'이라는 것과 '象形_{상형}' 字라고만 되어 있을 뿐, 무엇을 상형했는지에 대한 설명은 없습니다. 婦人이라는 해석으로 보아 女는 결혼한 여성을 의미하며, 미혼의 여성까지 지칭한 것은 아닌 것으로 보입니다.

甲骨文_{갑골문}의 '女'는 마치 무릎을 꿇고 앉아 있는 모습으로 보입니다. 이런 자세에 대해 대체로 '여인이 다소곳하게 꿇어 앉아 있는 모습'을 象形한 것이라는 설이 많았습니다. 그러나 中國에서 여자가 남자 앞에서 특별히 꿇어앉았다는 근거는 보이지 않습니다.

金容沃 씨는 '女' 字가 아이를 낳는 모습을 상형한 글자라는 주장을 폈습니다. 이 글자가 기본적으로는 꿇어앉은 모습은 맞는데, 이는 아이를 낳는 자세라는 것입니다. 옛날에는 대체로 앉은 자세에서 아이를 낳았는데, 서양에서 전문적인 산파가 생기면서부터 산파가 보기 편하도록 산모가 누워서 아이를 낳게 되었다는 주장입니다. 힘을 쓰기에 비교적 효율적인 자세를 생각해 본다면 이는 상당히 설득력이 있어 보입니다.

즉 지금 병원에서 산모가 누운 자세에서 아이를 낳는 것은 산모를 위해서가 아니고, 단지 의사가 보기 편하도록 취한 자세라는 것입니다. 옛날에 대들보에 명주를 걸어 이를 부여잡고 힘을 쓰게 하거나, 또는 시골에서 문고리를 잡고 아이를 낳았던 것은 대체로 앉은 자세였습니다. 또한 갑골문의 '母' 字

가 '女' 字와 똑같은 형태에 다만 젖꼭지로 보이는 두 점이 더 해졌을 뿐이라는 점을 아울러 참고한다면, '女' 字가 앉아서 아이를 낳는 모습을 상형한 글자라는 주장은 매우 타당하다고 보입니다.

여자의 出産_{출산}으로 남자와 구별한 것은 가장 구체적이고 명확한 기준이라 할 것입니다. 인간들이 참으로 희한한 짓을 많이 하지만 아직 남자가 아이를 낳아보겠다는 시도는 없었던 것 같습니다. 여기에 사회가 家父長制_{가부장제}로 변하면서 父系의 혈통을 유지한다는 염원이 정결을 더욱 중시하게 되었을 수도 있습니다.

정결이 매우 복합적인 가치 규범이라면 남자의 재능도 사회적인 규범의 제약이 따랐습니다. 즉 사회적으로 선량한 良識_{양식}에 부합해야 하는 것입니다.

2006년 미국의 워런 버핏(Warren Buffett, 1930년 출생)이 우리 돈으로 약 37조에 달하는 재산을 자선단체에 기부하겠다는 뜻을 밝혀 세계의 화제가 된 일이 있습니다. 기업의 가족 승계는 사회의 공평한 기회를 빼앗는 행위라 하면서 그는 재산을 사회에 환원하기로 하였다 합니다.

우리나라 재벌 후손들은 대부분 끊임없는 송사를 벌입니다. 물려받은 재산을 두고 싸우는데 심지어는 자신을 키워주고 자신에게 회사까지 넘겨준 아버지와 재산권을 다투기도 합니다.

옛날의 남자는 밖으로는 사회와 나라에서 필요로 하는 棟梁_{동량}의 역할을 해야 했고, 안으로는 집안의 생계를 마련해야 하는 책무를 지니면서도 선량한 양식을 중히 여겼습니다.

갑골문의 母

22 知過_과必改 得能莫忘

知(矢); 알지
過(辶); 허물과
必(心); 반드시필
改(攵); 고칠개
得(彳); 얻을득
能(肉); 능할능
莫(艸); 말막
忘(心); 잊을망

잘못을 알았으면 반드시 고쳐야 하며
할 수 있는 일은 잊지 말아야 할 것이다

    ≪論語_{논어}≫의 <學而_{학이}> 편에 "잘못되었으면 고치는 것을 두려워 말라(過則勿憚改)."라고 했습니다. 또한 <子張_{자장}> 편에는 "小人은 잘못하면 이를 꾸미어 덮는다(小人之過也必文)."라 했는데, 우리가 잘못을 인정하고 고치기를 두려워하는 심리를 지적했습니다.

    계속해서 <子張> 편에 "날마다 모르던 것을 알고, 달마다 실행할 수 있는 일을 잊지 않는다면 배움을 좋아한다고 할 것이다(日知其所亡, 月無忘其所能, 可謂好學也已矣!)."라 했습니다. 배움이란 修身_{수신}의 실천을 전제로 함을 말한 것입니다. 잘못을 알았으면 이를 즉시 고치고, 스스로 실천할 수 있으면 이를 잊지 않으면서 자신을 변화시켜 가는 것이 배움의 목적으로 여겼습니다. 孔子는 <述而> 편에서 네 가지를 걱정하였는데, 즉 "德_덕을 닦지 않는 것과, 배움을 익히지 않는 것, 義_의로움을 듣고서도 따르지 않는 것, 그리고 不善을 고치지 못하는 것을 걱정한다(德之不修, 學之不講, 聞義不能徙, 不善不能改, 是吾憂也)."고 하였습니다.

    南冥_{남명}(曹植_{조식}, 1501~1572) 선생은 退溪_{퇴계}(李滉_{이황}, 1501~1570) 선생에게 쓴 편지에서 "지금의 학자라는 사람들은 손으로는 물 뿌리고 비질하는 법도도 모르지만, 입으로는 天理를 담론하면서 이름을 훔쳐 사람을 속이려 합니다."라 하면서 이들을 꾸짖어 멈추게 해줄 것을 당부하였습니다. 옛날에는 스스로 잘못을 모르면 학계나 사회의 어른이 이를 바로 잡아줄 수도 있었습니다. 그러나 현대는 일단 학자의 자리(교수)에 앉게 되면 스스로 철옹성을 쌓아두고 唯我獨尊유아독존의 요새에서 지냅니다. 그리고 이 요새에서 쏟아져 나오는 연구 논문의 量양만이 학문 평가의 기준이 되어 있고(특히 인문학 분야) 질적 평가나 학문의 실천은 거의 완전하게 배제되어 있습니다.

사실 인문학 분야의 논문은 질적 평가의 기준을 마련할 수가 없습니다. 남명 선생의 지적처럼 대부분 담론에 머물기 때문입니다. ≪論語≫ 몇 줄 읽어보지 않은 사람이 걸핏하면 孔子를 나무라고 儒家유가를 논합니다. 고전을 읽지도 않으면서 이에 대한 지식은 해박하며, 漢詩한시를 창작하지는 않지만 이와 관련한 논문은 쌓여 있는 것이 우리 현실입니다.

담론은 한 마디로 기준이 없습니다. 누구나 떠들 수 있고 평생 동안 논쟁을 할 수도 있습니다. 우리는 학교에서 우리의 고전을 읽지 않고 단지 고전에 관한 곁가지 지식을 가르칩니다. 고전시가의 전통을 이을 생각은 아예 없고 이를 한 번씩 구경하고 지나갑니다. 그리고 이에 대한 담론을 합니다. 만약 전통 시가를 창작하는 것을 기준으로 한다면 기준이 명확합니다. 이것은 한 눈에 알아볼 수 있는 바탕과 실력을 드러내기 때문입니다. 평가 기준이 없는 곳에서는 단지 量으로만 말을 합니다. 현실적으로 무의미한 담론의 논문들이 정부의 지원 아래 산처럼 쌓여가고 있습니다. 우리의 역사 어디에서도 이처럼 공허한 담론의 전성시대는 없었습니다.

예로부터 학문(인문학)은 자신을 변화시키기 위해서 하는 것이었습니다. 이러한 점에서 기술이나 기능과는 구별이 됩니다. 기술적인 지식은 아무리 많아도 자신을 변화시키지 못합니다. 지식을 위주로 하는 지금의 인문학이 바로 이와 같이 되었습니다. 가령 退溪 선생을 연구한다 하면서 선생과 관련된 온갖 자료를 모아 나열하거나 분석하고, 막상 선생의 인품이나 學德학덕을 배워 실천하는 것을 외면한다면 이것은 바로 공허한 담론이 될 것입니다. 우리는 선생의 漢詩나 문장을 배우겠다는 생각은 처음부터 없습니다. 우리가 박물관에서 옛 遺物을 스치며 구경하듯, 우리는 선조들의 학문을 지나가면서 구경할 뿐입니다. 인문학의 위기는 실천은 排除하고 학문의 연구에만 의존하는 풍조로부터 비롯됩니다.

23 罔談談彼短 靡恃己長長

罔(网); 말망
談(言); 말씀담
彼(彳); 저피
短(矢); 짧을단
靡(非); 아닐미
恃(心); 믿을시
己(己); 몸기
長(長); 길장

상대의 단점을 말하지 말고
자신의 장점을 내세우지 말라

　‘罔’은 그물 망(網)과 같은 글자로도 쓰고 없을 망의 뜻으로도 씁니다. 우리가 弔問조문을 할 때 ‘얼마나 罔極망극하십니까?’를 흔히 쓰는데, 이는 ‘슬픔이 罔極하시겠습니다’의 뜻으로 쓰는 말입니다. 罔極은 문자 그대로 끝이 없음을 말합니다. 어버이의 喪상을 당하였을 때 ‘罔極之痛망극지통’이라 하는데, 이를 줄여서 흔히 ‘망극’하다고 합니다.

　한이 없는 은혜를 나타낼 때도 망극하다고 합니다. ≪詩經시경≫의 <小雅소아 · 蓼莪요아> 편에 “(부모님의) 은혜에 보답하려 하나 하늘과 같아서 끝이 없습니다(欲報之德, 昊天罔極).”라 하였습니다.

　그러나 여기에서는 禁止금지를 나타내는 ‘말(하지 말라고 하는) 망’으로 쓰였습니다. ≪書經서경≫의 <大禹謨대우모> 편에 “법도를 잃지 않도록 하고, 안일함에 빠지지 말며, 향락에 젖지 말라(罔失法度, 罔遊于逸, 罔淫于樂).”라는 용례가 있습니다. ‘彼短’은 다른 사람의 단점을 말합니다. ‘罔談彼短’은 곧 다른 사람의 험담을 하지 말라는 뜻입니다. 내가 다른 사람을 손가락질 한다면 나 역시 다른 사람의 손가락질을 받게 됩니다.

　≪孟子≫의 <離婁下이루하> 편에 “다른 사람의 좋지 못한 점을 말하면 그 後患후환을 어찌 감당할 것인가(言人之不善, 當如後患何)?” 했습니다. 남의 험

담을 하면 자신에게 그 후환이 온다는 의미입니다.

'靡'도 '罔'과 같은 의미로 쓰였습니다. '쓰러질 미', '화려할 미' 등으로 쓰이지만, 여기에서는 하지 말라는 의미인 '말 미'라 합니다. '恃'는 기댄다는 의미(믿을 시, 기댈 시)입니다. '己長'은 자신의 장점, 자신이 잘하는 부분을 말합니다. 즉 이 句는 자신의 능력에 자만하거나 교만하지 말라는 의미입니다. 사람마다 잘하는 구석이 있고, 자신의 장점도 결국 이러한 한 구석에 불과할 뿐인 것입니다.

그러나 우리는 자신의 장점을 誇示과시해야 하는 시대에 살고 있습니다. 연구비를 타려면 자신의 업적을 과시해야 합니다. 그래서인지 우리는 겸손에는 상당히 서툽니다. 가령 우리는 자신의 학위 논문이나 저서를 출판하면 가까운 사람들에게 보내주는데, 속표지에 흔히 상대방의 이름과 '惠存혜존'이라고 씁니다. 혜존이란 보존해 주면 고맙겠다는 의미인데, 사실 좁은 연구실이나 아파트에서 많은 책을 보관하기가 쉽지 않습니다. 내 책을 보관하라는 말은 내 책이 매우 훌륭해서 그만한 가치가 있을 때 할 수 있는 말입니다.

웬만하면 가르침을 바란다는 뜻의 말을 적는 것이 무난합니다. 겸손에 서툴기도 하지만 한글만을 사용하다보니 어휘의 뜻을 새기지 못한 탓도 있습니다. 漢字로 쓴다면 혜존 대신에 가르침을 구한다는 의미에서 '指教지교' 또는 '賜教사교' 등이 무난할 것이며, 상대방이 여성이라면 '雅教아교' 등으로 어감상의 구분을 둘 수도 있습니다. 무엇보다도 우리는 자신을 낮추는 것을 싫어하여 자꾸 자신을 높이려고 하는 경향이 있습니다. 자신의 장점을 내세우려고 하면 오히려 단점이 드러납니다.

24 信使可覆_复 器欲難_难量

信(人); 믿을신
使(人); 부릴사
可(口); 옳을가
覆(西); 덮을복
器(口); 그릇기
欲(欠); 하려할욕
難(隹); 어려울난
量(里); 양량

약속은 실천할 수 있어야 하고
기량은 헤아리기 어려워야 한다

'信使可覆'은 ≪論語_{논어}≫의 <學而_{학이}> 편에 있는 말입니다. "약속은 事理_{사리}에 가까이 해야 그 말을 실천할 수 있는 것이다. 공손함은 예에 가까이 해야 부끄러움을 멀리할 수 있다(信近於義, 言可復也. 恭近於禮, 遠恥辱也)."라 했습니다.

'信'이란 믿음인데 여기에서는 약속의 뜻으로 쓰였습니다. 우리는 살면서 다양한 약속을 받거나 하면서 삽니다. 하늘이 내게 천년을 빌려준다면 그 천년을 당신을 위해 쓰겠다는 약속도 있습니다. 그러나 이런 약속은 사리에 맞지 않습니다. 실천할 수 없는 약속을 하는 것은 사실 기만행위입니다. 이러한 약속에 감동을 받는 사람은 고생문이 훤합니다. '信使可覆'은 ≪論語_{논어}≫의 이러한 뜻을 함축하여 지킬 수 있는 약속을 하라는 의미입니다.

사리에 맞아야 한다는 설명이 모호하게 들릴 수도 있습니다. 비유를 빌리겠습니다. ≪春秋_{춘추}≫의 기록입니다. 晉_진의 匂_개라는 將帥_{장수}가 군사를 끌고 齊_제나라로 쳐들어가고 있는데 齊의 왕이 이미 죽었다는 소식을 듣고 군대를 철수했습니다. 군왕의 명을 받고 出兵_{출병}한 것은 군왕과의 약속이지만, 喪을 당한 나라를 공격하는 것은 사리에 맞지 않기 때문입니다. 즉 도리가 아니기 때문입니다. 약속은 경우에 따라 이행하지 않을 수도 있습니다.

尾生_{미생}이라는 청년이 좋아하는 여자가 생겼습니다. 그러나 여자 집에서 너무 반대가 심하여 둘이는 함께 도망하기로 약속을 하였습니다. 밤에 동네 어귀의 다리 밑에서 만나기로 하였는데 미생이 아무리 기다려도 여자는 오지 않았습니다. 그 사이에 폭우가 쏟아져 강물이 범람하였지만 미생은 움직이지 않았습니다. 여자는 집에서 부모님의 감시를 벗어나지 못하다가 새벽 늦게야 겨우 탈출할 수 있었습니다. 약속 장소에 왔을 때 범람한 물은 이미 상당히 빠졌고 다리 교각을 부둥켜안고 죽은 미생을 보았습니다. 여자는 미생을 껴안고 강으로 뛰어 들었습니다. 약속은 지켰지만 이것이 곧 정의거나 사리에 합당하다는 의미는 아닙니다.

信은 仁義禮智信_{인의예지신}이라는 五常의 德 중에 하나입니다. 五行에서는 '土'에 속하며, 사람의 臟腑_{장부}로는 脾_비와 胃_위에 해당한다고 합니다. 땅은 춘하추동의 변화에 따라 生長收藏_{생장수장}의 이치를 보여줍니다. 이것이야말로 믿음의 根幹_{근간}이 되는 것입니다. 사람이 서로의 신뢰를 저버리면 脾胃가 상한다고 합니다. 신용이 없는 사람은 대체로 비장이나 위장이 나쁘다고 합니다.

신용이란 이처럼 언제나 훤하게 드러나야 합니다. 그러나 器量은 드러나지 않아야 합니다. 자신의 기량을 과시하면 그 작은 기량은 곧 훤하게 드러나게 됩니다. '器'는 그릇이며 그 容量_{용량}을 器量이라 합니다. 작을수록 그 속이 쉽게 보이고 클수록 안이 잘 보이지 않습니다. 이를 넓혀서 度量_{도량}이나 雅量_{아량}으로도 사용합니다.

'欲'은 여기에서는 '원한다'의 뜻이 아니고 '해야 한다'의 뜻으로 쓰였습니다. 다시 말하면 器量은 헤아리기 어려울 만큼 커야 한다는 뜻입니다. ≪論語≫의 <爲政_{위정}> 편에 "君子는 한 그릇이 아니다(君子不器)."라 하였습니다. 군자는 어느 하나의 용도에 국한된 그릇이어서는 안 된다는 의미입니다. 즉 용도에 따라 모두 쓰일 수 있는 무한한 크기를 가져야 한다는 뜻이 되겠습니다.

기량으로 말하면 ≪三國遺事_{삼국유사}≫에 전하는 處容_{처용}의 고사를 새겨볼 만합니다. 그는 본래 용의 아들이었는데 新羅_{신라}의 憲康大王_{헌강대왕}께서 그에게 美女를 보내 아내로 삼게 했습니다. 그녀가 워낙 아름다워 疫神역신(역병을 옮겨 다닌다는 귀신)이 보고 반하였습니다. 어느 날 밤 사람으로 변신해서 그녀를 훔쳐 자고 있었습니다. 처용이 밤늦게 돌아와 보니 아내의 곁에 이미 다른 사람이 있었습니다. 이에 처용은 노래를 하며 춤을 추면서 물러났습니다. 처용의 이러한 태도에 감복한 역신이 모습을 드러내어 무릎을 꿇고, 이후로는 처용의 그림만 보아도 문 안에 들어가지 않겠다고 하면서 물러갔습니다. 그 후로 나라 안의 사람들이 문에 처용을 그린 그림을 붙여 邪氣사기를 물리치고 慶事경사를 도모하였다 합니다.

25 墨悲絲丝染 詩诗讚赞羔羊

墨(土); 먹묵
悲(心); 슬플비
絲(糸); 실사
染(木); 물들일염
詩(言); 시시
讚(言); 기릴찬
羔(羊); 양새끼고
羊(羊); 양양

墨子는 生絲생사의 염색을 슬퍼하고
≪詩經≫은 〈羔羊〉의 소박함을 찬미하였다

'墨'은 '墨子'를 말합니다. 그는 어느 날 염색을 하는 공장 앞을 지나다가 우연히 生絲의 염색 장면을 보게 되었는데, 아무런 색이 없는 생사가 온갖 색깔로 물들여지는 것을 보고 슬픈 생각이 들었습니다.

"墨子가 生絲에 염색을 하는 것을 보고 탄식하며 말했다. '파란 색을 들이면 파래 지고, 黃色을 들이면 황색으로 된다. 매번 (염료에) 담글 때마다 색깔이 변화하니, 다섯 번을 담그면 다섯 가지의 색깔이 나온다. 염색은 참으로 신중하게 하지 않을 수 없구나!'(墨子言見染絲者而歎曰, 染於蒼則蒼, 染於黃則黃. 所入者變, 其色 亦變, 五入必而已則爲五色矣. 故染不可不愼也.)" ≪墨子·所染≫.

하얀 실에 물을 들이면 무슨 노력을 해도 다시는 하얗게 할 수 없는 일입 니다. 과연 어떤 색깔이 가장 좋은 색상이 될 것인가? 잘못 들이면 되돌려 놓 을 수가 없음을 墨子는 탄식하였습니다.

우리는 어린 아이들에게 열심히 물을 들입니다. 되돌려 놓을 수 없는 색깔 을 매일같이 입혀 나갑니다. 학교라는 곳이 있어 아이들에게 틀을 씌워 놓고 모두가 획일적인 思考사고를 하게 만듭니다. 思考의 방향과 목적에 뚜렷한 기 준이 있는 것도 아니면서 무조건 개인의 창의성을 배제시키고 기존의 가치관을 주입합니다. 오직 학교의 성적을 올려서(학교의 이러한 교육에 가장 빨리 적응하여서) 이를 바탕으로 사회에서 출세하고 돈을 번다는 하나의 틀로 획일화되어 있습니다. 이 틀을 벗어나면 상당한 고생을 감수해야 합니다. 墨子는 이처럼 하늘로부터 타고난 人性이 인위적으로 물들여져 다시는 회복되지 않는 것을 탄식한 것으로 생각합니다.

'詩'는 ≪詩經≫을 뜻하는데 여기에서는 <召南·羔羊> 편을 말하였습니다. 이 詩에는 南國의 한 大夫가 文王의 교화를 받아 善政을 베푼 것을 찬미하는 내용이 있습니다. 詩는 '羔羊之皮고양지피'로 시작하는데, 여기에서의 '羔羊'은 염색이나 인위적인 가공을 하지 않은 가죽을 꿰어 만든 보통의 옷을 말한 것으로 봅니다.

그 大夫는 正直정직하고 儉素검소하여 관직에 있을 때나 퇴직을 하였을 때나 허름한 양가죽 옷을 입고 지내면서도 언제나 毅然의연한 모습이었다고 합니다. 이러한 가죽 옷은 많은 수공이 들어가는 비단 옷에 비해 매우 간단하고 조악한 옷(어려운 공정을 거쳐 만드는 현대의 가죽 옷과는 전혀 다른 것입니다)이었을 것입니다. 이로부터 '羔羊'은 옛날 제후나 대부들의 품격이 매우 고결함을 나타낼 때 쓰이다가 후에는 이들을 칭송하는 말로 사용되었습니다.

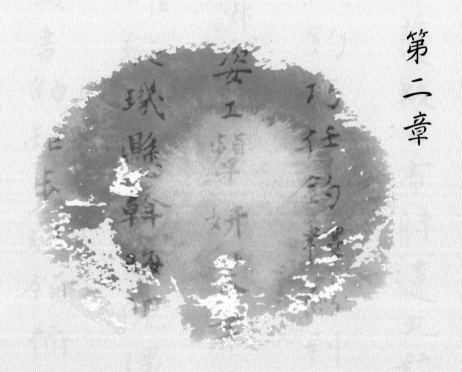

第二章

26 景行維維賢賢 克念作聖聖

27 德建名立 形端表正

큰 덕은 현명함으로 비롯되고
善선에 전념하면 성인도 될 수 있다
덕을 쌓으면 이름이 서고
용모가 단정하면 儀表의표도 바르다

景(日); 경치경
行(行); 다닐행
維(糸); 맬유
賢(貝); 어질현
克(儿); 이길극
念(心); 생각념
作(人); 지을작
聖(耳); 성인성
德(彳); 큰덕
建(廴); 세울건
名(口); 이름명
立(立); 설립
形(彡); 형상형
端(立); 바를단
表(衣); 겉표
正(止); 바를정

周(西周서주)나라의 마지막 天子인 幽王
유왕(서기전 781~770)이 褒포나라를 쳐서
이기자 褒의 王이 褒姒포사라는 미인을 바
쳤습니다. 유왕은 곧 포사에게 빠졌는데
그녀는 평소에 웃지를 않았습니다. 유왕이
그녀를 웃게 하기 위해 여러 가지 방법을
쓰다가 효과가 없자 급기야 外侵외침을 알
리는 거짓 봉화까지 올리게 했습니다. 이

大夫: 西周 이후의 제
후국에서 군왕의 아래에
卿경과 大夫 등 13개의
직급이 있었는데, 대부
는 世襲세습이며 封土봉
토가 주어졌다. 후에는
일반 관리를 통칭하는
명칭이 되었다.

에 속은 각 지역의 제후들이 왕궁으로 몰려드는 것을 보고 마침내 포사가 웃
었습니다. 왕은 종종 이렇게 하여 포사의 웃는 모습을 보면서 즐거워하였습니
다. 그런데 어느 날 실제로 외적의 침입을 당하여 봉화를 올렸으나 제후들은

오지 않았고, 유왕은 적에게 피살되었습니다.

그 후로 周나라의 어느 大夫가 詩를 지었는데, 포사와 같은 여인이 없어지고 賢母良妻_{현모양처}가 나타나 왕을 보필하기를 바라는 마음을 적었다 합니다. 그 시에 "高山仰止_{고산앙지}, 景行行止(높은 산은 우러러보게 되듯, 큰 德은 사람들이 따르게 된다) ≪詩經≫."라는 구절이 있습니다.

'景行'에서의 '景'은 크다는 의미입니다. 우리나라 '景福宮_{경복궁}'의 '景福'은 '大福'의 의미로 쓰였습니다. 따라서 '景行'은 사람들이 크게 다니는 곳 즉 큰 길(大道)을 말하며, 이 뜻이 다시 사람들이 모두 따르는 大德을 비유하였다고 보입니다. '維'는 '惟(오로지 유)'의 뜻으로 쓰였습니다. 즉 큰 덕은 오직 현명함으로부터 비롯됨을 말하였습니다. 특히 어리석은 幽王의 故事_{고사}를 떠올리게 하여 왜 현명해야 하는지를 실감하게 하였습니다. 길을 가다가 높은 산이 있으면 우러러보게 됩니다. 마찬가지로 역사에 밝고 높은 덕망을 지닌 현인이 있으면 우리는 이를 우러러보며 따라가게 됩니다.

周나라의 成王_{성왕}은 武王_{무왕}을 도와 殷_은을 멸망시키고 周를 건국했으며, 武王에 이어 두 번째 天子가 되었습니다. 그는 초기에 여러 곳의 반란을 진압하고 제후들을 설득하는 연설을 한 일이 있었는데, 그 내용이 ≪書經_{서경}≫의 <多方> 편에 전합니다. 즉 夏_하나라의 桀王_{걸왕}은 천자가 되었지만 포악한 정치를 하여 湯王_{탕왕}이 걸왕을 징벌하고 殷을 세웠는데 紂王_{주왕}에 이르러 다시 하늘의 뜻을 저버리고 포악한 정치로 백성들을 재난에 몰아넣었으니, 이 또한 하늘의 뜻을 받은 우리 周나라가 이를 평정한 것이라고 역설했습니다.

여기에 "성인도 善을 받들지 않으면 狂人이 될 수 있고, 광인도 善을 받들면 성인이 될 수 있다(惟聖罔念作狂, 惟狂克念作聖)."라는 구절이 있습니다.

즉 걸왕이나 주왕도 성인의 후손이며 천자까지 되었으니 범상한 사람들이 아니고 처음에는 성인이었을 것입니다. 그러나 그들은 성인의 덕을 저버리고 사욕으로 천하를 어지럽혔으니 바로 광인이 되었습니다. 광인이란 어리석은 사람입니다. 현명한 지혜에 따라 성인이 되기도 하고 광인이 되기도 하는 역사의 교훈을 보여줍니다.

'克念作聖'에서 '克'은 '能'의 뜻이며, '念'은 '思'의 뜻입니다. 즉 능히 專念한다는 뜻으로 볼 수 있습니다. 이는 앞 句의 '景行'을 받는 말로 보아 이러한 높은 덕을 쌓는 일에 전념한다면 성인이 될 수도 있다는 의미로 볼 수 있겠습니다.

'德建名立'은 덕을 이루면 명예가 저절로 따라오는 이치를 말한 것입니다. 이것을 '形端表正'으로 비유했습니다. '形表'는 몸체와 表木(표시로 세워둔 말뚝)을 말합니다. 즉 몸체가 곧으면 그림자도 곧고, 표목이 바르면 그림자도 바르다(形端則影亦端, 表正則影亦正)는 뜻에서 몸체와 표목이 곧아야 함을 말한 것입니다.

예로부터 사람들은 이름을 얻기 위해 분투하지만 오히려 악명을 떨친 경우도 많았습니다. 우리나라 현대 역사에 대통령을 지내고서 훌륭한 이름을 얻은 경우는 별로 없는 것 같습니다. 또한 돈을 벌어 이름을 낸 경우도 별로 없는 것 같습니다. 반대로 악명을 떨친 경우는 많습니다. 대통령을 지낸 사람이나 많은 재벌들이 감옥을 들락거리는 것을 보면 알 수 있습니다.

> 善을 쌓지 않으면 이름을 이루지 못할 것이며, 惡을 쌓지 않으면 몸을 망치지는 않을 것이다(善不積不足以成名, 惡不積不足以滅身.) ≪周易 · 繫辭下≫.

선을 행하지 않으면 이름을 얻지는 못하지만 그렇다고 나쁜 것도 없습니다. 악도 쌓지만 않으면 몸을 망칠 정도는 아닙니다. 이름을 얻지 않고 그리고 몸을 망치지도 않으면서 평범하게 살아갈 수도 있습니다.

그러나 우리는 대체로 작은 선은 별 도움이 없다하여 하지 않고, 작은 악은 별로 해될 것이 없다하여 그치지 않습니다. 그러다가 보면 선은 행하지 않고, 악은 쌓여만 가니 나중에는 몸까지 망치게 되는가 봅니다.

黃喜_{황희}(1363~1452) 政丞_{정승}은 六曹判書_{육조판서}를 두루 역임한 후 87세 때까지 영의정에만 18년을 지냈습니다. 그는 世宗大王(재위, 1418~1450) 재위기간 32년의 절반 이상을 국정 전반을 총괄하면서 대왕을 보좌하여 '眞宰相_{진재상}'의 면모를 보여주었습니다.

朝鮮의 건국 직후 선비들은 太祖_{태조}에게 저항하며 과거에 응하지 않고 杜門洞_{두문동}에 蟄居_{칩거}하였습니다. 태조는 그들을 나오게 하려고 마을을 불살랐는데 그들은 나오지 않았으며, 72명의 선비가 燒死_{소사}했습니다. 그러나 그들은 죽기 전에 황희정승을 내보냈습니다. 선생의 능력과 인품이 나라를 위해 꼭 필요한 인물이라는 깃과, 아무리 태조가 미워도 나라는 유지되어야 한다는 72賢_현의 일치된 생각이 선생을 밀어낸 것입니다. 우리나라 '杜門不出'의 역사 속에서 선생은 이렇게 나라를 위해 쓰일 棟樑_{동량}으로 다시 태어나 조선의 가장 명망 높은 재상이 되었습니다. 그는 언제나 온화하면서도 일에서는 엄격하였으며, 스스로는 매우 검박한 생활로 淸白吏_{청백리}의 龜鑑_{귀감}이 되었습니다.

28 空谷傳传聲声 虛虚堂習习聽听

 29 禍祸因惡恶積积 福緣缘善慶庆

空(穴);	빌공
谷(谷);	골곡
傳(人);	전할전
聲(耳);	소리성
虛(虍);	빌허
堂(土);	집당
習(羽);	익힐습
聽(耳);	들을청
禍(示);	재앙화
因(口);	인할인
惡(心);	나쁠악
積(禾);	쌓을적
福(示);	복복
緣(糸);	인연연
善(口);	착할선
慶(心);	경사경

빈 계곡은 소리를 멀리 전하고
빈 대청은 소리를 거듭 울린다
災殃재앙은 惡行이 쌓여 비롯되고
행복은 善行의 賞으로 온다

'空谷'은 글자 그대로 빈 계곡입니다. 양쪽의 산 사이에 峽谷협곡으로 형성되어 있는 계곡에서는 소리가 울려 멀리 전달됩니다. '傳聲'은 바로 이러한 메아리 현상을 말한 것입니다. 梁武帝양무제의 <淨業賦정업부>에 "빈 계곡의 反響반향이 형체를 따르는 그림자와 같다(若虛谷之應聲, 似游形之有影)."라는 구절이 있습니다. 그 先後선후는 알 수 없지만 周興嗣주흥사가 ≪千字文≫을 지으면서 이를 인용했을 수도 있습니다.

'虛堂'은 텅 빈 실내를 말하고, '習'은 反復를 의미합니다. 즉 빈 방에서 소리를 내면 소리가 되울리는 것을 말합니다. 계곡이나 빈 방에서 소리를 내면 그 소리는 그대로 다시 들립니다. 즉 '아' 하면 '아' 하고 울리며, '어' 하면 '어' 하고 반향되어 울립니다. 콩 심은 데 콩 나고 팥 심은 데 팥 난다는 말도 있습니다. 우리의 불행이나 행복도 이와 같습니다.

'禍因惡積'은 재화나 불행은 모두 스스로가 쌓은 악행에 기인한다는 뜻입니다. '福緣善慶'은 행복이란 善行에 대한 賞(慶)으로 따르는 것이라는 의미입니다. 즉 禍福은 스스로의 善惡에 따라 갈라진다는 것을 말하였습니다.

≪周易≫에 "선행을 쌓은 집안에는 福이 자손에까지 이르며, 不善을 쌓은 집안에는 불행이 자손에까지 미친다(積善之家必有餘慶, 積不善之家必有餘殃)."라고 했습니다. 즉 행복이건 불행이건 내가 쌓은 업보가 내 후손에까지 이어진다는 뜻입니다.

계곡이나 빈 집에서 울려오는 소리가 있다면 반드시 소리를 낸 사람이 있듯이, 사람에게 오는 禍福도 역시 그 시작의 근원이 있습니다. ≪孟子맹자 · 公孫丑上공손축상≫에 "禍福은 모두 스스로가 만들지 않은 것이 없다(禍福無不自己求之者)."라 했습니다. 사람의 행복과 불행 모두가 스스로 만든다는 것입니다. 일상생활에서 우리의 생각이나 행위가 善에 가까운 방식으로 살아가면서 '積善'을 하고 있는가, 아니면 반대로 惡에 가까운 생활을 하면서 '積惡'을 하고 있는가 하는 것이 인생의 禍福을 가른다는 뜻으로 보입니다.

우리네 인생은 행복보다는 불행이 더 많은 것처럼 느껴집니다. 그래서 "행복은 겹쳐 오지 않고, 불행은 홀로 오지 않는다(福無雙至, 禍不單行)."라는 말도 있습니다. 즉 복된 일은 어쩌다 한 번씩 오지만, 불행한 일은 엎친 데 덮치는 격으로 겹겹이 온다는 뜻입니다.

열심히 공부하여 출세하면 그만큼 행복해져야 할 텐데 그렇지만도 않습니다. 요즘은 幸福指數라는 말이 자주 보입니다. 최근 영국의 한 기관에서 발표한 조사 자료에 의하면 세계에서 가장 행복한 조건에서 사는 나라는 바누아투(Vanuatu)였습니다. 이름도 알기 어려운 이 나라는 인구 20만쯤인데 세계에서 가장 가난한 나라 중의 하나입니다. 우리나라는 102위이며 미국은 150위로 나타났습니다. 이러한 조사 결과의 수치는 대체로 비슷하게 나타납니다. 즉 先進國선진국일수록 순위는 뒤로 밀려납니다.

이것은 우리의 행복이 경제력과는 별 상관이 없거나 아니면 경제력이 오히려

행복을 저해하는 조건이 될 수도 있음을 나타낸 것처럼 보입니다. 행복해지려
고 돈을 번다든지 또는 출세를 위해 젊은 시간을 보내는 것은 현명해 보이지
않습니다.

30 尺璧非寶宝 寸陰阴是競竞

한 자의 璧玉이 보배가 아니니
한 寸의 시간을 아낄지라

尺(尸);	자척
璧(玉);	옥벽
非(非);	아닐비
寶(宀);	보배보
寸(寸);	마디촌
陰(阜);	그늘음
是(日);	이시
競(立);	다툴경

　　春秋時代춘추시대 楚초나라에 卞和변화라는 玉匠옥장이 어느 날 커다란 玉璞옥박 (아직 돌로부터 분리하지 않은 옥의 原石원석)을 발견하였는데, 겉으로는 돌이 지만 그 속에 천하의 보배가 될 만한 옥이 들어 있음을 알 수 있었습니다. 이 러한 보배를 개인이 가져서는 안 된다고 생각한 그는 이를 厲王여왕에게 갖다 바쳤습니다. 왕은 궁중의 玉工에게 鑑定감정을 명했는데 옥공은 이를 돌이라 하 였습니다. 화가 난 왕은 卞和의 왼쪽 다리를 자르는 형벌을 주어 보냈습니다.

　　세월이 흘러 왕이 바뀌자 卞和는 다시 그 옥박을 짊어지고 왔습니다. 그러 나 이번에도 똑같았습니다. 왕이 부른 옥공은 그것을 돌이라 판정하였고, 卞 和는 다시 오른쪽 다리마저 잘려 집에 보내졌습니다.

　　또다시 왕이 바뀌어 共王이 즉위하였습니다. 卞和는 荊山형산에 들어가 몇 날을 통곡을 하였습니다. 이 소식을 전해들은 共王은 그 옥박을 가져오라 하 였고, 이번에는 그 옥박을 잘라보라 하였습니다. 과연 안은 옥이었고 共王은 천하의 보배를 얻었습니다. 共王은 탄식을 하였습니다. "선왕들께서는 돌을 자르는 것은 어렵게 여기고, 사람 다리를 자르는 것은 쉽다 여기셨구나! 죽은 자는 살릴 수 없고, 잘린 다리는 다시 붙일 수 없거늘 어찌 사람의 말을 그렇 게 다르게 들으셨는가!"

　　이 보배가 곧 중국 역사에서 유명했던 '和氏璧화씨벽'이었습니다. 후에 趙조

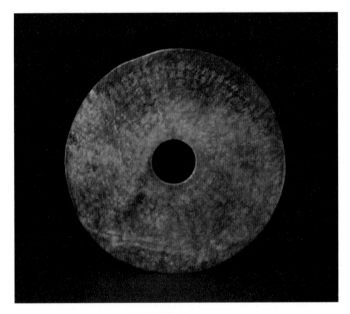

故宮博物院고궁박물원

나라가 이를 차지하였을 때 秦진나라에서 15개의 城성과 교환하자는 요구를 했습니다. 힘이 약한 趙는 이를 거절하지 못하고 응하였는데, 秦王은 城은 주지 않고 和璧만 차지하려 하였습니다. 이에 使臣사신으로 간 趙의 藺相如인상여가 機智기지를 발휘하여 和璧을 되찾아 왔습니다. 이것을 '完璧歸趙완벽귀조(화씨벽을 온전하게 趙나라로 다시 가져옴)'라 하여 후에 원래의 물건을 그대로 돌려준다는 의미로 쓰였습니다. 우리가 '완벽'하다 할 때의 漢字가 '完璧'인데 여기에서 나온 말입니다.

여섯 번째 구절의 '玉出崑岡'에서 이미 玉의 귀함을 말하였지만 고대로부터 옥은 金 이상의 보배로 여겼습니다. 和璧만 한 크기의 금덩어리로는 화벽에 비교하지 못합니다. 중국 사람들에게 있어서 옥은 보배 그 자체였습니다.

'尺璧'은 和璧과 같이 큰 玉璧을 말합니다. '尺'은 한 자의 길이이며, '璧'은 둥글고 납작하게(平圓形평원형) 다듬은 玉을 말합니다. 가운데는 구멍이 있습니다. 이러한 옥의 直徑직경이 한 자(尺)나 된다면 천하의 보배라 할 수 있을 것입니다.

'寸'은 한 자의 十分之一입니다. '陰'은 태양의 그림자이니 '寸陰'은 태양
의 그림자가 一寸만큼 옮겨가는 매우 짧은 시간을 말한 것입니다. 이를 '一寸
光陰'이라고도 합니다. '競'은 '爭'이나 '爭取쟁취'의 뜻이겠으나 아껴 쓰라는
의미로 보겠습니다. 여기에서는 벽옥처럼 아무리 진귀한 보배라 하더라도 시
간의 중요함에는 미치지 못한다는 의미를 비유하였습니다. 이러한 비유는 ≪
淮南子회남자≫에서 보입니다.

> 日月이 끊임없이 돌고 도니 시간은 사람과 함께 하지 않는다. 聖人은 한 자의 벽
> 옥을 귀하다 하지 않고 촌음을 아꼈으니, 시간은 얻기 어려우면서 쉽게 잃기 때문
> 이라(夫日回而月周, 時不與人游, 故聖人不貴尺之璧, 而重寸之陰, 時難得而易
> 失也) 〈原道訓〉.

시간은 벽옥보다 중요하지만 막상 시간을 어떻게 써야 하는지에 대해서는
다시 막막합니다. 曹操조조의 太子 曹丕조비는 시간의 흐름을 아픔으로 표현했
습니다.

> 옛 사람들이 한 자(尺)의 벽옥을 가볍게 여기고 촌음을 귀하게 여겼음은 시간이 지
> 나는 것을 두려워했기 때문이다. 그러나 많은 사람들은 힘써 노력하지 않고, 가난
> 하면 굶주림과 추위를 두려워하다가 부귀해지면 편안함에 빠져 눈앞의 일에만 쫓아
> 다니면서 천 년의 일을 저버린다. 日月은 하늘에서 지나가고 내 몸은 세상에서 쇠
> 락하다가 홀연히 만물과 함께 사라지니 이것은 선비의 큰 아픔이라(古人賤尺璧而
> 重寸陰, 懼乎時之過已. 而人多不強力, 貧賤則懾於飢寒, 富貴則流於逸樂, 遂
> 營目前之務, 而遺千載之功. 日月逝於上, 體貌衰於下, 忽然與萬物遷化, 斯士
> 之大痛也).

벽옥보다 귀한 시간을 벽옥 같은 재물을 위해 보낼 수는 없을 것입니다. 학
문이나 인격을 힘써 닦는 것을 예로부터 가장 지혜로운 일로 여겼습니다. 그

러나 학문이 자칫 출세의 도구로 쓰이기 때문에 훌륭한 사람들은 분명한 가치기준을 세워 이를 경계하였습니다.

東坡居士동파거사(蘇軾소식, 1037~1101)가 黃州황주로 좌천되어 있을 때 쓴 시에 "사람은 가을 기러기 같아 언제나 돌아오지만, 人事는 춘몽 같으니 흔적이 없어라(人似秋鴻來有信, 事如春夢了無痕)."라는 구절이 있습니다. 사람들이 고향을 찾는 것은 마치 정해진 이치와도 같습니다. 가을이면 기러기가 찾아오는 것을 확신할 수 있듯이 우리의 來往도 그렇게 이어집니다. 그러나 권력이나 재물을 흔들던 기억은 쉽게 사라집니다. 대통령을 지냈거나 재벌의 總帥총수였던 사람도 零落영락하면 그뿐입니다. 이러한 人間事는 허무하기가 춘몽과 같습니다.

高麗의 白雲居士백운거사(李奎報이규보, 1168~1241) 선생은 이러한 인생사를 20字 한 수의 詩 속에 명료한 비유로 축약하였습니다.

詠井中月영정중월
山僧貪月色산승탐월색, 幷汲一瓶中병급일병중.
到寺方應覺도사방응각, 瓶傾月亦空병경월역공.
(산속의 중이 달빛을 탐내, 물동이에 함께 길었더라.
절에 돌아오면 깨닫겠지, 물동이를 비우면 달도 없어지는 것을.)

어느 날 절에서 젊은 중이 짊어지고 가는 물동이에 달이 잠겨 있는 것이 보였나 봅니다. 물속의 달이란 실재하지만 잡을 수 없는 것이며 또한 굳이 잡으려 할 필요도 없는 것입니다. 바라보면 '色'이지만 잡으려 하면 '空'입니다.

세계의 높은 곳이라면 기어코 오르는 사람들, 직장이나 정치판에서 최고가 되는 사람들, 세상의 남자들을 능가하는 능력을 키우는 여성들, 모두가 우리에게는 흠모의 대상입니다. 그러나 頂上정상에 올랐다고 해서 따로 마련된 특별한 의미는 없는 것 같습니다. 오히려 남보다 더 힘들게 내려와야 하는 가파른 절벽이 있을 뿐입니다.

31 資父事君 日嚴與敬

아버지를 섬기듯 군왕을 받드니
'嚴'과 '敬'으로 하라 하였다

資(貝); 취할자
父(父); 아비부
事(亅); 일사
君(口); 임금군
曰(曰); 가로왈
嚴(口); 엄할엄
與(臼); 더불여
敬(攴); 공경경

'資'는 取취한다는 뜻이며, '事'는 섬긴다는 뜻으로 쓰였습니다. 즉 '資父事君'은 아버지를 섬기는 효성을 취해 임금을 섬긴다는 의미입니다. ≪孝經효경≫의 <士章사장> 편에 있습니다.

아버지를 섬기듯 어머니를 섬기니 그 愛戴애대(위하고 받듦)함이 같다. 아버지를 섬기듯 임금을 섬기니 그 공경함이 같다. 어머니는 愛戴함으로 섬기고, 임금은 공경으로 섬기되 아버지는 이 둘을 다하여 섬기는 것이다(資於事父以事母, 而愛同; 資於事父以事君, 而敬同. 故母取其愛, 而君取其敬, 兼之者父也).

가정과 국가, 이는 공부하는 선비들에게 한 평생 살아가는 이유와 목적이었습니다. 가정을 꾸리는 것은 자연인으로서의 기본적인 권리이며 책무였고, 나라에 대한 국가의식은 지식인으로서의 기본적인 사명이었습니다. 이 두 가지는 忠孝충효라는 규범 체계에 맞추어 실천하였습니다.

때로는 兩者양자 사이에서 갈등을 겪기도 했습니다. 古佛고불(孟思誠맹사성, 1360~1438) 선생은 벼슬에 있을 때 老父노부의 병간호를 위해 세 차례나 사직을 원하였으나 모두 임금의 윤허를 받지 못하고 76세에 이르러 겨우 퇴직하였습니다. 다만 한 차례 임금은 그를 충청도의 도관찰사로 보내 노부를 봉양할 수 있도록 배려를 했습니다. 아버지와 임금을 함께 섬길 수 있는 기회를 준 것입니다.

여기에서는 아버지와 임금을 섬기는 가장 기본적인 두 가지의 원칙을 말하였습니다. '嚴'은 嚴重엄중하다는 의미에서 조금도 가벼이 하지 않는 것을 말합니다. '敬'은 恭敬공경한다는 뜻입니다. 즉 이 둘은 어버이나 군왕 앞에서는 언제나 조심하고 오직 공경하는 마음으로 받들어야 함을 말한 것입니다.

嚴은 부친에 대한 존칭으로도 쓰입니다. '嚴命엄명'은 본시 '父命'이었으며, '家嚴'은 부친을 말합니다. '嚴父'는 부친을 공경한다는 뜻도 되고 부친을 말하기도 합니다. '嚴親엄친'은 부모를 공경한다는 뜻도 되고 부모를 지칭하는 뜻도 됩니다.

'嚴'은 처음에는 부모 모두를 지칭하였으나 후에 점차 부친만을 지칭하는 말로 쓰인 듯합니다. 그래서 부친만 모시고 있으면 '嚴侍下엄시하'라 하며, 모친만을 모시고 있으면 '慈侍下자시하'라 합니다. '嚴妻侍下엄처시하'는 이로부터 만든 말이겠으나, 엄밀하게 보면 시부모도 모르는 아내라는 의미로도 보일 수 있습니다.

위에서 '愛戴'라 함은 받들어 모시는 것을 말합니다. 위의 인용 원문에서 쓰인 '愛'는 지금 우리가 말하는 '사랑'하고는 크게 다릅니다. 자녀가 부모님을 사랑한다고 말하는 것은 적절하다고 보기 어렵습니다. 부모는 자녀에게 끊임없이 베풀어 주는 사랑을 하는 것이라고 하겠습니다. 자녀가 내복 몇 벌을 사드리고 부모를 사랑한다고 할 수도 없는 것이며, 자녀는 단지 부모를 공경으로 모시는 것입니다. 우리 문화에서의 사랑은 영어의 'love'와는 다를 것입니다. 문화적인 차이만큼 그 의미가 다르다고 하겠습니다.

부모는 자식을 깊이 사랑하지만 보통 표현을 하지 않고 다만 실천을 합니다. 자녀는 효성스러울수록 효도한다는 생각보다는 스스로의 부족함을 아쉬워했습니다. 한가로이 입으로 표현하는 사랑은 우리에게 생소합니다.

이는 부부 사이에서도 마찬가지였습니다. 서로가 상대방에게 해주고 싶은 일이 있으면 묵묵히 해줄 뿐으로 이에 대해 말을 아낍니다. 사랑이나 효도는 오로지 실천으로 의미가 있을 뿐, 말은 오히려 말치레나 거짓말로 쓰이는 경우가 많습니다.

32 孝當_當竭力 忠則_則盡_盡命

孝(子); 효도효
當(田); 당할당
竭(立); 다할갈
力(力); 힘력
忠(心); 충성충
則(刀); 곧즉
盡(皿); 다할진
命(口); 목숨명

효도는 힘껏 해야 하고
충성은 목숨을 바쳐 한다

出典_{출전}은 ≪論語≫의 <學而> 편입니다.

부모를 섬기는 데에는 그 힘을 다하고, 군왕을 섬기는 데에는 그 몸을 다한다(事父母能竭其力, 事君能致其身).

앞에서 부모와 임금 섬기는 것은 한 가지 이치라 하였습니다. 그러나 여기에서의 효도와 충성은 다소 다른 면을 보여줍니다. 즉 효도는 자신의 모든 힘을 다하는 것이고, 충성은 때에 따라 목숨까지도 희생할 수 있다는 의미로 보입니다.

春秋時代의 管仲_{관중}(서기전 ?~서기전 645)은 齊_제나라의 桓公_{환공}을 春秋五覇_{춘추오패}의 우두머리로 올려놓은 功臣_{공신}이었지만, 그는 일찍이 세 차례의 전쟁에 나가 모두 패퇴하면서도 목숨만은 부지하였습니다. 이에 대해 鮑叔牙_{포숙아}는 그가 죽는 것을 두려워한 것이 아니고, 오직 그에게 의지하고 있는 老母가 계시기 때문이라는 실정을 말하며 그를 두둔해 주었습니다.

高句麗_{고구려}의 溫達_{온달} 장군은 新羅_{신라}한테 빼앗긴 영토를 되찾기 위해 出征_{출정}하면서 약속한 땅을 찾지 못하면 돌아오지 않을 것임을 다짐했습니다. 그는 전쟁에서 죽었고, 恨_한많은 그의 靈柩_{영구}는 움직이지 않았습니다. 平岡公

主평강공주가 관을 쓰다듬으며, "死生이 이미 결정되었으니 가시옵소서!" 하니 비로소 葬事장사를 지낼 수가 있었다고 전합니다.

효도를 하고자 한다면 우선 목숨을 보전해야 합니다. 효도에는 단지 竭力(盡力진력)을 할 뿐, 효도를 위해 죽어서는 안 될 것입니다. 그렇게 하기를 원하는 부모가 없습니다. 그러나 국가를 위해 전쟁에 나가는 장수가 목숨을 아까워한다면 전쟁에서 이길 수가 없을 것입니다. 효도와 충성은 방법에 있어서 다른 것임을 보여줍니다.

우리는 소위 근대화 과정에서 나라를 위해서도 아니고, 부모를 위해서도 아닌 알 수 없는 희생이 있었습니다. 朝鮮時代에 尹持忠윤지충(1759~1791)과 그의 외사촌 權尙然권상연(1751~1791) 두 사람은 외래 문물의 수용 과정에서 죽어갔습니다. 두 사람은 조상의 神主신주를 태우고 祭禮제례를 폐했다는 죄목으로 잡혀왔습니다. 당시에 조상님께 제사를 지내지 않는다는 것은 상상하기 어려운 悖逆패역이었습니다. 그런데 조상을 상징하는 신주(조상의 神이 와서 머무는 곳이어서 神位신위라고도 함)까지 불태웠으니 이는 거의 弑逆시역과도 같은 大罪대죄였습니다. 조상과 부모를 부정하고 외래의 알 수 없는 神을 받아들인 그들은 사형을 피할 수 없는 죄인이 되었습니다. 그들은 형장에서 마지막으로 '신주에 절하고 천주를 거부하라'는 집행관의 요구를 거절하였고, 둘은 그렇게 죽었습니다. 神主와 天主 사이에 목숨은 별로 중요한 것이 아니었습니다.

둘은 나라를 위해 죽은 것도 아니며, 부모나 조상을 위해 죽은 것도 아니어서 우리 문화의 시각으로 본다면 이해하기 어려운 희생이었습니다. 그러나 이제는 신주와 천주가 同床異夢동상이몽으로 공존하는 세상이 되었습니다.

33 臨临深履薄 夙興兴溫凊

깊은 못을 지나듯 얇은 얼음을 밟듯
일찍 일어나 따스하고 시원한지 볼지라

臨(臣); 임할림
深(水); 깊을심
履(尸); 신발리
薄(艸); 얇을박
夙(夕); 일찍숙
興(臼); 일흥
溫(水); 따뜻할온
凊(冫); 서늘할정

계속해서 효도를 강조하는 말입니다. ≪論語≫의 <泰伯태백> 편에 曾子증자
의 효심을 나타낸 구절이 있습니다.

曾子가 병이 깊어지자 제자들을 불러 말하였다. 이불을 거두고 내 발과 팔을 보아
라. 詩에 일렀으되, '조심하고 또 조심하라. 마치 깊은 못 가에 있는 것처럼, 마치
얇은 얼음 위를 가는 것처럼' 이라 하였는데, 금후로는 이런 걱정을 덜게 되었구나
(曾子有疾, 召門弟子曰: 啓予足, 啓予手. 詩云; '戰戰兢兢, 如臨深淵, 如履薄氷.'
而今而後, 吾知免夫).

曾子는 자신의 인생이 다하는 것을 깨닫고 제자들에게 다친 데 하나 없는
자신의 手足수족을 보라 하였습니다. 즉 그는 한 평생 부모님으로부터 받은 몸
을 다치지 않게 하기 위해 매우 조심하면서 살았음을 제자들에게 확인시킨
것입니다.

위의 '臨深履薄'은 曾子가 인용한 ≪詩經≫의 "戰戰兢兢전전긍긍, 如'臨深'
淵연, 如'履薄'氷"을 축약한 것입니다. 이는 나라 안에 삿된 무리들이 많아 군
왕이 이들에 미혹되어 현자들의 말을 듣지 못하니 이를 걱정하는 마음을 나
타낸 시입니다. 즉 나라의 미래가 불투명하니 전전긍긍하면서 언제 위험이 닥

칠지 몰라 불안해하는 마음을 담았다고 할 수 있습니다. 여기에서는 자신의 몸을 매우 조심한다는 뜻으로 이를 인용하였습니다.

‘夙興溫凊’: 아침에 일찍 일어나 따뜻함이나 시원함을 살펴야 한다는 의미입니다. ‘夙’은 ‘早’ 또는 ‘朝’의 뜻으로 ‘夙夜숙야’는 ‘早晚조만’ 또는 ‘朝夕’을 의미합니다. ≪詩經≫의 <國風 · 衛위 · 氓맹> 편에 ‘夙興夜寐숙흥야매’라는 구절이 있는데, ‘아침에 일찍 일어나고 저녁에 늦게까지 일을 한다.’는 의미로 후에는 成語로 쓰이게 되었습니다. 여기에서는 ‘夙興’만으로도 아침에 일찍 일어나 밤늦게까지 부모님을 보살펴 드린다는 의미로 보겠습니다.

‘溫凊’의 출처는 ≪禮記예기≫의 <曲禮곡례> 편입니다. “겨울에는 따뜻하고 여름에는 시원하게 해드려야 한다(冬溫而夏凊).”고 하였는데, 孝는 이렇듯 부지런하고 정성을 다하는 것(孝當竭力)임을 의미하였습니다.

34 似蘭ᄅ斯馨 如松之盛

 35 川流不息 淵淵澄取映

난과도 같은 향기일러니
소나무처럼 푸를지니
냇물처럼 쉬지 않으며
맑은 연못에 비치는 듯

似(人);	같을사
蘭(艸);	란초란
斯(斤);	이사
馨(香);	향내날형
如(女);	같을여
松(木);	소나무송
之(丿);	갈지
盛(皿);	성할성
川(巛);	내천
流(水);	흐를류
不(一);	아니불
息(心);	쉴식
淵(水);	못연
澄(水);	맑을징
取(又);	취할취
映(日);	비칠영

효도는 百行의 근본입니다. 깊은 효성은 깊은 德을 쌓으니 그 향기와 굳건함이 난이나 소나무와도 같습니다. 쉼 없이 흐르는 냇물처럼 끊임없으며, 맑은 연못이 투명하듯 효도를 근본으로 한 덕행은 맑기만 합니다.

'似蘭斯馨'에서 '斯'는 어조사로 쓰였으며, 馨은 향기가 멀리 가는 것을 말합니다. 여기에서 말하는 난은 지금 우리가 알고 있는 난(蘭花)하고는 다른 것입니다. 옛날의 난은 보통 물가에서 자라는 澤蘭택란을 의미했습니다. 紫紅色자홍색의 꽃이 피고 잎이나 줄기 모두에 향기가 있으며, 약용으로도 사용하였다 합니다. 우리가 키우는 란은 보통 春蘭춘란으로 산에서 자라며 택란과는 다릅니다.

사람들은 참으로 일찍부터 蘭을 애호하였습니다. ≪周易≫의 <繫辭계사·上>편에 "두 사람의 마음이 같으면 그 예리함이 쇠를 끊겠고, 한 마음으로 하는 말은 향기가 난초와 같다(二人同心, 其利斷金. 同心之言, 其臭如蘭)."라 했으니, 서로 마음이 맞아 힘을 합하면 못할 일도 없겠고, 두 사람 사이의 오가는 말은 자연 난초처럼 향기롭다는 비유입니다. 이로부터 '金蘭之交'라는 成語가 생겼으며, 언제나 잘 맞는 교우관계를 의미하며 이를 줄여 '蘭交'라고도 합니다.

'如松之盛'에서의 '盛'은 소나무가 언제나 푸른 것(常青)을 말합니다. ≪詩經≫의 <小雅소아 · 天保천보> 편에 "松柏의 무성함처럼(如松柏之 茂)"이라 했습니다. 이 시는 신하가 君王의 萬 壽無疆만수무강을 축원하는 내용을 담고 있습니

全義李氏전의이씨 隱窩公은와공 宗中
http://www.leefamily.or.kr

다. 소나무는 묵은 잎이 떨어지기도 전에 새잎이 나기 때문에 사철 언제나 푸릅니다. 눈보라치는 한겨울에도 푸르면서 꼿꼿한 소나무는 오래전부터 선비의 지조와 비유되기도 했습니다.

'川流不息'은 냇물(강물)이 쉬지 않고 흐르는 것을 말합니다. '淵澄'은 깊고 맑은 연못이며, '取映'은 선명하게 비친다는 뜻입니다. 쉬지 않고 흐르는 냇물이 맑은 못을 이루어 거울처럼 비춰 볼 수 있듯이 효도를 근본으로 하는 덕행을 쌓아 맑은 性情을 가꾸어야 함을 비유한 것으로 보입니다.

朝鮮時代의 李貞幹이정간(1360~1439) 선생은 효성으로 소문난 분이셨습니다. 八旬팔순의 연세에도 색동옷을 입고 병아리를 놀리며 어머니를 즐겁게 해 드렸다 합니다. 그런 그가 병환으로 일어나지 못하자 세종대왕께서 친히 문병하여 소원을 물으셨습니다. 그는 자신이 죽으면 吉地길지에 묻히어 자손 중에 不忠하는 후손이 나오지 않기를 바란다고 아뢰었습니다. 세종께서 감동하여 그 자리에서 '家傳忠孝가전충효, 世守仁敬세수인경(집안은 충효를 이어오고, 世世로 仁敬의 덕을 지키도다)'이라는 御筆어필(현존하는 유일한 세종대왕의 필적

이라 함)을 하사하셨다 합니다.

　그 집안이 본시 공순하기로 소문났을 뿐만 아니라, 또한 이정간 선생이 훌륭한 인품으로 그 윗대에 이어 충효를 다하니 세종께서 이를 치하하신 것이었습니다. 이 글귀는 후로 그 문중의 가훈으로 전해졌다고 합니다. 이렇듯 훌륭한 조상의 덕은 면면히 이어지면서 후손들에게는 자신들을 비추어볼 수 있는 淵澄(明鏡명경)이 되었습니다. 이렇듯 효도나 덕행은 刻苦각고의 노력으로 이루어지는 것이며, 그래서 그것은 아름다운 것입니다.

36　容止若思　言辭_辞安定

容(宀); 얼굴용
止(止); 그칠지
若(艸); 같을약
思(心); 생각할사
言(言); 말씀언
辭(辛); 말씀사
安(宀); 편안할안
定(宀); 정할정

용모와 擧動은 사려 깊고
말은 신중하고 분명하다

'容止'에서 '容'은 용모와 儀表_{의표}를 말하고, '止'는 行動擧止_{행동거지} 또는 擧動_{거동}을 말합니다. '若思' 이하의 출처는 ≪禮記_{예기}≫의 첫 편 <曲禮_{곡례}>의 첫 줄입니다.

공경하지 않음이 없고, 엄정하기가 사려 깊으며, 말이 신중하고 분명하면 백성을 편하게 할 수 있다(毋不敬, 儼若思, 安定辭, 安民哉).

이는 儀禮_{의례}를 행하는 君王의 자세를 언급한 것입니다. '儼'은 의젓하고 莊重_{장중}한 자세를 뜻하고, '若思'는 思慮_{사려}깊은 태도를 의미합니다. 즉 군왕은 모든 禮式_{예식}에서 언제나 기본적으로 '恭敬'의 마음을 지녀야 하며, 태도는 사려 깊고 장중하고, 말은 신중하면서 분명해야 함을 강조한 것이라 하겠습니다. 여기에서는 군왕의 자세를 인용하여 修身_{수신}의 기본적인 태도를 나타낸 것으로 보입니다.

'安定辭'를 '辭安定'으로 바꾸어 쓴 것도 韻字를 맞추기 위해서입니다. 천자문의 글귀는 대부분 옛 문헌에서 가져다 썼습니다. 그러나 한 구를 네 글자로 하고 다시 짝수의 구에서는 운자를 맞추었기 때문에 위에서처럼 글자를 빼거나 뒤바꾼 경우가 많습니다. 그래서 천자문은 출처를 찾아 함께 이해하는 것이 바른 방법이라 하겠습니다. 따라서 위의 '容止若思'는 '容止儼若思'로 보아야 하며, '言辭安定'은 '言安定辭'의 의미로 해석해야 할 것입니다. 덕이 있는 사람의 용모나 거동이 어떠해야 하는가를 보여줍니다.

37 篤篤初誠誠美 愼愼終終宜令

篤(竹); 도타울독
初(刀); 처음초
誠(言); 정성성
美(羊); 아름다울미
愼(心); 삼갈신
終(糸); 마칠종
宜(宀); 마땅할의
令(人); 하여금령

좋은 시작은 매우 아름다우며
좋은 마침은 더없이 훌륭하다

'篤初'와 '愼終', 그리고 '誠美'와 '宜令'이 對를 이룬 구절입니다. 篤은 두터이 한다는 의미이고, 愼은 신중하다는 뜻인데 여기에서는 사실상 서로 같은 의미로 쓰였습니다. 篤初는 처음에 두터이 하는 것, 즉 잘하는 것을 말하고, 愼終은 일관된 初心으로 끝까지 잘하는 것을 뜻합니다. '誠'과 '宜'는 역시 같은 뜻으로 '확실하게' 또는 '마땅히'의 뜻이며, '美'와 '令'은 '아름답거나 훌륭하다'는 뜻입니다.

≪詩經≫의 <大雅대아 · 蕩탕> 편에 "잘하지 않는 시작은 없으나 이를 끝까지 잘하는 일은 드물다(靡不有初, 鮮克有終)."고 했습니다. 누구나 일을 시작할 때는 잘하지만 초심을 유지하면서 일을 끝까지 잘 하는 경우는 드물다는 것을 말하였습니다. 여기에서 일이라 함은 五常의 德과 같은 일들을 말하는 것입니다. 가령 어려서부터 변함없는 孝誠효성으로 부모님을 끝까지 모시는 경우는 참으로 드물다고 하겠습니다. 이를 ≪孟子≫에서는 이렇게 말했습니다.

사람이 어려서는 부모님을 공경하다가 여자를 좋아하게 될 때가 되면 미녀를 사모하고, 妻子를 두면 妻子를 따르며, 벼슬을 하게 되면 君王을 공경하면서 군왕의 환심을 사지 못하면 마음이 초조하여 불이 난다. 大孝는 終身토록 부모를 공경하는 것이다(人少, 則慕父母, 知好色, 則慕少艾 有妻子, 則慕妻子 仕則慕君, 不得於君則熱中. 大孝終身慕父母.) <萬章上만장상>.

어려서는 대체로 부모님을 크게 보고 잘 따르기 마련이지만, 남녀를 구분할 때쯤부터는 생각이 나뉘게 되고, 장성하여 가정을 꾸리면 생각은 부모님으로부터 자꾸 멀어집니다. 벼슬이라도 하게 되면 어려서 부모님을 따르던 마음이 모두 사라지니 연로하신 부모님께는 불효를 저지르게 된다는 의미입니다.

'愼終'은 부모님의 최후를 잘 모신다는 의미도 있습니다. 이처럼 어려서의 마음을 끝까지 유지하는 것이 어려운데, 初志一貫_{초지일관}으로 끝까지 잘하는 것은 그 처음이나 끝이나 모두 아름답다는 것을 말하였습니다.

榮_荣業_业所基 籍甚無_无竟

 學_学優_优登仕 攝_摄職_职從_从政

榮業의 바탕이 되리니
그 명성이 끝이 없으리
배움의 여력으로 出仕하니
관직으로 國政에 從事한다

榮(木);	영화영
業(木);	업업
所(戶);	곳소
基(土);	터기
籍(竹);	문서적
甚(甘);	심할심
無(火);	없을무
竟(立);	마칠경
學(子);	배울학
優(人);	넉넉할우
登(癶);	오를등
仕(人);	벼슬사
攝(手);	당길섭
職(耳);	벼슬직
從(彳);	좇을종
政(攴);	정사정

이제까지 앞에서 말한 忠孝_{충효}를 바탕으로 하는 덕행을 다시 강조하였습니다.

'榮業'은 영예스러운 功業_{공업}을 말합니다. '所基'는 이러한 榮業의 바탕이 된다는 뜻입니다. 앞에서 '德建名立'이라 하였듯이 덕을 쌓으면 이름이 알려지고 이에 따라 영예도 따른다는 의미입니다.

'籍'은 名聲_{명성}이며 '甚'은 盛大_{성대}하다는 뜻입니다. '籍甚'('藉甚'으로도 쓰이며, 적심 또는 자심으로 읽음)은 명성이 藉藉_{자자}하다는 뜻입니다. '竟'은 '已'의 의미로 그친다는 뜻으로 쓰였습니다. 즉 덕행을 바탕으로 하여 일을 도모한다면 그 명성이 그치지 않을 것이라는 의미입니다.

위에서 '榮業'은 실제로는 관직을 의미합니다. '學優登仕'는 바로 이러한 '榮業'의 구체적인 실현을 말한 것입니다. 이의 출처는 ≪論語≫입니다.

"관직을 수행하면서 여력이 있으면 배움에 힘써야 하고, 배움에 힘써 여력이 있으면 관직에 나가야 할 것이다(仕而優則學, 學而優則仕)." 〈子張_{자장}〉.

'優'는 현재 우월하다든가 뛰어나다는 뜻으로 쓰이지만, 본시는 넉넉하다든가 여유가 있다는 뜻으로 쓰였습니다.

관직에서 똑같은 직책을 맡았다 해도 어떤 사람은 매우 힘들어 하고 어떤 사람은 성실하게 하면서도 여유가 있습니다. 여기에서 '優'는 뛰어나다는 의미보다 바로 이렇듯 여유 있는 사람을 말하는 것입니다. 물론 뛰어나야 여유도 있겠지만 뛰어난 사람이 모두 여유가 있는 것은 또 아닙니다. 즉 관직을 훌륭하게 수행하면서도 여력이 있는 사람이라면 더 배우게 해서 더 큰일을 하게 해야 한다는 의미입니다. 조그만 직책에도 힘들어 하는 사람을 더 배우게 하는 것은 별 의미가 없을 것입니다.

이는 학업에 있어서도 마찬가지입니다. 학업을 힘들게 하는 사람도 있고 여유 있게 하는 사람도 있습니다. 그러나 매우 열심히 하긴 하지만 깨우치지 못하고 고지식한 書生으로 머무는 사람이 더 많습니다. 학업에 이미 힘들어 하는 사람한테 관직까지 맡길 수는 없는 일입니다. 관직은 학업의 응용이며 延長이기 때문에 배움을 구체적으로 응용하면서 실질적인 의미를 깨닫게 해주는 과정이 되기도 하는 것입니다. '學優登仕'는 ≪論語≫의 이러한 의미를 포괄하였습니다.

'攝職'은 관직을 맡는다는 뜻이며, '從政'은 政事_{정사}를 처리한다는 뜻으로 이는 곧 관직을 맡아 國政_{국정}에 종사하는 것을 말하였습니다.

40 存以甘棠 去而益詠咏

存(子); 있을존
以(人); 써이
甘(甘); 달감
棠(木); 팥배나무당
去(厶); 갈거
而(而); 말이을이
益(皿); 더할익
詠(言); 읊을영

감당나무 그대로 두었으니
가신 후 노래 소리 높았다

≪詩經≫의 <召南_{소남}·甘棠_{감당}> 편에 이와 관련된 노래가 있습니다.

자그마한 감당나무 베거나 자르지 마세.
召伯_{소백}께서 머무셨던 곳이라네.
(蔽芾甘棠, 勿翦勿伐, 召伯所茇)

召伯은 召公을 말합니다. 周나라 초기 천하를 東西로 나누어 周公_{주공}과 召公이 각각 다스렸습니다. 이 둘을 二伯이라 하였기 때문에 召公을 召伯이라고도 하였습니다. 후에 '伯'은 '方伯'과 같이 지방 수령을 지칭하였습니다.

소공은 武王의 이복형제였다고도 전합니다. 소공은 西方을 맡아 善政_{선정}을 펼쳐 만민의 추앙을 받았습니다. 당시에는 天子가 諸侯_{제후}의 나라를 둘러보는 풍속이 있었는데 이를 巡狩_{순수}(巡守_{순수}로도 씀)라고 하였습니다. 소공은 이때에도 백성들에게 민폐를 주지 않으려고 나무 밑에 수레를 세워 寢食_{침식}을 해결했다 합니다. 특히 그는 巡狩 중에도 백성들의 어려움을 보면 이를 적극적으로 도와주었습니다.

한 번은 감당나무 아래에서 어느 남녀의 訟事_{송사}(당시 殷나라 말기 紂王_{주왕}의 悖逆無道_{패역무도}한 정치 때문에 나라 안에는 윤리의식이 사라져 남녀의 訟

事가 크게 많아졌다고 합니다.)를 판정해준 일이 있었는데 그 판정의 교화가 南國 전역에 미치었다고 합니다. 소공이 떠난 후에도 사람들은 그 감당나무를 보존하며 그를 대하듯 공경하였다고 하며, 위의 詩는 이러한 그의 德政_{덕정}을 칭송하였습니다.

여기에서는 甘棠나무로 이 시의 고사를 인용하였습니다. '存'은 남겨둔다(留)는 뜻으로 쓰였고, '去'는 召公이 떠난 것을 말합니다. '益詠'은 칭송의 노래가 더 하였음을 뜻합니다.

우리나라 강원도 삼척시 근교에 召公臺_{소공대}가 있습니다. 조선 초기의 名宰相_{명재상} 黃喜_{황희} 선생을 기리는 곳이라 합니다. 世宗_{세종} 5년(1413) 관동지방에 큰 흉년이 들었는데, 황희 선생께서 관찰사로 부임하시어 온 정성으로 구호하여 한 사람의 인명 피해도 없었다고 합니다. 이에 백성들이 선생의 공덕을 흠모하여 선생께서 종종 머물러 쉬시던 곳에 돌을 쌓아 臺를 만들었고, 이를 중국의 소공과 견주어 소공대라 하였다 합니다.

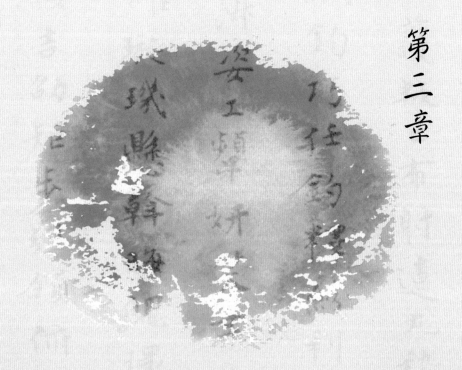

第三章

41 樂_乐殊貴_贵賤_贱 禮_礼別尊卑

음악은 귀천을 가리며
예는 존비를 구별한다

樂(木); 풍류악
殊(歹); 다를수
貴(貝); 귀할귀
賤(貝); 천할천
禮(示); 예례
別(刀); 다를별
尊(寸); 높을존
卑(十); 낮을비

음악과 禮를 말하였습니다. 음악과 예가 특별한 관계가 있는 것 같습니다.

樂殊貴賤: 음악에도 귀천의 다름(殊)이 있다는 의미입니다. 이는 계층에 따라 음악의 형식이 다르다는 것으로 보입니다. 가령 천자의 음악과 제후의 음악이 같을 수 없습니다. 천자의 행사에는 가로 세로 8명씩 64명이 추는 성대한 춤인 八佾舞_{팔일무}가 쓰이지만, 제후의 행사에는 六佾舞로 제한되었습니다. 음악에는 이렇게 귀천의 다름이 있었다는 뜻입니다.

禮別尊卑: 예에서 신분의 高下가 서로 다름이 있음을 말하였습니다. 예로 父子 · 君臣 · 夫婦 · 長幼 · 朋友의 五倫_{오륜}은 그 높고 낮음에 따라 尊卑의 구별이 있습니다.

이러한 음악과 예는 하늘과 땅의 이치를 근거로 제정되었다고 합니다.

음악이란 天地間의 조화이며, 예는 천지간의 질서이다. 조화를 이루기 때문에 만물이 생겨나며, 질서가 있기 때문에 만물이 모두 구별이 있는 것이다. 음악은 하늘의 이치를 근원으로 만들어지고, 예는 땅의 이치를 근원으로 하여 제정된 것이다(樂者, 天地之和也. 禮者, 天地之序也. 和故百物皆化, 序故群物皆別. 樂由天作, 禮以地制.) ≪禮記 · 樂記≫.

음악은 하늘의 이치를 따라 만들어지는데 하늘은 陽이어서 음악은 陽의 성질을 갖습니다. 하늘이 만물을 생겨나게 하는 양의 속성을 지니는 것이라면, 음악은 친화를 바탕으로 생동하게 하는 양의 힘을 갖는다는 뜻도 됩니다.

이에 비해 예는 음에 속하는 땅의 이치를 따라 제정되는 것이니, 예는 음의 성질을 갖습니다. 땅은 만물을 생장시킵니다. 하늘은 높고 낮은 곳이 없지만, 땅은 高下가 서로 다르며 만물은 생장하면서 만에 하나도 같은 것이 없습니다. 즉 모든 것이 구별됩니다. 때문에 예가 잘못 되면 이러한 고하의 구별이 어지러워집니다. 예악은 천지의 이치를 근원으로 확립되었으니, 천지의 이치에 밝지 않으면 예악에도 밝을 수가 없습니다.

예의 의식에서 음악을 삼가는 곳이 있습니다. 즉 결혼식에서는 음악을 하지 않습니다. 결혼은 陰의 기운(新婦신부)을 맞이하여 장차 자녀의 생산을 예비하는 것입니다. 陽에 속하는 음악으로 그러한 의미를 희석시키면서 결혼식의 엄숙한 분위기를 흐릴 수가 없기 때문입니다. 아울러 결혼은 축하하지도 않습니다. 결혼은 궁극적으로는 자식을 통한 생명의 교체를 의미하는 것이어서 본인에게는 축하보다는 위로가 어울린다고 할 것입니다. 즉 결혼은 나를 위한 것이 아니고 내 자녀를 위해 하는 것이라는 思考사고라고 하겠습니다. 현대인들이 남녀의 사랑을 통해 자신들의 행복을 증진시킨다는 의도로 결혼을 하는 것과는 상당히 다른 생각입니다.

예악은 상호 보완적인 의미를 갖습니다. 즉 음악은 위에서처럼 팔일무와 육일무라는 형식의 차이는 있지만 음악의 본질은 親和친화를 바탕으로 하는 것입니다. 이에 비해 예는 서로 간의 구별을 전제로 하는 것입니다. '夫婦有別'과 같이 서로의 구별을 바탕으로 하여 서로가 공경하도록 한다는 의미입니다. 다만 친화를 구실로 하여 음악에 과도하게 몰입하게 되면 사람이 탐닉에 빠지게 됩니다. 그래서 예에 의한 절제가 필요합니다. 마찬가지로 예를 지나치게 강조하여 구별을 내세우면 사람들 사이가 소원해지고 삭막해질 것입니다. 이렇게 음악과 예는 상호보완적인 관계에 있습니다.

현대의 우리는 일반적으로 귀천과 존비를 봉건제도의 병폐로 看做_{간주}하면서 우리 역사를 부정하는 구실로 삼고 있습니다. 그러면서 단 하나뿐인 대통령과 우리가 똑같다는 생각을 하거나, 재벌 회장과 말단 사원이 역시 같다는 착각에 빠지기도 합니다. 땅 위에 완전히 평평한 곳이 없듯이 우리의 사회도 모두가 평등구조 속에 있지는 않을 것입니다. 상대적인 귀천의 차이와 그에 따르는 존비의 구별이 인권의 차별을 의미하는 것은 아니라, 전체를 조화된 하나로 보는 시각으로 이해할 수도 있을 것입니다.

蘇東坡_{소동파}의 시(詞_사)에 '달은 어둡고 밝은가 하면 둥글다가 이지러진다(月有陰晴圓缺_{월유음청원결}).'는 구절이 있습니다. 달이 어찌 변하겠습니까? 달 자체는 언제나 같지만 우리의 시야에서 둥글고 이지러질 뿐입니다.

42 上和下睦 夫唱婦_婦隨

上(一); 윗상
和(口); 온화할화
下(一); 아래하
睦(目); 화목할목
夫(大); 지아비부
唱(口); 부를창
婦(女); 지어미부
隨(阜); 따를수

위와 아래가 화목하며
남편이 가면 부인이 따른다

君臣군신이나 父子之間부자지간은 서로 그 위치가 다릅니다. 그러나 위치가 다르다 해도 궁극적으로는 서로가 화목해야 하는 것이 인륜의 목표입니다. 上下의 구별은 차별을 위한 것이 아니고 화목한 사회를 구현하기 위한 제도적 장치였습니다. 만약에 君臣이나 父子 사이에 이러한 구별이 없다면 나라나 가정이 화목해지기가 어려울 것입니다.

가령 자녀들이 부모를 공경하는 마음이 엷어지면 부모와 대립하고 부모의 은혜를 알지 못합니다. 신문에 보면 재벌들은 형제간에도 재산문제로 소송을 하는 것은 예사인 것 같습니다. 父子間부자간에 소송이 걸려 있는 재벌 집안도 있습니다. 심지어는 부모를 弑害시해하는 자녀도 있습니다. 갈수록 물질은 넘쳐나지만 막상 오순도순 살아가는 血肉혈육의 情정은 사라지는 것 같습니다. 많은 사람들이 돈으로 행복의 무덤을 쌓는 듯합니다.

禮는 上下를 구별하지만 그 목적은 和合에 있습니다. ≪論語·學而≫에 "예의 쓰임은 和合을 중히 한다(禮之用, 和爲貴)."고 한 것과 같습니다.

'夫唱婦隨'는 夫婦의 화합을 의미하는 말입니다. '唱'은 '倡'으로도 씁니다. 남자와 여자는 陰陽음양의 작용이 서로 달라 남자는 先導선도하고 여자는 따르는 것이 자연의 이치로 여겨왔습니다. 이렇게 하여 한 몸을 이루니 남녀의 화합은 모든 화합의 기초가 됩니다. 家和萬事成가화만사성, 즉 집안이 화목하면 만사가 다 이루어진다는 말인데, 이제는 우리나라가 세계에서 이혼율이 가장 높다고 합니다.

人倫에 상하의 구별이 엄격하듯 부부는 남녀의 분명한 구별을 바탕으로 이루어집니다. 옛날에는 男女間에 媒人매인(仲媒중매)을 통하지 않고서는 의사전달을 할 수 없었으며, 婚禮혼례를 올리지 않으면 서로 만날 수도 없도록 규정하였습니다.

부창부수는 혼례에서 이미 적용되었습니다. 즉 혼례의 절차는 男家에서 먼저 주도합니다. 우리가 보통 六禮를 갖춘다고 할 때의 六禮는 《儀禮의례》에서 유래된 것으로 여섯 가지의 혼례 儀禮를 말합니다. 이는 곧 '納采납채'·'問名문명'·'納吉납길'·'納徵납징'·'請期청기'·'親迎친영'인데, 모두가 新郎신랑의 집안에서 먼저 先導합니다. 女家는 청혼을 비롯한 남자 측의 제의에 대해 可否가부를 답할 뿐 먼저 제의하지 않습니다. 이것은 대체로 남자들이 먼저 사랑을 고백하거나 청혼을 하는 지금의 상황과도 별로 다르지 않습니다. 육례 중에서 親迎의 禮는 신랑이 직접 신부의 집으로 가서 신부를 맞이해 오는 절차입니다(친영을 제외한 다른 五禮는 男家의 家臣가신이 주인의 위임을 받아 행합니다). 이로부터 夫唱婦隨의 화합이 시작된다고 할 수 있겠습니다.

43 外受傳訓训 入奉母儀仪

 44 諸诸姑伯叔 猶犹子比兒儿

外(夕); 밖외
受(又); 받을수
傅(人); 스승부
訓(言); 가르칠훈
入(入); 들입
奉(大); 받들봉
母(母); 어미모
儀(人); 거동의
諸(言); 모든제
姑(女); 할미고
伯(人); 맏백
叔(又); 아재비숙
猶(犬); 같을유
子(子); 아들자
比(比); 견줄비
兒(儿); 아이아

밖에서는 스승의 가르침을 따르고
집에서는 어머니의 교훈을 받든다
姑母와 伯父 叔父가 계시고
조카들은 내 아이와 같다

　　여기에서는 父子之間의 인륜을 더 확대하였습니다. 아버지와 같은 위치에
스승과 어머니가 계십니다. 아울러 아버지의 형제가 있고 내 아이와 같은 자
리에 조카들도 있습니다. 이들 모두가 父子의 인륜 범위에 포함되는 것인데
五倫오륜에서 빠져 있어 이를 보충했다고 볼 수 있습니다.

　　≪孔子家語공자가어≫에 "옛날 남자들은 밖에서는 스승이 있고 안에서는 慈
母자모가 있었다(古者男子外有傅父, 內有慈母)."라 했습니다. 성인 남자가 되
기까지 밖에서는 傅父부부(스승)의 가르침을 받고 집안에서는 어머니의 가르침
을 받았다는 의미일 것입니다. 지금도 그렇지만 벼슬을 하는 집안에서 아버지
가 아이와 함께 할 수 있는 시간은 매우 적었을 것입니다. 따라서 아이는 주
로 학교와 어머니의 교육에 의존하게 되었을 것입니다.

　　'傅訓'은 '師訓사훈'의 뜻으로 스승의 가르침을 말합니다. '傅'와 '師'는 똑같
이 스승의 뜻이지만 쓰임에 있어서는 다소 차이가 있습니다. 師는 대체로 다

수의 학생을 가르치는 일반적인 선생을 말한다면, 傅는 대체로 전문적인 지식이나 기능의 徒弟도제 교육을 지칭하는 경우가 많습니다. 그러나 호칭으로 쓰일 때는 두 글자를 합하여 師傅라 하며 보통은 포괄적인 의미로 사용합니다. 현재의 중국에서는 택시 운전수나 세탁소 주인이나 조금만 기능인의 뜻이 있으면 師傅라고 부르는데 이는 본래의 의미에서 크게 벗어난 것입니다.

옛날 밖에서의 일반 교육은 대체로 학교와 같은 교육기관에서 이루어졌습니다. 그러나 書畵서화와 같은 특수한 분야는 개인적인 師傅 밑에서 전수를 받았습니다. 학교로는 국립의 최고학부라 할 수 있는 太學과 같은 기관이 周나라 때부터 발달해 있었습니다. 우리나라는 高句麗 때 태학이 설립되었고, 이로부터 高麗의 國子監국자감, 朝鮮의 成均館성균관 등으로 변천하였다가 倭政時代왜정시대에 이르러 사라지게 되었습니다. 사실 우리나라는 약 1,500년이 넘는 대학의 역사가 있었는데 왜정과 서양의 문물로 인해 사라지고 지금 약 100년 남짓한 서양 학교의 역사를 이어오고 있습니다.

'母儀'는 어머니의 가르침을 의미합니다. 어머니의 교육은 특별한 과정을 밟는 것이 아니고 일상생활을 통한 실천의 모범을 보이는 것이 대부분입니다. '孟母三遷맹모삼천'이나 우리나라 한석봉 선생 어머니처럼 생활을 통해서 이루어지는 간접적인 교육으로 어머니의 一擧手一投足일거수일투족이 곧 교육이었다고 볼 수 있습니다. 그래서 본보기나 모범이라는 의미에서 '儀'字를 썼습니다.

우리나라에서 자녀교육에 대해 확실한 신념을 나타내신 분이 계셨습니다. 오만 원권의 지폐에 모신 栗谷율곡 선생의 어머니 申師任堂신사임당(1504~1551) 부인입니다. 지폐에는 '신사임당'이라고 한글만으로 적었기 때문에 웬만한 사람은 신사임당을 이름 정도로 생각할 수도 있습니다. 물론 그건 아닙니다. 申은 부인의 姓氏성씨이지만 師任堂사임당은 堂號당호입니다. 옛날에는 어려서는 이름을 부르고 장성하면 字를 부르게 됩니다. 그러나 이와 별도로 매우 편하게 부르는 號가 있었습니다. 스스로가 짓기도 하고 남이 지어주기도 하는데 편하게 지어서 편하게 부르는 것이 호입니다. 그러나 여인들은 간접적인 방법으로 호를 사용하였습니다. 가령 신사임당에서 '堂'은 堂號를 뜻하는 것이며 당호란 사람에게 붙인 것이 아니고 그 사람이 거주하는 집의 호입니다. 즉 집의 호로 사람의 호를 대신한 것입니다. 따라서 신사임당의 순수한 호는 '師任'이 되겠습니다. '師任'은 '任'을 본받는다는 뜻이며, '任'은 中國 周나라 文王의 어머니 太任을 뜻합니다.

太任은 중국에서 최초로 胎敎태교를 실천한 어머니라고 전합니다. 품행이 훌륭할 뿐만 아니라 언제나 덕행을 베푸는 여인이었다고 합니다. 至誠지성으로 시부모를 모시고 아울러 남편을 도왔는데, 임신을 하게 되자 각별히 몸을 조심하였습니다. 나쁜 것은 보지 않고, 음란한 소리는 듣지 않으며, 옆으로 누워 자지 않고, 삿된 음식을 먹지 않으며, 옳은 것만 말하고, 저녁이면 시를 낭송하면서 태교에 온 정성을 바쳤다고 합니다. 이렇게 하여 태어난 아이가 바로 周나라의 文王이었습니다. 임신 기간 동안에 그의 어머니가 상대하거나 말을 한 모든 것이 바르고 善한 것들이었기 때문에 문왕은 태어나면서 이미 이러한 덕의 교화를 받았고 아울러 지혜가 비상하였습니다.

사임당은 바로 문왕의 어머니를 본보기로 삼아 그 분을 배우겠다는 뜻을 담아 자신의 호로 지은 것입니다. 율곡(李珥이이, 1536~1584) 선생은 어머니의 이러한 胎敎로부터 시작된 훌륭한 교육을 받으며 성장하셨을 것입니다. 선생은 어머니의 行狀記행장기를 써서 어머니의 예술적 재능과 우아한 천품 등을 소상히 밝혔습니다. 오만 원 권에 한글만으로 신사임당이라 적어 놓으면 아무도 이러한 유래를 알 수 없습니다. 이 고액권은 우리는 우리의 역사를 알 필요가 없다는 것을 드러내놓고 강요하고 있습니다.

'諸姑伯叔'은 고모와 伯父, 叔父 즉 아버지의 형제자매를 말하며, 아버지의 형제들도 아버지처럼 대하여야 함을 뜻합니다.

'猶子'는 형제의 자녀 즉 조카라는 의미입니다. '猶'는 '同'과 같은 뜻으로 '猶子'는 자신의 자식과 같은 아이라는 의미입니다. '比兒'는 내 아이들과 같이 한다는 뜻으로, '猶子比兒'는 조카들을 내 자녀처럼 대한다는 의미입니다.

45 孔懷怀兄弟 同氣气連连枝

孔(子); 구멍공
懷(心); 품을회
兄(儿); 맏형
弟(弓); 아우제
同(口); 같을동
氣(气); 기운기
連(辶); 이을련
枝(木); 가지지

형제는 깊은 정의가 있으니
같은 기운을 받은 가지(枝)라

앞에 이어서 형제의 인륜을 말합니다. '孔'은 '大'의 뜻인데, 가령 '孔道공도'는 '大道'를 말합니다. '懷'는 '思念사념'과 같은 뜻으로 서로에 대한 생각 즉 情意정의를 뜻합니다. 따라서 '孔懷'는 크고 깊은 情意라 하겠습니다.

'孔懷兄弟'의 출전은 ≪詩經≫입니다. "죽음의 공포 속에서도, 형제는 서로 깊이 생각하네(死喪之威, 兄弟孔懷)."라 하여 형제간의 깊은 우애를 나타냈습니다. 이로부터 후에는 '孔懷'만으로도 이러한 형제의 우애를 뜻하는 말로 쓰였습니다.

'同氣'는 ≪周易≫의 '同聲相應동성상응, 同氣相求동기상구'에서 나온 말입니다. '同聲相應'은 문자 그대로 같은 소리는 서로 和應화응한다는 의미입니다. 가령 같은 높이의 音이라면 여러 음이어도 한 소리로 들립니다. 또는 새벽에 닭 한 마리가 울면 여러 닭이 함께 상응합니다.

'同氣相求'는 같은 氣質기질 또는 氣運기운은 서로 통한다는 의미입니다. 물은 축축한 곳으로 먼저 번지고, 불은 마른 곳으로 뻗어 나갑니다. 즉 水氣는 濕氣습기와 통하며 火氣는 乾氣건기와 서로 통하는 것입니다. 같은 부모님으로부터 태어난 형제자매들은 같은 기운을 받아 태어납니다. 그래서 서로가 닮은 꼴을 하고 있습니다. 우리가 형제자매를 '同氣' 또는 '同氣間'이라고 하는 이유가 여기에 있습니다.

'連枝는 동기간을 비유한 것입니다. 즉 한 나무에서 뻗은 여러 갈래의 가지는 모두 같은 뿌리의 한 몸이라는 의미입니다. 형제자매는 서로 간에 모두 우애해야 함을 비유로 말한 것입니다.

漢한나라 末 孔融공융(153~208)이라는 학자의 어렸을 때 얘기입니다. 그는 위로 일곱 명의 형들과 아래로 막내 동생이 있었는데, 어느 날 한 바구니의 배가 그들 앞에 놓였습니다. 형들은 어린 동생들에게 먼저 집으라 했고, 공융은 가장 작은 것을 집어서 먹기 시작했습니다. 그의 아버지가 이상해서 왜 큰 걸 집지 않았냐고 물었더니, 큰 것은 형들이 먹어야 하고 자신은 작으니까 작은 것을 먹는다 했습니다. 아버지는 다시 그럼 왜 동생보다 작은 것을 집었냐고 물으니, 자기는 동생보다 크니까 동생한테 양보해야 한다고 하였습니다. 아버지는 장차 큰 인물이 되겠다고 여겼고, 그는 과연 그렇게 되었습니다. '孔融讓梨공융양리(공융이 배를 양보하다)'라는 成語의 유래입니다.

46 交友投分 切磨箴規規

交(亠); 사귈교
友(又); 벗우
投(手); 던질투
分(刀); 나눌분
切(刀); 온통체
磨(石); 갈마
箴(竹); 경계잠
規(見); 법규

친구를 사귐에 뜻을 함께 하며
갈고 닦으며 잘못을 고쳐준다

'投'는 '投合투합'한다는 의미로 '投分'은 서로의 뜻이 잘 맞음을 말한다. '意氣相投의기상투' 또는 '意氣投合의기투합' 등이 같은 의미입니다. 五倫오륜에 朋友붕우가 들어 있는 것은 우리의 인생에서 친구가 차지하는 비중이 그만큼 큰가 봅니다. 父子, 君臣, 兄弟는 사실상 필연으로 이미 정해진 것이고, 夫婦는 선택 사항인 것 같지만 인생에서 단 한 번의 맺음으로 끝나는 것(대체로는)이기 때문에 역시 필연과 별로 다르지 않습니다. 그러나 친구는 얼마든지 離合集散이합집산이 가능합니다. 때문에 친구는 서로 뜻이 맞아 믿을 수 있어야 의미가 있습니다.

서로 직업이 다르고 생활환경에 격차가 있다 보면 '投分' 또는 '意氣投合'하는 친구를 두기가 어렵습니다. ≪論語논어 · 顏淵안연≫에 "군자는 글로 친구를 사귀고, 친구로 仁德인덕을 쌓는다(君子以文會友, 以友輔仁)."고 했습니다. 여기에서 글(文)은 실천적인 학문을 의미합니다. 옛날의 선비들은 관직에 있거나 시골에 있거나 한평생을 공부합니다. 관직의 직무를 수행하는 데에도 학문이 필요하며 관직을 떠나 시골에서 閑居한거하더라도 역시 옛 사람의 글을 읽거나 학생들을 가르칩니다. 이렇듯 배움 속에서 지내면서 다른 사람들과 학문적 교류를 하는 것을 글로 친구를 사귄다 한 것입니다.

위에서의 '投分'은 곧 학문 속에서 서로 뜻이 맞는 것을 의미한다고 보겠습니다. 즉 함께 공부하고 함께 뜻을 키우면서 친구를 사귄다는 의미입니다.

'切磨'는 '切磋琢磨_{절차탁마}'를 줄인 것으로 ≪詩經≫에 있습니다. 切磋는 骨角_{골각}을 깎아 다듬는 것을 말하고 琢磨_{탁마}는 玉石_{옥석}을 다듬는 것을 말합니다. 즉 학문이나 인격의 陶冶_{도야}가 마치 뿔이나 옥석을 정교하게 다듬어 놓은 것처럼 훌륭하다는 의미가 되겠습니다.

'箴'은 본래 대나무로 만든 침을 말하는데 후에 쇠로 만든 침이 나오면서 鍼_침(針과 같은 의미지만 보통은 의료행위에 쓰이는 침을 말합니다)이라 쓰게 되었습니다(즉 '竹'이 '金'으로 바뀐 것입니다). 鍼이 병을 치료하는 것처럼 箴은 잘못을 지적하여 고치도록 한다는 의미도 갖게 되었습니다.

'規'는 法度_{법도} 또는 바른 기준이란 의미입니다. 즉 箴規는 바른 기준에 입각해서 잘못을 지적하여 준다는 의미입니다. 이는 친구 간에 서로 도와 학문에 힘쓰되 서로 잘못을 바로 잡아주며 덕행을 실천하도록 한다는 의미입니다.

이렇듯 친구는 학문을 통해 사귀며, 서로가 올바른 뜻을 키워나갈 수 있도록 권면하고 돕는 관계 속에서 신뢰를 지속하는 것임을 뜻하였습니다.

47 仁慈隱隐恻惻 造次弗離离

 48 節节義义廉退 顛颠沛匪虧亏

仁(人); 어질인
慈(心); 사랑할자
隱(阜); 숨을은
惻(心); 슬퍼할측
造(辵); 지을조
次(欠); 버금차
弗(弓); 아닐불
離(隹); 떠날리
節(竹); 마디절
義(羊); 옳을의
廉(广); 청렴할렴
退(辵); 물러날퇴
顛(頁); 엎어질전
沛(水); 자빠질패
匪(匚); 아닐비
虧(虍); 이지러질휴

仁이란 자애와 惻隱之心이니
잠시도 떠나서는 안 된다
節義와 廉恥 그리고 謙讓은
넘어져도 없을 수 없으리

앞에서는 '資父事君자부사군'으로부터 '交友投分교우투분'에 이르기까지의 君臣 · 父子 · 兄弟 · 夫婦 · 朋友라는 五倫의 내용이었는데, 여기에서는 仁義禮智信인의예지신의 德덕을 말하였습니다.

먼저 仁의 德으로, '仁'은 慈愛와 '隱惻'의 마음이라고 설명을 하였습니다. '隱惻'은 '惻隱'을 바꾸어 쓴 것으로, 참을 수 없는 일을 보면 애통해 하는 마음이라고 하겠습니다. ≪孟子≫에서는 惻隱之心이 곧 仁의 발단이라고 하였습니다.

가련하여 비통해 하는 마음이 仁의 시작이다.
잘못을 부끄러워하고 악을 미워하는 마음이 義의 시작이다.
사양하고 물러날 줄 아는 마음이 禮의 시작이다.
옳고 그른 것을 분별하는 마음이 智의 시작이다.

(惻隱之心, 仁之端也. 羞惡之心, 義之端也. 辭讓之心, 禮之端也. 是非之心, 智之端也.) 〈公孫丑上_{공손축상}〉

'造次'는 '急遽_{급거}' 또는 '倉卒間_{창졸간}'의 뜻으로 급한 때나 잠깐만이라는 의미이며, '弗'은 禁止辭_{금지사}로 '하지 말라'는 뜻으로 쓰였습니다. '造次'와 '顚沛'의 출전은 ≪論語≫입니다.

군자는 밥 먹을 동안이라도 仁을 떠날 수 없다. 급한 중이라도 그렇고 넘어지고 엎어져도 그러하다(君子無終食之間違仁, 造次必於是, 顚沛必於是). 〈里仁〉

'顚沛'는 물리적으로 넘어진다는 뜻과 함께 心的인 좌절의 의미로도 쓰입니다. 여기에서는 어떤 어려운 경우에 닥치더라도 仁을 떠날 수 없다는 뜻입니다.

이어서 '節義'는 '守節_{수절}'과 같이 변하지 않는 節槪_{절개}와 義를 말한 것입니다. '節'은 본시 대나무 마디인데 대나무는 쪼개지기는 해도 마디가 구부러지지 않기 때문에 곧은 정신을 비유합니다.

漢나라 때 蘇武_{소무}(?~ 서기전 60)라는 사람이 漢武帝_{한무제}의 使臣_{사신}으로 匈奴_{흉노}의 나라에 갔는데, 그 곳에서 잡혀 투항할 것을 강요받았습니다. 그가 굴하지 않자 흉노 족장은 그를 유배시키면서 숫양을 기르게 했고, 족장은 숫양이 새끼를 낳으면 석방해주겠다고 했습니다. 그는 눈(雪)을 먹고 풀씨를 씹으며 19년을 버텼습니다. 그가 평소 짚고 다니던 漢나라의 旌節_{정절}(사신의 징표로 들고 다니는 깃발로, 흔히 대나무에 새의 깃털 등으로 장식되었다 합니다)의 깃은 이미 다 떨어지고 대만 앙상하였습니다. 후에 한나라가 흉노와 화친을 맺으면서 마침내 그는 돌아오게 되었습니다. 오랜 고난의 세월을 변함없는 信義_{신의}로 이겨낸 그에게 나라에서는 높은 관직으로 포상을 하였습니다.

'廉退'는 廉恥염치와 謙讓겸양의 뜻으로 쓰였습니다. 염치는 사리를 분별할 줄 아는 '智'의 德을 뜻하며, 겸양은 禮의 덕을 말합니다. '虧'는 '缺결'의 의미로, '匪虧'는 缺如할 수 없다 또는 빠질 수 없다는 뜻입니다.

이로써 이 구절 16글자에 오상의 덕을 모두 포괄하고, 아울러 어떤 상황이든 이를 잠시도 멀리할 수 없음을 강조하였습니다.

49 性靜_靜情逸 心動_动神疲

 50 守眞_真志滿_满 逐物意移

性(心); 성품성
靜(靑); 고요정
情(心); 뜻정
逸(辵); 편안할일
心(心); 마음심
動(力); 움직일동
神(示); 귀신신
疲(疒); 피곤할피
守(宀); 지킬수
眞(目); 참진
志(心); 뜻지
滿(水); 찰만
逐(辵); 쫓을축
物(牛); 만물물
意(心); 뜻의
移(禾); 옮길이

본성이 고요하면 성정이 편안하고
마음이 동요하면 정신도 피로하나
본성을 지키면 心志가 만족스럽고
物慾을 따르면 意志가 흩어진다

우리는 흔히 마음 편하게 사는 것이 제일이라는 말을 합니다. 여기에서는 마음 편하게 사는 방법을 말하였습니다.

'性靜情逸'은 본성이 유혹에 흔들리지 않고 고요하면 性情이 여유롭다는 의미입니다. '心動神疲'는 이와 반대로 본성이 동요하면 마음이 따라 흔들리니 정신은 피곤해진다는 뜻입니다.

'情'이란 마음의 변화가 겉으로 드러나는 것을 말합니다. 人情에는 喜_희·怒_노·哀_애·懼_구·愛_애·惡_오·欲_욕의 일곱 가지가 있어 이를 七情이라 합니다(≪禮記_{예기}·禮運_{예운}≫). 이는 모두 外的_{외적}인 자극이나 사물과의 접촉에 의해 일어나는 감정의 변화입니다. 우리는 대체로 외부의 조건에 상대적으로 민감하게 반응합니다. 사실 이러한 조건이 나에게 절대적인 의미를 갖는 것이 아닌데도 우리는 여기에 얽매여 살아갑니다. 만일 본성을 되찾아 그 안에서 머문다면 우리는 情緒的정서적으로 매우 편안해질 것입니다. '性靜情逸'은 이렇듯 性情이 함께 편안해지는 것을 말합니다.

'心動神疲'에서 '心'은 마음이고, '神'은 精神정신입니다. 心이 심리작용을 말하는 것이라면, 神은 생명 활동의 주체라고 할 수 있습니다. 우리가 태어나는 것은 몸이라는 형체에 정신이 함께 한 것이라고 볼 수 있습니다. 이를 精氣정기 또는 魂魄혼백이라 지칭하기도 합니다. 우리가 죽는다는 것은 이 정신과 몸이 분리되는 것을 말한다고 합니다. 따라서 우리가 살아 있다는 것은 이 정신이 우리 몸에 함께 하고 있음을 의미합니다. 그래서 정신은 몸의 영향을 받는데 즉 몸이 피곤하면 정신도 피곤해지는 것입니다. 그런데 우리는 육체적인 노동보다도 마음의 작용에 의한 피로가 더 심할 때가 많습니다.

가령 우리는 외부의 조건에 필요 없이 매달립니다. 돈이나 명예에 한 평생 마음을 두다보면 정신은 쉽게 고갈되고 피폐해집니다. 주식값의 변동에 따라 쉴 새 없이 喜悲희비가 갈린다면 정신은 그만큼 피곤할 것입니다. 이것이 '心動神疲'의 뜻이라 할 수 있습니다.

'守眞志滿'은 '性靜情逸'을 한 번 더 강조한 것입니다. '守眞'에서의 '眞'은 '性靜'과도 같은 의미로 우리가 타고난 본성을 말합니다. '情逸'과 '志滿'도 같은 의미라 할 수 있습니다. '情'이 마음의 표현이라면 '志'는 마음에 두고 있는 뜻을 말합니다. '逸'과 '滿'은 마음에 편안하거나 만족스러움이라 하겠습니다.

'逐物意移'는 '心動神疲'의 敷衍부연 설명입니다. 즉 '逐物'은 외부적인 사물을 쫓아다니는 것으로 '心動'의 원인이 되는 것입니다. 가령 돈이 좋아서 이를 따라다니다 보면 마음이 언제나 동요합니다. '意移'는 心志 또는 心意가 나로부터 흩어져 산만해지는 것을 말합니다. 이는 본래의 나와 생각이 서로 따로따로 유리된다는 의미입니다. 돈을 따라다니면 내 마음이 나에게 있지 않고 돈에 가 있는 것이며, 마음이 나를 떠나 다른 곳에 가서 있으면 나는 내 스스로에게 불만스럽게 되고 따라서 불안과 초조가 이어지게 됩니다.

우리는 仁·義·禮·智·信이라는 五常의 덕을 갖고 태어나기 때문에 오상의 덕을 견지하는 것이 곧 본성에 따르는 것이며, 그 안에서 우리는 心神이 편안해질 수 있다는 의미라 하겠습니다.

51 堅持雅操 好爵自縻

바른 志操를 견지하면
벼슬이 저절로 생긴다

堅(土); 굳을견
持(手); 가질지
雅(隹); 우아할아
操(手); 잡을조
好(女); 좋을호
爵(爪); 벼슬작
自(自); 스스로자
縻(糸); 맬미

'堅持'는 '固守'한다는 뜻이며, '雅操'는 '올바른 志操'라 할 수 있습니다. 즉 앞에서 말한 五常의 德을 향한 지조를 지킨다는 의미입니다.

'爵'은 官爵관작 또는 爵位작위의 뜻입니다. '縻'는 소의 고삐를 뜻하는데 이로부터 拘束구속이나 매이는 것을 의미하게 되었습니다. 오상의 지조를 지키다 보면 저절로 좋은 관직에 앉게 된다는 뜻입니다.

'好爵自縻'의 출전은 ≪周易≫입니다.

나에게 좋은 벼슬이 있으니
당신에게 주어 함께 하리라.
(我有好爵, 吾與爾縻之.)

여기에서 '好爵'은 좋은 술잔이라는 뜻과 좋은 벼슬이라는 뜻의 두 가지 해석이 있습니다. 그러나 좋은 술잔으로 좋은 벼슬을 비유한 것으로 보아도 무방할 듯합니다. 임금이 신하에게 벼슬을 내릴 때에는 술을 따라 주는 풍습이 있었다고 합니다. 임금이 신하에게 술을 따라 주는 것을 '酬수'라 하고, 신하가 임금께 올리는 술을 '酢작'이라 하였습니다. 마찬가지로 주인이 손님에게 권하는 술을 '酬'라 하고, 다시 손님이 이를 되돌려 권하는 것을 '酢'이라 하였다고 합니다. 따라서 위의 글은 군왕이 賢人_{현인}을 찾아 좋은 벼슬을 주어 國事_{국사}를 함께 도모하겠다는 뜻으로 볼 수 있겠습니다.

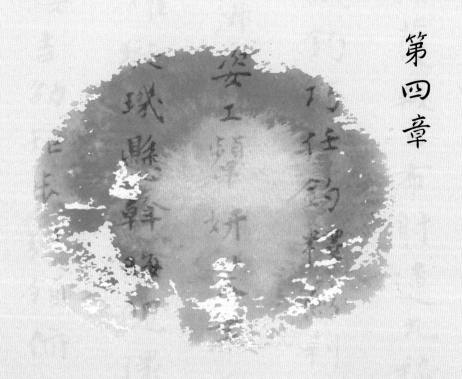

第四章

52 都邑華_华夏 東_东西二京

 53 背邙面洛 浮渭據_据涇_泾

都(邑); 도읍도
邑(邑); 고을읍
華(艸); 빛날화
夏(夊); 여름하
東(木); 동녘동
西(襾); 서녘서
二(二); 두이
京(亠); 서울경
背(肉); 등배
邙(邑); 산이름망
面(面); 얼굴면
洛(水); 물이름락
浮(水); 뜰부
渭(水); 물이름위
據(手); 의거할거
涇(水); 물이름경

문명대국의 都邑이었으니
東·西의 두 京城이 있었다
뒤는 邙山이요 앞은 洛水라
渭水가 흐르고 涇水를 끼었네

'都'는 天子의 宮殿궁전이 있는 곳 즉 천자가 거주하는 곳이며, '邑'이란 제후가 거주하는 곳을 말합니다.

'華'는 문명의 화려함 즉 光華광화를 말하며, '夏'는 '大'의 뜻입니다. 華夏는 문명이 찬란하게 발달한 나라라는 의미를 가지고 있습니다. 일찍부터 中國人은 스스로를 그렇게 불렀습니다.

中國은 오래전부터 동쪽의 洛陽낙양과 서쪽의 長安장안 두 곳이 번갈아 가면서 都城이 되었습니다. 그래서 '東西二京'이라 하였습니다.

洛陽은 洛水의 북쪽이라서 洛陽이라 하였습니다. 東西로 흐르는 江이라면 강의 북쪽이 陽地양지에 속하기 때문에 강의 이름을 따서 洛陽이라 한 것입니다. 예로 우리나라 서울의 옛 명칭 漢陽한양은 漢江의 북쪽에 있기 때문에 漢陽이라 했습니다. 물론 山은 이와 반대입니다. 예로 山陰은 산의 陰地음지, 즉 북쪽을 가리키는 지명입니다.

洛陽은 西周 때를 시작으로 하여 唐初당초까지 대략 아홉 王朝의 도성이었는데, 그 기간을 합하면 무려 1,500년이 넘습니다. 中國에서 가장 오랜 도성의 역사를 지녔습니다.

洛陽은 뒤로는 邙山망산(北邙山)이 있고, 앞으로는 동쪽으로 흘러 黃河황하에 합류되는 洛水가 있습니다. 南向의 背山臨水배산임수 지형입니다. 특히 북쪽의 邙山은 해발 250미터에 불과하지만 풍수지리학적으로 워낙 유명한 吉地길지여서 역대 帝王제왕이나 名士들의 陵능과 墓묘가 헤아리기 어려울 만큼이나 많이 있습니다. 때문에 "蘇州소주나 杭州항주에서 태어나 邙山에 묻히는 것(生於蘇杭, 葬於北邙)이 최고의 인생이라는 말도 있습니다. 蘇州와 杭州는 기후가 좋고 자원이 풍부하여 가장 살기 좋은 곳으로 알려져 있으며 또한 미녀가 많기로도 유명합니다. 그래서 하늘 위에는 천당이 있고 하늘 아래에는 蘇杭이 있다(天上有天堂, 天下有蘇杭)는 말도 있습니다.

西京은 곧 長安을 말하는데 지금은 이를 줄여 西安(西京長安)이라 합니다. 西漢 때 都城으로 정해진 이후 대략 11개의 왕조에서 都邑하였는데 기간은 통산 900년 남짓입니다. 長安은 渭水와 涇水가 합류되는 위치에 있습니다. 예로부터 탁한 涇水가 맑은 渭水에 흘러들어 淸濁청탁이 더욱 두드러져 보인다 했습니다. 渭水는 다시 黃河로 흘러들어 갑니다. '浮'는 '泛범'과 같은 뜻으로 물이 흐르는 것을 말합니다. '據'는 '依의'의 뜻으로 끼고 있다는 의미로 볼 수 있습니다. 즉 長安은 涇水를 끼고 있다는 뜻입니다.

54 宮宮殿盤盘鬱郁 樓楼觀观飛飞驚惊

 55 圖图寫写禽獸兽 畫画彩仙靈灵

宮(宀); 집궁
殿(殳); 큰집전
盤(皿); 소반반
鬱(鬯); 울창할울
樓(木); 다락루
觀(見); 볼관
飛(飛); 날비
驚(馬); 놀랄경
圖(囗); 그림도
寫(宀); 베낄사
禽(内); 새금
獸(犬); 짐승수
畫(田); 그림화
彩(彡); 무늬채
仙(人); 신선선
靈(雨); 신령령

궁전은 굽이굽이 가득하고
樓觀은 날아갈 듯 驚異경이롭네
禽獸가 그려져 있고
神仙이 채색되어 있네.

이제는 宮殿의 雄壯용장함을 설명합니다. '宮'은 天子가 거주하는 곳이며, '殿'은 天子가 공무를 보는 곳이라는 구별이 있었습니다.

'殿'은 본래 高臺廣室고대광실을 의미하였고, 또한 神佛신불을 모신 곳(가령 석가모니 佛像불상을 모신 곳을 大雄殿이라 하듯)을 말하기도 하였습니다. 어쨌든 '宮殿'은 천자가 생활하는 곳과 공무를 집행하는 곳을 합한 의미입니다.

중국의 紫禁城자금성은 '前朝後廷전조후정', 그리고

紫禁城의 太和殿

'左廟右稷좌묘우직'으로 배치되어 있습니다. 즉 앞에는 三大殿으로 太和殿, 中和殿, 保和殿이 있는데 황제의 공식적인 집무와 관련된 건물들입니다. 뒤로는 三宮 즉 乾淸宮건청궁, 坤寧宮곤녕궁, 交泰殿교태전이 있으니 황제가 생활하는 곳들입니다. 三大殿을 外朝(外廷)라 하고 三宮을 內廷이라 하여 이를 前朝後廷이라 한 것입니다.

다시 좌측으로는 황실의 宗廟종묘가 있고 우측으로는 社稷壇사직단이 있습니다.

우리나라의 景福宮경복궁(1395년 준공)은 자금성보다 35년이나 빨리 세워졌습니다. 그러나 前朝後廷이나 左廟右稷의 기본적인 배치는 같습니다. 경복궁을 중심으로 하여 좌측에 종묘가 있고, 우측에 사직단이 있습니다.

경복궁의 勤政殿근정전은 왕의 즉위식을 행하고 朝會를 갖거나 외교 사절을 접견하는 등 나라의 가장 공식적인 업무를 수행하는 正殿으로 外朝에 속하며, 康寧殿강녕전이나 交泰殿교태전 등은 內廷에 속합니다.

'盤'은 '盤旋반선' 즉 굽이굽이 도는 것을 말하고, '鬱'은 빼꼭하게 들어찬 것을 말합니다. 즉 궁전의 건물이 굽이마다 빼꼭하게 가득 차 있음을 형용하였습니다.

'樓'는 본시 二層이층 이상으로 높게 지어 멀리 바라볼 수 있도록 한 건물을 말합니다. '觀'은 궁궐의 대문 밖으로 이어져 있는 이층의 좁은 건물인데, 대체로 두 개의 觀으로 이어져 중앙은 宮門에 이르는 闕門궐문이 있습니다. 본래 宮門과는 다른 구조물이었지만 후대에는 하나로 합쳐졌습니다. '樓觀'은 이러한 門樓를 말한 것으로 보입니다. '飛驚'은 樓觀의 하늘을 나는 듯 높고 장대한 모습이 驚歎경탄스러움을 말합니다.

궁전의 外觀에 이어 궁전의 내부도 묘사를 하였습니다. '圖寫'는 그림 그리는 것을 말하지만 뒤의 '畵彩'와 구분을 한다면 寫生사생에 가까운 그림으로 볼 수도 있겠습니다. 두 발 달린 날짐승을 '禽'이라 하고, 네 발로 걸어 다니는 짐승을 '獸'라 합니다. '畵彩'는 五色(靑·黃·赤·白·黑흑)의 彩色으로 그리는 것을 말합니다. '仙'은 長生不死장생불사의 仙人을 말합니다. '靈'은 여

자금성 돌계단에 새겨진 문양

기에서는 神의 뜻으로 쓰였으며, '仙靈'은 곧 '神仙'을 뜻합니다. 기둥이나 벽에 그림을 그리는 것은 보기에도 좋았겠지만 그 상징적인 의미가 더욱 중요했습니다. 가장 흔하게 보이는 龍용은 매우 오래 전부터 황실의 紋樣문양으로 사용되어 왔으며, 현재의 자금성에 있는 용의 문양이나 조각은 모두 약 13,800여 개라 합니다. 또한 코끼리의 그림을 寶象보상이라 하였는데, 그 큰 몸집이 땅에 버티고 서 있는 모습이 태산과 같아 나라와 황실의 안정을 상징하는 것이었다 합니다. 이밖에도 신선들이 타고 다닌다 하는 仙鶴선학이 있고 전설에 등장하는 甪端녹단이나 사자와 비슷하게 생긴 靈物영물의 그림들도 있습니다.

대체로 빈 공간이 없을 정도로 그림이나 문양들로 채워졌으며, 층계나 기와 또는 문 옆 등에는 각종의 조각품들이 늘어져 있습니다. 기둥이나 벽면의 채색은 또한 방부제 역할도 하여 건물의 내구력을 높인다고 합니다.

56 丙舍傍啟_启 甲帳_帐對_对楹

 57 肆筵設_设席 鼓瑟吹笙

丙(一); 남녘병
舍(舌); 집사
傍(人); 곁방
啟(口); 열계
甲(田); 갑옷갑
帳(巾); 휘장장
對(寸); 마주할대
楹(木); 기둥영
肆(聿); 펼사
筵(竹); 자리연
設(言); 베풀설
席(巾); 자리석
鼓(鼓); 북고
瑟(玉); 거문고슬
吹(口); 불취
笙(竹); 생황생

別室 문이 옆에서 열리고
휘장은 기둥과 마주 하였네
筵席을 펴고 깔았으며
琴瑟을 타고 笙簧을 부네

‘丙舍’는 두 가지 뜻이 있습니다. 하나는 後漢_{후한} 때 正室_{정실} 양 옆 건물에 있는 別室_{별실}을 뜻하였다 합니다. 문자 그대로 甲乙에 이어 세 번째 등급의 방인데 貴人姉妹_{귀인자매}들이 사용하였다고 합니다. 또 다른 의미로는 墓幕_{묘막}을 지칭하기도 했습니다. 여기에서는 물론 묘막의 뜻으로 쓰이지는 않았습니다.

‘傍啓’는 이러한 別室의 문들이 열리는 것을 말합니다. ‘傍’은 옆이라는 뜻으로 정실을 중심으로 양 옆에서 열렸다는 뜻으로 보입니다. 아래의 구절과 연관시켜보면 여기서는 貴人과 같은 천자의 后妃들도 참석하는 궁중의 대연회가 열리는 것을 뜻한 것으로 보입니다.

‘甲帳’은 金銀寶貨_{금은보화}를 장식한 화려한 휘장을 말합니다. 漢武帝_{한무제}가 이러한 휘장을 만들어 甲帳 · 乙帳의 구분을 하였으며, 甲帳은 祠堂_{사당}에 쓰고 乙帳은 자신이 사용하였다고 합니다. 그러나 여기에서는 사당이 아니라 天子의 龍床용상 양 옆으로 늘어진 휘장을 말한 것으로 보입니다. '對楹'에서의 '楹'은 건물의 안에서 맨 앞에 있는 기둥인데 용상의 좌우에 기둥이 있고 휘장이 이 기둥들과 나란함을 말합니다. 휘장은 황제의 위엄을 나타내는 글이 쓰여 기둥에 걸려 있는 것이 보통이었고, 이렇듯 기둥에 걸어 놓은 글을 楹聯영련이라 했습니다.

다음의 두 구절은 ≪詩經≫을 그대로 인용하였습니다.

> 연석을 내어 펴고, 받침을 놓아 시중을 드네(肆筵設席, 授几有緝御).
> 혹은 勸酒권주로 혹은 答杯답배로, 잔을 닦거나 잔을 되돌리네(或獻或酢, 洗爵奠斝 〈大雅대아 · 行葦행위〉).

'肆筵設席'은 筵席을 깐다는 뜻입니다. '肆'와 '設'은 모두 '陳設진설한다'의 뜻으로 쓰였습니다. 筵은 밑에 깔고 위에 다시 席을 펴는데, 이 두 가지는 대나무자리나 돗자리일 뿐 특별한 구별은 없고 단지 상대방에 대한 경의를 더 나타내기 위해 두 겹으로 까는 것이라 보입니다. 손님에게 권하는 것을 '獻'이라 하고 손님이 답배하는 것을 '酢'이라 하였습니다. '洗爵'은 주인이 손님에게 잔을 권할 때 먼저 잔을 씻는 것을 말하고, '奠斝전가'는 손님이 마시고 잔을 받침 위에 올려놓는 것을 말합니다.

> 나에게 귀한 손님이 있어, 음악을 연주하며 즐기네(我有嘉賓, 鼓瑟吹笙 〈小雅 · 鹿鳴녹명〉).

'鼓'는 악기를 탄다는 뜻이며, '吹'는 악기를 부는 것을 말합니다. 즉 '瑟'은 현악기이며 '笙'은 관악기입니다. 관현악의 合奏합주를 의미하며 궁중의 宴會연회를 묘사하였습니다.

위의 두 시가 모두 궁중의 연회를 소재로 한 시인데, 여기에서 이를 인용하여 君臣이 함께 하는 대연회의 모습을 말한 것입니다. 즉 수많은 신하들이 궁궐 여기저기에 자리를 펴고 앉아 있으며 웅장한 음악이 울려 퍼지고 있는 것입니다.

58 陞升階阶納纳陛 弁轉转疑星

59 右通廣广內 左達达承明

陞(阜); 오를승
階(阜); 섬돌계
納(糸); 들일납
陛(阜); 섬돌폐
弁(廾); 고깔변
轉(車); 구를전
疑(疋); 의심할의
星(日); 별성
右(口); 오른우
通(辵); 통할통
廣(广); 넓을광
內(入); 안내
左(工); 왼좌
達(辵); 통할달
承(手); 이을승
明(日); 밝을명

충계를 올라 大殿에 들어가는데
冠弁의 보석이 별처럼 반짝이네
오른쪽은 광내전으로 통하고
왼쪽은 승명전으로 이어지네

'陞階' 大殿대전에 오르는 계단을 올라간다는 뜻입니다. 옛날에는 궁궐이 아니더라도 방은 땅보다는 높이 있었습니다. 그래서 방 안에 들어가려면 먼저 충계를 올라야 했는데, 이를 '升堂入室승당입실'이라 했습니다(실제로는 어떤 분야의 과정을 착실히 거쳐 깊은 경지에 이르는 것에 대한 비유로 쓰입니다). '陞'은 '升'과 같으며 오른다(登등)의 의미입니다.

'納'은 '入입'의 뜻입니다. '階계'와 '陛'는 같은 의미이지만 여기에서는 다소 다르게 쓰였습니다. 먼저 궁전 밖의 충계를 올라(陞階) 궁전 안으로 들어가면 (納) 천자의 龍床용상에 이르는 충계(陛)가 있습니다. 신하는 바로 이 충계 아래에서 무릎을 꿇을 것입니다. 이곳이 곧 陛下(섬돌 아래)입니다. 신하가 천자를 바로 호칭할 수가 없으니 스스로를 '섬돌 아래의 것'이라는 의미에서 '陛下'라 하였습니다(또는 같은 충계 아래에서 천자를 侍衛시위하는 신하를 일컫는 말이라고도 합니다. 즉 이 신하를 통해 천자한테 아뢴다는 뜻입니다). 후에는 陛下가 아예 천자를 지칭하는 말이 되었습니다.

'弁'은 冠관의 이름입니다. 爵弁작변과 皮弁피변이 있는데, 작변은 冕旒冠면류관과 비슷하지만 冕旒(면류관의 앞과 뒤에 늘어져 있는 주옥의 줄을 말하며, 천자는 12줄이고 왕은 10줄이라 합니다.)가 없는 모자입니다. 피변은 사슴 가죽으로 만들었는데 모자의 꼭대기 봉합을 한 곳에 작은 玉石을 달아 별처럼 반짝였다고 합니다. '弁轉疑星'은 바로 이 구슬들이 움직일 때마다 별처럼 반짝거리는 것을 말한 것입니다.

이어서 天子의 正殿을 중심으로 좌우의 건물을 말하였습니다. '廣內'는 漢나라에 建章宮건장궁에 있던 廣內殿을 말합니다. '承明'은 역시 漢나라 未央宮미앙궁의 承明殿입니다. 建章宮과 未央宮은 長樂宮장락궁과 더불어 漢代의 三宮으로 알려져 있습니다. 廣內殿은 황제의 圖書도서를 보관하던 곳이며, 承明殿은 황제가 文武大臣문무대신을 접견하던 곳이었다 합니다.

'承明'이라는 이름은 '明堂명당'에 이어진(承) 殿閣전각 즉 명당 뒤에 있는 전각이라는 의미에서 붙여졌다 합니다. 명당은 군왕이 政務정무를 보던 正殿인데, 즉 정전을 중심으로 하여 오른쪽으로는 광내전에 이어지고 왼쪽으로는 승명전으로 가게 된다는 뜻으로 보입니다. 천자가 책과 문무대신을 모두 가까이하였음을 나타냈다고 하겠습니다.

고대의 宮殿 규모는 크지 않았으나 秦始皇진시황에 이르러 阿房宮아방궁을 지으면서 궁전의 규모는 과거와 크게 달라졌다고 합니다. 아방궁의 크기는 項羽항우가 불을 질렀을 때 3개월을 탔다고 했을 정도의 규모였습니다. 秦나라의 수도는 渭水위수의 북쪽에 있는 咸陽함양이었는데 위수의 남쪽인 長安에도 여러 별궁을 지었습니다. 이어서 漢나라를 세운 劉邦유방은 아예 수도를 장안으로 정하여 '長治久安장치구안(오래도록 다스려 편안을 도모함)'의 서막을 열었습니다.

60 旣旣集集墳坟典 亦聚群英

三墳五典이 수집되어 있고
수많은 인재들이 모였더라

旣(无);	이미기
集(隹);	모을집
墳(土);	무덤분
典(八);	법전
亦(亠);	또역
聚(耳);	모일취
群(羊);	무리군
英(艸);	꽃영

위의 광내전과 승명전에 연관지어 말한 것으로 보입니다. 즉 광내전에는 필요한 도서들이 모두 갖추어져 있고, 승명전에는 천자를 알현하고자 하는 인재들이 무리를 지어 모였음을 의미한 것입니다.

'旣'는 '全전'의 뜻으로 '旣集'은 모두 수집하였음을 뜻합니다. '墳典'은 三墳五典삼분오전을 줄여 말하였습니다. ≪三墳≫은 三皇삼황 즉 伏羲氏복희씨, 神農氏신농씨, 黃帝황제의 저술이라 합니다. ≪五典≫은 五帝오제 즉 少昊소호·顓頊전욱·高辛고신·唐당·虞우의 저술이라 합니다. 이를 모두 합하여 '三墳五典'이라 하는데, 중국의 가장 오랜 된 기록이 되겠으나 실제 전해오고 있지는 않습니다.

'聚'는 본시 村落촌락을 의미하다가 이로부터 무리(衆) 또는 모이거나(集合집합) 모으는 것(蓄積축적) 등을 뜻하게 되었습니다. '群英'은 많은 인재들을 말하니 예로부터 훌륭한 군왕의 곁에는 항상 많은 인재들이 모인다 했습니다. 인재들이란 學問학문을 많이 한 사람들입니다. ≪周易·乾전·文言≫에서 학문을 간명하게 정의했습니다.

군자는 배워 모으고, 물어 밝힌다(君子學以聚之, 問以辯之).

앞의 '之'는 德을 말하고, 뒤의'之'는 의혹을 뜻합니다. 즉 군자는 훌륭한 성현들을 배워 덕을 쌓고, 아울러 의혹은 다른 사람들에게 물어가면서 깨우친다는 의미입니다. 이것이 '學問'의 出典이며 의미입니다. 우리가 지금처럼 옛날의 훌륭한 분들을 연구만 하고 배우려 하지 않는 것은 사실상 학문을 한다고 볼 수가 없습니다. 지금은 정부가 연구비라는 명목으로 단지 돈을 걸어놓고 학문의 발전을 이끌겠다는 정책을 펴고 있는데, 이러한 발상은 학문을 이해하지 못해서 비롯된 일입니다. 만약에 이공계라면 돈으로 발전을 유도할 수도 있고 투자한 만큼 벌어들일 수도 있을 것입니다. 그러나 인문학(엄밀한 의미에서의 학문)은 덕을 쌓아야 하는데 돈의 미끼는 오히려 학문을 혼탁하게 할 수도 있습니다.

61 杜稿鍾_钟隷_隶 漆書_书壁經_经

杜度_{두도}의 초서와 鍾繇_{종요}의 예서
漆로 쓰인 冊_책과 벽 속의 경전

杜(木); 팥배나무두
稿(禾); 짚고
鍾(金); 술병종
隷(隶); 죄인례
漆(水); 옻나무칠
書(日); 글서
壁(土); 벽벽
經(糸); 날경

계속해서 廣內殿_{광내전}의 도서 관련입니다. 즉 三墳五典_{삼분오전} 외에도 많은 귀한 典籍_{전적}이 있음을 추가하였습니다.

‘杜稿’는 漢나라 章帝_{장제}(西紀 76〜88 在位) 때 생존했던 杜度_{두도}의 草書_{초서}를 말합니다. 그는 맨 처음 초서를 쓴 사람이라 합니다. ‘稿’는 글을 쓴 原稿_{원고}나 저술 등을 의미하는데 여기서는 그가 쓴 초서의 글을 뜻하였습니다.

‘鍾隷’는 역시 漢나라 때 鍾繇_{종요}(151〜230)의 隷書_{예서}를 말합니다. 그는

鍾繇의 楷書   章帝 때 杜度가 썼다고 전해지는
초서

들 曹丕조비(魏文帝위문제)에게서도 벼슬을 하였습니다. 그러나 鍾繇는 무엇보다 漢末 曹操조조의 천하통일에 큰 공헌을 하여 여러 벼슬을 하였으며, 曹操의 아도 그의 서예에서 이름을 높였습니다. 그의 眞迹진적은 전하는 것이 없지만 대신 臨摹本임모본이 있어 그가 隸書, 楷書해서, 行書 모두에서 뛰어난 업적을 남겼음을 알려줍니다. 특히 그는 隸書에 능했고 아울러 이를 발전시켜 楷書의 서체를 처음으로 확립했습니다.

‘漆書’는 문자 그대로 하면 漆을 사용하여 쓴 冊을 말합니다. 여기에서 책이란 옛날 竹簡죽간, 즉 대나무 조각에 글을 새기거나 써서 끈으로 꿴 것입니다.

아직 붓과 먹이 없을 때, 나무의 樹液수액과 같은 것으로 검은 칠을 만들어 대나무 끝에 묻혀 글자를 썼다고 추측을 합니다. 때문에 글자가 처음의 획은 진하고 굵지만 나중의 획은 엷고 가늘어 마치 올챙이 모습을 연상시킵니다. 그래서 蝌蚪文字과두문자라는 별명도 얻게 되었습니다. 여기에 사용한 칠이란 당시 家具가구에 흔히 사용한 옻칠과는 다른 것으로 알려져 있습니다. 漆書를 ‘以墨書이묵서’ 또는 ‘墨書’라고도 하였는데, 이 ‘墨’은 먹도 아니고 옻칠도 아닌 것으로 추정합니다. 이는 비단이나 종이에 붓으로 쓰기 훨씬 이전을 말합니다.

‘壁經’은 秦始皇진시황의 焚書坑儒분서갱유 때 숨겨졌다가 후에 발견된 벽 속의 책을 말한다. 진시황은 당시 400명이 넘는 儒生을 생매장 시키고, 醫書의서나 占書점서와 같은 일상에 필요한 극히 일부의 책을 제외하고는 모두 거두어 들여 불태워 버렸습니다(모두 진시황이 불사른 것이 아니고, 당시 책을 阿房宮아방궁에 쌓아두었는데, 項羽항우가 아방궁을 불태우는 바람에 책까지 타게 되었다는 설도 있습니다). 이때 孔子의 후손이 儒學유학의 맥이 단절될 것을 우려하여 일부의 經典경전을 자기의 집에 二重이중의 벽을 만들어 그 속에 숨겼습니다. 그런데 漢나라 武帝무제 때 그의 동생인 魯恭王노공왕이 그 집을 빼앗아 철거하면서 숨긴 책들을 발견하였습니다. ≪尙書상서≫·≪禮記예기≫·≪春秋춘추≫·≪論語논어≫·≪孝經효경≫ 등이었는데, 이를 후대의 사람들이 벽 속에서 발견된 경전이라는 의미에서 '壁經'이라 한 것입니다.

漢나라의 惠帝_{혜제}(서기전 195~180 재위)가 즉위한 후 그는 儒學의 경전을 다시 되살리는 정책을 폈습니다. 그러나 세상에 전해지는 책이 없었기 때문에 주로 口傳_{구전}에 의해 다시 정리하는 수밖에 없었다. 그중에 伏生_{복생}이라는 사람이 90여 세의 나이에 ≪尙書≫를 모두 외웠다고 합니다. 많은 사람들이 이렇듯 옛날의 경전을 함께 구전에 의해 재현하였습니다.

이렇게 하여 漢나라 때에 두 종류의 경전이 있게 되었는데, 그 하나가 바로 벽경으로 秦나라 이전의 문자 즉 周나라 때의 문자로 쓰인 것입니다. 秦나라 때 세상의 책을 불살라 버렸기 때문에 이 문자는 전해지지 않았습니다. 때문에 壁經이 발견되었을 때 이미 이 古文_{고문}을 알아볼 수 있는 사람이 극히 드물었습니다. 사람들은 이를 古文經書라 했습니다.

다른 하나는, 당시 구전을 바탕으로 하여 당시의 문자로 정리한 경전입니다. 즉 漢나라 초기부터 사용되기 시작한 隸書로 정리된 경전이며 이를 今文 經書라 했습니다. 이 두 종류의 경서는 다소의 차이가 드러나면서 오랜 세월 동안 많은 논쟁을 거쳐 왔습니다.

62 府羅_罗將_将相 路俠_侠槐卿

 63 戶封八縣_县 家給_给千兵

府(广); 곳집부
羅(网); 그물라
將(寸); 장수장
相(目); 서로상
路(足); 길로
俠(人); 협기협
槐(木); 홰나무괴
卿(卩); 벼슬경
戶(戶); 지게호
封(寸); 봉할봉
八(八); 여덟팔
縣(糸); 고을현
家(广); 집가
給(糸); 줄급
千(十); 일천천
兵(八); 병사병

文武大臣이 모두 모였으니
公卿으로 나뉘어 노열하네
8개의 縣을 封土로 주고
1,000명의 병사를 주었네

여기에서는 나라를 경영하는 문무백관들을 말하였습니다.

'府'는 모인다(聚취)는 뜻이며, '羅'는 늘어서(列열) 있음을 말합니다. '將相'은 大將대장과 宰相재상 즉 文武大臣을 의미합니다. 이는 문무대신이 모두 모여 羅列해 있음을 말한 것입니다.

'路'는 궁전으로 이어지는 길을 말한다. '俠'은 '挾(낄협)'과 같은 의미로 쓰였습니다. 즉 길을 사이에 두고 좌우에 늘어서 있음을 뜻합니다.

'槐卿'은 三公九卿삼공구경을 일컫는 말입니다. ≪周禮·秋官·朝士≫에 의하면, 周나라 때에는 朝廷조정(군왕이 문무 대신들과 政事정사를 논하는 곳으로 대체로 군왕은 正殿정전에 앉아 있고 신하들은 앞의 뜰에 서게 됩니다)에 세 그루의 홰나무와 좌우에 아홉 그루의 가시나무를 심어 신하의 위치를 정해 놓았습니다. 이를 '三槐九棘삼괴구극'이라 하였습니다. 즉 정면에 세 그루의 홰나무로 三公의 위치를 정하였고, 그리고 좌우에 각각 아홉 그루의 가시나무를 심어 卿大夫와 諸侯_{제후} 등의 신하들이 서는 위치를 정해준 것입니다. 아울러 모든 신하들은 자신이 속한 직분과 직급에 따라 그 뒤에 서게 됩니다. 여기에서는 '槐公棘卿_{괴공극경}'을 줄여 '槐卿'이라 하면서 아울러 韻字_{운자}를 맞추었습니다.

三公은 朝代에 따라 그 명칭이 다른데, 가령 西漢 때에는 大司徒_{대사도}, 大司馬, 大司空이었다. 이들은 실권을 가진 宰相들이었는데, 대사도는 토지와 人口 그리고 敎化 등을 맡았고, 대사마는 兵權_{병권}을 잡았으며, 대사공은 나라의 건설과 공사 등을 관장하였습니다. 九卿은 중앙정부의 각 행정장관을 이르는 아홉 개의 官名을 통칭한 것입니다.

槐木은 우리말로 회화나무, 홰나무, 또는 괴화나무라 합니다. 예로부터 우주의 상서로운 기운을 받아 인간에게 전해주는 나무로 알려져 있으며, 학자의 집 앞에 심으면 文理가 트인다고 전합니다. 이의 영문 명칭은 'Chinese sclolar tree'라 합니다.

다시 將相과 三公九卿에 대한 대우를 말하였습니다. '戶'는 다음 구의 '家'와 함께 집집마다의 뜻입니다. 즉 앞에서 말한 將相과 公卿들의 집을 의미합니다. '封'은 제왕이 신하들에게 爵位_{작위}나 토지를 주는 것을 뜻합니다. 가령, 周나라는 封建國家_{봉건국가}였습니다. '封建'은 '封邦建國_{봉방건국}(封地를 주어 나라를 세우게 한다)'을 줄인 말입니다. 周나라는 처음에 71개의 邦國(제후들의 나라)을 세웠습니다. 이는 모두 天子의 친척이나 功臣_{공신}들에게 封土와 王位를 주어 나라를 세우게 한 것입니다. 周나라는 天子國이지만 제후국을 직접 통치하지는 않고 다만 君臣의 관계를 유지하였습니다.

그러나 '戶封八縣'에서의 '封'은 이러한 봉토를 주었다는 의미가 아니고, 食邑_{식읍}을 주었다는 뜻으로 보입니다. 식읍이란 일정 규모의 행정구역을 주어 그 구역의 租稅_{조세}를 받아쓰게 하는 것으로 봉토와는 다소 의미가 다릅니다.

천하를 통일한 秦始皇은 중앙집권을 하면서 처음으로 郡縣制_{군현제}를 시행하였습니다. 즉 전국을 郡으로 나누고 군은 다시 縣으로 나누었습니다. 군현제는 朝代에 따라 다르게 운용되었지만 지금까지 행정구역을 나누는 토대가 되었습니다. 여기에서 여덟 개의 현을 주었다는 것은 이러한 군현제가 갖추어져 있었음을 뜻합니다. 따라서 이를 앞에서 말한 '將相'들에게 食邑으로 주어 그 租稅를 거두어 쓰게 했다는 뜻으로 보입니다.

'家給千兵'에서의 '給'은 물건이나 무엇을 주는 것을 뜻합니다. '給與급여'는 원래는 물건을 준다는 의미였는데 지금은 보수를 뜻합니다. '千兵'은 천 명의 병사인데 즉 公卿의 관리들에게는 천 명의 군대를 주었다는 의미입니다.

64 高冠陪輦_輦 驅_驱轂_毂振纓_缨

65 世祿_禄侈富 車_车駕_驾肥輕_轻

높은 관을 쓰고 천자를 모시니
달리는 수레에 갓끈이 날리네
世祿으로 사치와 부를 누리니
수레의 말은 살졌고 옷은 가볍네

高(高); 높을고
冠(冖); 갓관
陪(阜); 모실배
輦(車); 손수레련
驅(馬); 몰구
轂(車); 바퀴통곡
振(手); 떨친진
纓(糸); 갓끈영
世(一); 인간세
祿(示); 복록
侈(人); 사치할치
富(宀); 넉넉할부
車(車); 수레차. 수레거
駕(馬); 탈것가
肥(肉); 살질비.
輕(車); 가벼울경

계속해서 將相·公卿을 말합니다. '高冠'은 높은 벼슬 즉 高官大爵_{고관대작}의 위세를 암시합니다. 여기에서는 冠이 높은 벼슬의 의미로 쓰였지만 본래 성인은 모두 관을 쓰는 것이 예의였습니다. 성인이 되면 冠禮_{관례}를 하는데, 땋은 머리를 말아 올려 網巾_{망건}으로 머리를 고정시키고 그 위에 관을 씁니다. 여자는 비녀를 꽂습니다. 그리고 字를 받는데, 이름은 극히 私的_{사적}인 것이어서 군왕이나 아비가 아니면 부를 수 없고 字를 부르게 됩니다.

'陪'는 '侍衛_{시위}'(호위하여 모심)함을 뜻합니다. '輦_연'은 본래 사람이 끄는 수레를 뜻하였으나, 漢代 이후에 천자의 수레만을 뜻하게 되었습니다. 皇帝_{황제}가 타는 수레를 '龍輦_{용련}'이라 하고, 皇后가 타는 수레를 '鳳輦_{봉련}'이라고도 했습니다.

'驅'는 수레를 몰아 달린다(馳車_{치거})는 뜻입니다. '轂'은 수레바퀴의 중심으로 軸_축으로 연결된 부위를 말합니다. 여기에서는 수레를 의미하였습니다. '纓'은 갓끈을 말하며, '振'은 수레를 몰 때 수레의 진동으로 갓끈이 흔들리는 것을 의미하였습니다.

'世'에는 시간적인 의미가 있어 본시 30년을 뜻하였습니다. 이 30년이 곧 한 世代의 의미로 쓰였습니다. 옛날에는 대체로 남자는 30세까지 여자는 20세까지 결혼하였습니다. 이로 보면 30년은 父子를 중심으로 한 세대의 간격이었다고 할 수 있습니다. 이로부터 '世'는 곧 父子間의 世襲_{세습}을 의미하는 뜻으로도 쓰였습니다. '祿'은 '祿俸_{녹봉}'으로 지금의 俸給_{봉급}과도 같은 뜻입니다. 그런데 세습으로 받는 녹봉도 있었으니 이를 '世祿'이라 합니다. '侈富'는 이러한 세록을 받아 富_부의 사치를 누린다는 뜻이다.

'車駕'는 임금의 수레라는 뜻이 있지만 여기에서는 수레를 몬다는 의미입니다. '肥輕'은 '肥馬輕裘_{비마경구}'의 뜻으로 ≪論語·雍也_{옹야}≫에서 보입니다.

> 赤(孔子의 제자 公西赤을 말함)이 제나라에 사신으로 가게 되자, 그는 좋은 말을 타고 가벼운 가죽옷을 입고 갔다(赤之適齊也, 乘肥馬, 衣輕裘).

肥馬는 語義_{어의}로는 살찐 말이 되겠지만 여기서는 크고 훌륭한 말이라고 해야 할 것입니다. 輕裘는 가벼운 가죽옷을 말합니다. 가죽은 본래 무겁지만 예나 지금이나 보온력은 높으면서 가벼우면 고급이라 할 것입니다. 여기에서 이 둘을 줄여 '肥輕'이라 하였습니다. 모두가 高官大爵들은 세습을 통해서까지 화려한 생활을 하고 있음을 말하였습니다.

위에서 '輦'과 '轂' 그리고 '車' 세 글자는 모두 '車' 즉 수레의 의미로 쓰였습니다. 다만 ≪千字文≫에서는 글자를 중복하여 쓰지 않기 위해서 다른 글자를 사용한 것입니다.

66 策功茂實_实 勒碑刻銘_铭

策(竹); 대쪽책
功(力); 공적공
茂(艹); 성할무
實(宀); 열매실
勒(力); 굴레륵
碑(石); 비비
刻(刀); 새길각
銘(金); 새길명

기록된 공로가 많고도 컸으니
碑를 세워 銘文으로 새겼더라

앞에서는 將相과 公卿들의 높은 爵位_{작위}와 넘치는 世祿_{세록}을 묘사하였는데, 여기에서는 이러한 대우가 그냥 주어지는 것이 아니었음을 추가하였습니다. 즉 모두가 후세에 길이 전해질만한 공로에 따른 것이었음을 강조하였습니다.

'策'은 竹簡_{죽간}이나 木簡을 꿰어놓은 것으로 冊_책과 같은 의미이지만, 주로 역사적인 일들을 기록한 것입니다. '策功'은 褒賞_{포상}을 위하여 공로를 기록하였다는 의미입니다. '茂'는 茂盛_{무성}하다는 의미이고, '實'은 속이 찼다는 뜻입니다. 즉 '茂實'은 이러한 공로의 기록이 매우 많을 뿐만 아니라 그 공이 매우 컸다는 뜻이 되겠습니다.

그들의 이러한 업적은 死後_{사후}에 碑銘_{비명}으로 새겨져 후세의 龜鑑_{귀감}이 되었습니다. '勒'과 '刻'은 모두 '새긴다'는 의미이고, '碑'와 '銘'은 대체로 '죽은 사람의 功德_{공덕}을 기리는 글'이라는 점에서는 같은 뜻입니다. 다만 碑는 본래 세운 돌(豎石_{수석})을 뜻하였는데, 후에 여기에 여러 가지 글을 새기면서 이를 碑文이라고 하게 되었습니다. 碑는 墓碑_{묘비}나 功德碑_{공덕비} 또는 下馬碑_{하마비} 등 다양합니다.

'銘'은 돌에 새기는 것이 아니고 대체로 청동기의 器物_{기물}에 새긴 것이었습니다. 가령 鐘鼎文_{종정문}은 종과 솥에 새긴 銘文_{명문}입니다. 그러나 여기에서는 碑文과 같은 의미로 쓰였습니다.

銘文명문은 공덕을 칭송하는 글 외에도 스스로 경계하여 조심하겠다는 글귀를 뜻하기도 합니다. 가령 座右銘좌우명은 자신이 앉아 있는 자리의 오른쪽에 놓아두고 보면서 銘心하고자 하는 뜻을 담은 글이라는 의미입니다. 즉 자신에게 銘心刻骨명심각골(마음과 뼈에 새김)할만한 교훈적인 의미를 지닌 글을 뜻합니다.

옛날의 '群英군영'들은 나라에 공을 세워 이름이 후세에 전하는 것을 영예로 알았고, 또 이로 인해 富貴榮華부귀영화를 누리기도 했습니다. 지금의 군영들은 눈앞의 이익에 급급하여 멀리 보지를 못하니 과연 옛날처럼 후대에 오랜 세월 이름을 남기려는 사람이 얼마다 될지 모르겠습니다.

67 磻溪伊尹 佐時阿衡

姜太公과 伊尹이 있었으니
때에 맞추어 나라를 도왔더라

　여기서부터는 碑銘비명으로 역사에 길이 이름이 남을 만한 將相장상 公卿공경들의 '策功茂實'한 사례들을 열거하였습니다.

　'磻溪'는 姜太公강태공을 지칭하는 地名이다. '磻溪'는 陝西省섬서성에 있는 渭水위수의 한 支流지류인데, 姜太公이 낚시를 하던 바위의 이름이 '磻'이었다고 합니다. 姓은 姜이고 이름은 尙상이며 字는 子牙자아라 전합니다. 또한 太公望태공망이라는 별명도 있는데 이를 세간에서 강태공이라 부른 듯합니다.

　그의 조상은 禹우 임금의 治水치수 사업 때 큰 공을 세웠는데, 그 자신도 재능이 있고 포부가 컸습니다. 그는 殷은나라의 紂王주왕 때 뜻을 펴지 못하던 차에 周나라의 文王이 현자를 구한다는 소식을 듣고 磻溪로 와서 곧은 낚시질을 하다가 文王을 만났습니다. 文王은 그의 사람됨을 알아보고 그를 자신의 先親선친이 오래도록 기다리던 사람(吾太公望子久矣)이라 하면서 그를 태공망이라고도 불렀다 합니다. 文王은 단번에 그를 國師국사로 삼았고, 그는 文王과 武王을 도와 殷의 暴君폭군 紂王을 멸하였습니다. 이 공로로 齊제나라의 제후가 되어 齊를 大國으로 발전시켰습니다. 그가 磻溪로 간 때가 이미 87세였는데 百歲백세가 넘도록 살았다 합니다.

　우리나라의 柳馨遠유형원(1622~1673) 선생의 호가 磻溪입니다. 그는 나라 행정의 전반적인 개혁 방안을 저술한 《磻溪收錄반계수록》을 남겼습니다.

‘伊尹’은 成湯성탕을 보좌하여 夏하나라의 桀王걸왕을 멸망시킨 인물입니다. 그는 어려서 伊水라는 강변에서 발견된 고아였습니다. 그를 데려다 키우던 집안의 딸이 成湯에게 시집을 가면서 그를 하인으로 데려간 것이 그가 成湯을 만나게 된 계기였습니다. 그는 요리사라는 직책을 이용하여 일부러 음식을 짜거나 싱겁게 하였습니다. 이에 成湯이 그를 불러 이유를 물었고, 그는 그 자리에서 요리의 방법을 근거로 천하의 大事를 말하였습니다. 감탄한 成湯은 그를 宰相재상으로 임용하였는데 그때의 벼슬 이름이 ‘阿衡’이었습니다.

‘阿衡’이란 官名은 ≪詩經≫에서 보입니다.

오직 아형이 있었으니, 실로 상왕을 도왔더라(實維阿衡, 實左右商王).

‘阿衡’에서 ‘阿’는 ‘依의’와 같은 뜻으로 ‘기댄다’는 의미이며, ‘衡’은 ‘형평’의 뜻입니다. 즉 상왕이 이윤에게 아형이라는 관직을 준 것은 나라의 일을 도모함에 있어 그에게 의지하여 형평을 잃지 않으려 하였다는 의미입니다. 뒤에 이 관직은 保衡보형으로 바뀌었는데 그 의미는 거의 같다 할 것입니다.

‘佐時’는 매우 적당한 때에 왕을 輔佐보좌하여 나라를 건국하게 하였다는 의미입니다. 즉 강태공은 문왕을 도와 주나라를 세웠고, 이윤은 湯王을 도와 商을 건국한 개국공신들이었습니다. 이를 역사적으로 보면 伊尹이 앞이지만 여기에서는 이를 거꾸로 썼습니다. 이는 伊尹의 관직이 阿衡이었는데 ‘衡’을 韻字로 쓰기 위해서 바꾸어 뒤에 쓴 것입니다.

68 奄宅曲阜 微旦孰營_営

奄나라가 曲阜에 있었으니
周公 아니면 누가 다스렸으리요

周公의 이야기입니다. 周公은 이름이 旦이며 文王의 넷째 아들로 武王의 친동생입니다. 그는 武王을 도와 殷나라를 멸망시키고 周나라를 세웠습니다. 그러나 무왕은 얼마 되지 않아 病死_{병사}하였고 아직 어린 무왕의 아들 成王이 즉위하였습니다. 이에 叔父_{숙부}인 주공이 攝政_{섭정}을 하게 되었는데 동쪽의 몇 나라에서 반란을 일으켰습니다. 반란의 중심지는 奄나라로 바로 曲阜 지방이 었습니다. 주공은 친히 군대를 지휘하여 3년에 걸쳐 이들을 모두 평정하고(서기전 1044), 奄나라가 있던 곳에는 魯_노나라를 세웠습니다.

'奄宅曲阜'에서 '奄'은 바로 이 나라 이름이며, '宅'은 '집택'이 아니고 '자리잡을택'으로 쓰였습니다. 즉 '엄나라가 곡부에 위치해 있었다'는 뜻이며, 여기에는 역사적으로 오래된 엄나라가 옛 商을 옹호하면서 주나라의 통치에 저항하였음을 의미한 것입니다.

'微旦孰營'에서의 '微'는 '없을미'로 쓰였는데 즉 주공 旦이 없었다면 하는 뜻입니다. '孰'은 '누구숙'이며, '營'은 경영한다는 뜻으로 즉 누가 이 曲阜를 이렇게 잘 경영했겠는가 하는 뜻을 나타냈습니다. 다시 말하면 주공이 아니었다면 이 곳 곡부는 그 훌륭한 역사를 지속하지 못하고 단절되었을 것이라는 의미를 내포하였습니다.

'曲阜'는 특별한 곳이었습니다. 오래전 神農氏의 故都_{고도}였으며, 黃帝가 여기에서 출생하였고, 少昊氏_{소호씨}도 여기를 도읍지로 하였습니다. 후에는 孔子가 여기에서 태어나 儒學_{유학}의 발원지가 되었으니 가히 中國 문화의 發祥地_{발상지}라 할 만한 곳입니다. 曲阜는 隋_수나라 때 처음으로 붙여진 명칭이었습니다. 지금은 孔廟_{공묘}, 孔府_{공부}, 孔林_{공림}의 三孔 유적이 이곳을 대표하고 있습니다.

周初의 곡부는 또 다른 의미가 있었습니다. 당시 周나라는 서쪽 지금의 西安 부근을 중심으로 성장한 나라였습니다. 이에 비해 商(殷)은 동쪽의 河南과 山東 지방을 중심으로 발달한 東夷族_{동이족}이었습니다(동이족이라는 점에서 商의 민족은 우리와 同族일 것이라는 설이 있습니다). 특히 상나라는 이미 문자를 만들어 쓸 만큼 문명이 발달한 나라였는데 주나라에 멸망한 商이 다시 반란을 일으킬 수 있었던 것도 이러한 민족의 오랜 역사와 자긍심이 있었기 때문이었을 것입니다.

반란이 일어난 曲阜는 周의 수도로부터 너무 멀리 떨어져 있었습니다. 반란을 평정하기 위해 먼 곳에 와서 이미 3년이나 苦戰_{고전}을 치른 周는 이곳을 周公이 직접 맡아 다스려야 했으나 주공에게는 이보다도 成王을 보필하는 것이 더 중요하였습니다. 그는 長子 伯禽_{백금}을 보내 魯나라를 세워 다스리게 하였습니다. 노나라는 이로부터 楚_초나라에 멸망할 때(서기전 249)까지 약 800여 년의 역사를 유지했습니다.

주공이 그의 아들 伯禽을 魯에 보내면서 훈계를 한 것이 ≪史記≫에 전합니다.

나는 문왕의 아들이며 무왕의 동생이고 성왕의 숙부로서 천하에 낮지 않은 지위에 있다. 그러나 나는 한 번 머리를 감을 때마다 세 번은 머리를 다시 묶었고, 한 끼의 식사에도 세 번은 입속의 음식을 뱉으면서 일어나 손님을 맞이하였으니, 이는 천하의 현자를 잃을까봐 두려웠기 때문이었다. 네가 魯나라에 가면 조심하되 국왕이라 하여 사람들에게 교만하지 말라(我文王之子, 武王之弟, 成王之叔父, 我於天下亦不賤矣. 然我一沐三捉髮, 一飯三吐哺, 起以待士, 猶恐失天下之賢人. 子之魯, 愼無以國驕人). 〈魯周公世家〉

주공은 아무라도 찾아오면 감던 머리를 다시 묶고, 먹던 음식을 뱉으며 손님을 맞이하였습니다. 멀리서 찾아온 손님한테 잠시도 기다리게 해서는 안 된다는 생각 때문이었습니다. 이로부터 '握(捉)髮吐哺악(탁)발토포'는 '인재를 간절히 구한다'는 뜻의 성어로 쓰였습니다. 계속해서 《史記》에는 주공의 성인다운 면모가 나타나 있습니다.

(伯禽은) 魯에 간 지 3년이 지나 주공한테 국정을 보고했다. 주공이 왜 그리 늦었느냐고 하자 백금이 대답했다. '풍속을 변화시키고 의례를 바꾸며 三年喪을 지키게 하느라고 늦었습니다.' 姜太公강태공 또한 齊제나라의 왕으로 봉해졌었는데 다섯 달 만에 주공에게 국정을 보고해 왔다. 주공이 어찌 그리 빠른지 물으니 대답하기를 '제가 君臣의 예를 간략히 하고 그곳의 풍속을 따라 政事정사를 보았습니다.'라 했었다. 이어 백금의 늦은 보고를 듣고 탄식을 하였다. '오! 魯는 후세에 북향하여 齊를 섬기겠구나. 무릇 國政이란 간략히 하고 쉽게 하지 않으면 백성은 가까이하지 않고, 평이하게 백성을 가까이하면 백성은 반드시 따르게 되어 있는 것을!'(三年以後報政周公, 周公曰 '何遲也?' 伯禽曰 '變其俗, 革其禮, 喪三年然後除之, 故遲.' 太公亦封於齊, 五月而報政周公. 周公曰 '何疾也?' 曰 '吾簡其君臣禮, 從其俗爲也.' 及後聞伯禽報政遲, 乃歎曰 '嗚呼! 魯後世其北面事齊矣! 夫政不簡不易, 民不有近 平易近民, 民必歸之.')

泰山태산을 사이에 두고 남쪽이 魯이고 북쪽은 齊나라였습니다. 周初에 이 두 나라는 매우 중요한 의미가 있었습니다. 그래서 주공은 그의 장남을 보냈는데 3년이나 걸려서야 비로소 나라를 정비하였다는 소식을 가져왔습니다. 이에 비해 강태공은 이미 다섯 달 만에 일찌감치 나라를 정비하였습니다. 한 사람은 자신의 이론으로 변화를 시키려 하다가 3년이나 걸렸으며 다른 한 사람은 번다한 의례를 간략히 하고 대신 그 곳의 풍속을 존중하고 따르면서 나라의 일을 도모하였습니다. 주공은 國政이 자신의 생각으로 백성을 변화시키는 것이 아니고 백성의 뜻을 따르는 것임을 강조한 것입니다.

孔廟는 孔子廟를 줄인 말로, 공자를 기념하고 제사 지내는 사당을 말합니다. 魯의 哀公애공 때(서기전 494~476) 공자의 옛집에 짓기 시작하여 역대의 重修중수와 확충을 거치면서 오늘에 이르렀으니 약 2,500년 가까이 되는 역사를 지닌 곳입니다. 중심 건물은 大成殿대성전인데 앞에 은행나무가 있으며, 바로 공자가 講學강학을 하던 곳이라 전합니다. 공자묘는 중국과 臺灣대만의 도처에 있으나 모두 여기의 구조를 본떠 세운 것입니다. 우리나라 成均館성균관의 大成殿도 그러하며 약 500년 된 두 그루의 은행나무도 있습니다.

孔府는 문자 그대로 하면 孔氏의 집입니다. 府는 집을 뜻하며, 다시말해 曲阜의 孔府는 공자의 직계 후손이 사는 집을 말합니다. 지금의 집은 宋나라 때 세워진 후 여러 차례의 중수를 거친 것이라 합니다. 공자의 후손은 어쩌면 세계에서 가장 오랫동안 세습의 작위를 받아온 집안입니다. 秦始皇 때 시작된 작위는 1935년까지 이어졌습니다. 작위의 지위나 명칭은 朝代에 따라 달랐는데, 宋나라 때부터는 '衍聖公연성공'이라는 작위가 이어졌습니다.

1920년 공자의 77代 직계 후손 孔德成공덕성 선생이 참으로 어렵게 孔府에서 태어났습니다. 그의 부친(31代 衍聖公 孔令貽공영이)은 妻妾처첩 세 사람 모두에게서 자녀를 보지 못하고 네 번째 여인한테서 두 딸 후에 비로소 아들을 낳았습니다. 그러나 부친은 이 아들이 태어나기도 전에 逝去서거했습니다. 生母도 출산 17일 만에 역시 작고했습니다.

1936년 그가 결혼을 하면서 孔府는 대대적인 채색을 하고 건물들의 창과 문을 교체하였는데 바로 지금 孔府의 모습이라 합니다. 1935년 국민당정부는 '大成至聖先師奉祀官대성지성선사봉사관'이라는 特任官특임관으로 그를 임명하여 세습 작위인 연성군을 대체하였습니다. 즉 작위의 세습은 이로 끝이 난 것입니다. 아울러 1949년 그가 국민당 정부와 함께 대만으로 옮겨 온 후 孔府에는 공자의 후손이 살지도 않습니다. 臺灣에서 臺灣大學 교수로 재직하였고, 考

試院_{고시원} 원장 등의 관직을 역임하다가 **2008**년 서거했습니다. 곡부를 떠나 다시는 고향을 돌아보지 못하고 南國의 섬나라에서 생을 마친 마지막 연성군 이었습니다.

69 桓公匡合 濟济弱扶傾倾

桓(木); 굳셀환
公(八); 공평공
匡(匚); 바를광
合(口); 모을합
濟(水); 건널제
弱(弓); 약할약
扶(手); 도울부. 길포
傾(人); 기울경

桓公이 제후들을 바로잡아 모으니
약하고 기우는 왕실을 일으켰네

이어서 春秋五霸춘추오패의 하나인 齊나라 桓公의 故事고사입니다. 姜太公이
齊나라의 王으로 봉해진 이후 15대째의 환공에 이르러 齊나라는 가장 먼저
春秋五霸의 강한 나라가 되었습니다.

'匡'은 '匡正(바로잡음)'을 의미하며, '合'은 '會合'을 뜻합니다. 즉 천하의
亂난을 바로잡고 제후들을 모았다는 뜻입니다. ≪論語·憲問헌문≫에 있는 孔
子의 말이 그 출처입니다.

환공이 제후들과 아홉 번이나 會合을 하면서도 군대를 동원하지 않을 수 있었던 것
은 관중의 힘이었다. …… 관중이 환공을 도와 제후들의 패자가 되어 천하를 바로
잡게 하였으니, 백성은 지금까지도 그 은혜를 받고 있는 것이다. 관중이 아니었다면
우리는 지금 머리를 땋아 내리고, 옷섶을 왼쪽으로 여며 입고 있을 것이다(오랑캐의
복장을 하고 있었을 것이라는 의미).(桓公九合諸侯, 不以兵車, 管仲之力也. ……
管仲相桓公, 霸諸侯, 一匡天下, 民到于今受其賜 微管仲, 吾其被髮左衽矣!)

즉 '桓公匡合'은 桓公의 '九合諸侯, 一匡天下'를 말한 것으로 환공의 유명한
고사입니다. 공자는 무력을 사용하지 않고도 霸者가 되어 천하의 제후들을 규합
한 환공을 높이 평가하였습니다. 여기에는 역사적인 설명이 좀 더 필요합니다.

환공은 성이 姜氏강씨이고 이름이 小白이었습니다. 그의 형인 襄公양공이 피

살되어 그가 우여곡절 끝에 왕위에 오르게 되었습니다(서기전 685~643 재위). 그는 鮑叔牙포숙아를 재상에 임용하려 했는데 포숙아는 사양하고 대신 管仲관중을 천거하였습니다. 관중은 환공의 다른 형제인 糾규를 섬겼는데, 왕위를 다툴 때 환공을 죽이려 한 일이 있었습니다. 그러나 환공은 그를 재상에 임용하였고, 관중은 환공의 넓은 아량에 지혜로운 충성으로 보답하였습니다.

위 공자의 말은 子路자로와 子貢자공의 물음에 대한 답이었습니다. 즉 환공은 왕위에 오르자 자신과 왕위를 다툰 糾를 죽였습니다. 당시 糾는 魯나라에 피신해 있었으며, 관중과 召忽소홀이 곁에서 모시고 있었습니다. 환공이 魯王을 시켜 糾를 죽였을 때 召忽은 그를 따라 자살했으나, 관중은 절개를 지키기보다는 오히려 환공에게 잡혀가는 쪽을 택했으며, 이어 재상의 자리에까지 오른 것입니다. 공자의 제자들은 관중의 이러한 처세가 仁으로 볼 수 없지 않느냐는 질문을 하였습니다. 그러나 공자는 위에서처럼 그 반대로 대답하였습니다.

'濟弱扶傾'은 약한 나라를 구하고 기우는 나라를 도와주었다는 의미입니다. '濟'는 救濟구제한다는 뜻입니다. 역시 역사적인 의미를 살핀다면, '濟弱'은 위 인용문의 '九合諸侯'를 말한 것으로 볼 수 있습니다. 가령 강대한 楚나라가 작은 나라들을 치면서 北進북진을 꾀하자 桓公은 다른 나라들과 연합하여 이를 저지하였습니다. 환공은 가능한 힘의 균형을 통해 覇者의 위상을 지켰습니다.

'扶傾'은 기우는 나라를 부축했다는 뜻으로 즉 '一匡天下'의 의미와 통합니다. 역사가 환공에 이르렀을 때는 주나라가 천하를 제패한 지도 이미 300여 년이 지난 후였습니다. 이제 周는 71개국의 제후국을 거느리던 그런 위세 넘치는 天子의 나라가 아니고, 석양의 기울어가는 나라에 불과하였습니다. 이제는 여러 나라들이 天子國을 넘보는 지경에까지 왔지만 제의 환공은 그러한 의도들을 차단하고 周를 천자국으로 지켜주었습니다. '一匡天下' 즉 천하를 바로잡았다는 것은 역사적으로 이러한 당시의 정의를 실현하였다는 의미를 내포합니다. 즉 기울어가는 천자국을 부축한 것입니다.

이 역사의 주인공은 桓公보다도 管仲과 鮑叔牙로 보는 경우도 많습니다.

70 綺綺廻漢汉惠 說说感武丁

 71 俊乂密勿 多士寔寧宁

綺里季는 漢의 惠帝에게 왔고
傅說은 武丁의 뜻에 감응했네
俊傑들이 온 힘을 다하였으니
많은 인재가 있어 평안 하였네

여기에서는 綺里季기리계와 傅說부열의 이야기입니다. '綺'는 '四皓호' 중의 한 사람을 말합니다. 秦나라 때 네 사람(綺里季, 東園公동원공, 夏黃公하황공, 甪里先生록리선생)의 白髮賢人백발현인들이 어지러운 세상을 피해 商山상산에 들어가서 살았는데, 劉邦유방이 그들을 불러 大事를 도모하고자 했지만 그들은 나오지 않았습니다.

후에 천하를 통일한 劉邦은 부인 呂后여후 소생의 盈영을 太子로 삼았는데 盈은 성격이 柔弱유약하였습니다. 이에 高祖고조(劉邦)는 戚夫人척부인 소생의 如意여의로 태자를 바꾸려 하였습니다. 이를 알게 된 呂后가 張良장량과 상의한 끝에 四皓를 청하여 태자와 어울리게 하였습니다. 四皓는 태자의 인품이 어질어 청을 받아들였습니다. 자신이 불러도 오지 않았던 四皓와 어울리는 태자를 보고는 유방은 태자를 바꿀 생각을 버렸다 합니다.

유방은 帝位에 오른 지 8년 만에 죽었고 태자가 즉위하였으니 곧 惠帝혜제였습니다. 呂后는 如意를 독살하고, 이어서 戚夫人을 온갖 잔인한 방법으로 살해하여 惠帝에게 보여주었습니다. 惠帝는 그 잔혹한 참상을 보고는 이는 사람으로서 할 수 없는 일이라 말하고, 政事에서 손을 놓고 술로 보내다가 죽었으니 나이 22세였습니다. 8년의 전쟁을 통해 가까스로 項羽항우를 이기고 漢나라를 세운 유방의 死後사후는 이렇게 처참했습니다.

'廻'는 '還'(돌아오다)의 의미이며, '漢惠'는 漢의 惠帝입니다. 즉 綺里季 등의 四皓가 惠帝가 태자시절 초청을 받아 함께 어울려 준 것을 말합니다.

'說'은 傅說부열'을 말합니다. 이 故事는 ≪史記≫에 있습니다. '武丁무정'은 商나라의 22代 군주였습니다. 그는 즉위하자 殷은의 中興중흥을 생각하며 인재를 찾았습니다. 어느 날 꿈에 성인을 얻었는데 이름이 '說'이었습니다. 그의 신하들 중에는 꿈에서 본 사람이 없었으니, 그는 신하들에게 자신이 꿈에서 본 사람을 그림으로 그려 찾아오게 하였습니다. 신하들은 傅險부험이라는 곳에서 그러한 사람을 찾아 왔고, 武丁은 그를 재상으로 임용하여 殷을 크게 일으켰습니다. 그를 찾은 곳의 이름 '傅險'의 앞 글자를 따서 姓으로 하여 傅說이라 했습니다.

이어서 앞에서 열거한 인재들이 있어 나라가 평안하였음을 말하였습니다. '俊乂'는 인재를 말합니다. 千人 중에 뛰어난 자를 '俊'이라 하고, 百人 중에 뛰어난 자를 '乂'라 한다 했습니다. ≪尙書≫에 있습니다.

뛰어난 인재들이 관직에 있어 백관이 서로 배우네(俊乂在官, 百僚師師).

조정에 덕망과 능력을 갖춘 훌륭한 인재들이 많으니 관직에 있는 사람들이 서로가 서로에게 배우면서 부족한 것을 보완할 수 있다는 의미입니다.

'密勿'은 '黽勉민면'의 뜻으로 곧 '성실하게 힘쓴다'는 뜻입니다.

'多士'는 훌륭한 인재가 많다는 뜻이며, '寔'은 '是시'의 뜻인데 여기에서는 지시대명사 '此차'의 뜻으로 쓰였습니다. '寧'은 평안하다는 뜻으로, 곧 이러한 많은 인재들이 있어 나라가 평안할 수 있었다는 뜻입니다. ≪詩經≫을 인용한 말입니다.

훌륭한 인재들이 많으니 문왕께서 나라를 평안케 하시네(濟濟多士, 文王以寧).

문왕이 나라를 평안하게 할 수 있었던 것은 주위에 才士들이 많았기 때문이었음을 비유로 인용한 것입니다. 즉 桓公은 제후들을 규합하여 쇠락한 周의 왕실을 부축하였고, 商山의 四皓는 漢의 惠帝를 구하였으며, 傅說은 商의 武丁을 도와 商나라의 中興을 이끌었습니다. 모두가 훌륭한 인재들이었습니다.

72 晉_진楚更霸 趙_조魏困橫

晉(日); 나아갈진
楚(木); 가시나무초
更(日); 고칠경, 다시갱
霸(雨); 우두머리패,
趙(走); 찌를조
魏(鬼); 높을위
困(口); 곤할곤
橫(木); 가로횡

晉과 楚가 번갈아 霸者가 되었고
趙와 魏는 連橫으로 무너졌네

여기에서는 春秋戰國時代_{춘추전국시대}의 역사적인 큰 사건을 개괄하였습니다.

춘추전국은 사실상 周나라의 분열 양상을 의미합니다. 周의 초기는 많은 제후의 나라들을 거느린 天子國으로서의 위세에 부족함이 없었습니다. 周는 친족이나 功臣들에게 나라를 주어 제후에 봉하였는데, 가령 姜太公에게 齊_제나라를 준 것은 공신에 해당하며, 周公의 아들 伯禽_{백금}을 魯_노나라의 제후에 봉한 것은 친족에 해당합니다.

周初에는 이러한 제후국이 71개에 달했다 하며 周나라는 이들 제후국과는 天子와 신하의 관계를 유지하면서 제후국에 각종의 의무를 부과하였습니다. 그러나 후에 周의 국력이 쇠약해짐에 따라 제후국들 사이에 霸者_{패자}가 나타나면서 周를 따돌리는 현상이 생겼습니다. 가령 齊나라의 桓公은 제후들을 아홉 번이나 불러 모으는 위력을 보였으니 이것이 곧 霸主 즉 盟主_{맹주}로서의 힘을 발휘한 것입니다. 환공은 주나라를 옆에 끼고 실질적인 힘을 행사하였습니다. 이러한 맹주의 지위는 晉_진과 楚나라 등으로 차례로 넘어갔으니 이를 역사에서 흔히 春秋五霸_{춘추오패}라 합니다. 즉 춘추시대(서기전 770～서기전 403)에 최강국으로 등장을 했던 다섯 나라를 말합니다. 여기에서는 단지 晉·楚 두 나라로 이를 포괄하였습니다.

晉의 文公은 獻公_{헌공}의 아들이었는데 그는 19년을 밖으로 떠돌았습니다.

즉 獻公이 驪戎_{여융}이라는 나라를 쳐서 그 왕을 죽이고 그의 딸 驪姬_{여희}를 부인으로 맞이하였는데, 후에 여희가 太子를 죽이고 자신의 아들을 태자로 앉힌 것입니다. 밖으로 피난을 다녀야 했던 文公은 다행히 秦나라의 도움을 받으면서 돌아와 즉위할 수 있었습니다.

그는 지난날을 교훈 삼아 능력 있는 신하들을 중용하면서 나라를 부흥시켰습니다. 마침내 楚와의 전쟁(西紀前 632)에서 이겨 제후들의 우두머리인 方伯_{방백}이 되었으며, 이어서 周를 중심으로 하여 서로 평화를 도모하는 안정된 조화를 꾀하였습니다. 그러나 그로부터 30여 년이 지난 후 晉은 다시 楚에 패했고(西紀前594) 이제는 楚의 莊王_{장왕}이 覇主가 되었습니다. '更覇'는 이렇듯 覇主가 서로 뒤바뀐 역사를 말합니다.

춘추시대에 五覇의 역사가 있었다면 戰國時代_{전국시대}(서기전 403 ~ 서기전 221)에는 合從連衡_{합종연횡}(衡은 橫_횡과 같은 字로 쓰였기 때문에 '횡'으로 읽으며, 合縱連橫으로도 씁니다.)의 역사가 있습니다. 전국시대의 중심은 秦나라였습니다. 최대 강국이 된 진나라는 다른 나라에게 위협적이었으며, 周도 서기전 249년에 秦에게 망하였습니다. 이러한 역학관계 속에서 생겨난 책략이 합종과 연횡이라는 것입니다.

合縱은 縱的_{종적}인 관계 즉 南北이 연합하여 秦에 대항한다는 의미이며, 連橫은 東西로 연합하여 秦과 평화조약을 맺는다는 의미가 내포되어 있습니다. 당시 수많은 제후국들이 대략 6·7개의 열강으로 좁혀졌는데, 그중에서도 秦과 齊나라가 가장 강하였습니다. 이러한 강국의 위협 속에서 약소국들이 스스로를 보호하기 위해 연합을 하는 과정에서 합종연횡이 나타났습니다. 이들 나라를 돌아다니며 합종이나 연횡설로 각 나라를 설득하고자 한 사람들을 縱橫家_{종횡가}라 하였습니다.

그중에서 대표적인 사람으로 蘇秦_{소진}과 張儀_{장의}라는 두 역사적인 인물이 있었습니다. 蘇秦은 여섯 나라(趙_조·魏_위·韓_한·齊_제·楚_초·燕_연)가 힘을 합하여 秦에 대항해야 한다고 合縱의 지략을 내세웠고, 여섯 나라는 이에 의지하여 29년에 이르는 和平을 유지하기도 했습니다.

　그러나 蘇秦이 죽자 合縱은 무너졌습니다. 즉 張儀가 그 여섯 나라를 다니면서 連橫으로 秦과 우호관계를 맺어야 한다고 설득을 한 것입니다. 秦을 위한 張儀의 이 지략은 성공하였고, 여섯 나라는 마침내 하나씩 秦에게 망하였습니다. '趙魏困橫'은 趙와 魏나라가 이러한 連橫의 결과로 가장 먼저 망하였음을 암시하였습니다.

73 假途滅灭虢 踐践土會会盟

假(人); 빌가
途(辵); 길도
滅(水); 멸할멸
虢(虍); 나라이름괵
踐(足); 밟을천
土(土); 흙토
會(曰); 모일회
盟(皿); 맹세맹

길을 빌려 虢을 滅하였고
踐土에 모여 盟約을 하였네

'假'는 '借차'의 뜻으로, '途'는 '路로'의 뜻으로 쓰였습니다. '假途'는 '借道' 즉 길을 빌린다는 뜻입니다. '虢'은 나라 이름입니다. 晉의 獻公헌공이 虢을 치고자 했습니다. 괵을 치려면 虞우나라를 지나야 했습니다. 獻公은 虞國에 두 가지 보물 즉 屈産굴산의 名馬와 垂棘수극의 귀한 玉을 선물로 보냈습니다. 虞王은 이를 받지 말라는 신하의 간언을 무시하고 선물을 받고 길을 내주었습니다. 헌공은 괵을 정복하고 돌아오는 길에 虞를 기습하여 멸망시켰습니다. 이 역사는 ≪孟子≫에서 보입니다.

　　虞의 길을 빌려 虢을 멸하였다(假道於虞以伐虢).

'踐土'는 地名이며 지금의 河南省하남성 原陽원양의 西南에 있습니다. 晉나라 獻公의 長子인 文公이 楚와의 전쟁에서 이기고 제후들을 踐土에 소집하여 모두가 周나라를 섬기면서 평화를 도모할 것을 盟約맹약시켰습니다. 이로써 그는 天子國인 周를 제외한 제후들의 盟主 지위를 확립한 것입니다.

'會'는 불러 모았다는 의미이고, '盟'은 誓約서약을 뜻합니다. 당시 '盟'은 짐승의 피를 마시거나 입술에 바르는 것을 서약의 표시로 삼았습니다. 文公은 寒食日한식일(冬至동지로부터 105일째 되는 날로 淸明청명의 하루 이틀 전입니다.)

에 음식을 데우지 않고 먹는 '寒食'의 유래를 만든 장본인입니다.

　문공이 獻公의 애첩 驪姬의 위험으로부터 벗어나 다른 나라를 轉轉_{전전}하고 있을 때였습니다. 한 번은 식량이 없어 굶주리고 있었는데 그를 따라 온 신하 介子推_{개자추}가 자신의 허벅지 살을 베어 국을 끓여 주었습니다. 후에 이를 듣고 감동하였지만 왕위에 즉위하여 論功行賞_{논공행상}을 할 때 그는 介子推를 깜박 잊었습니다. 뒤늦게 介子推를 찾았지만 개자추는 모친을 모시고 산에 들어가 나오지 않았습니다. 문공은 그를 나오게 하기 위해 산에 불을 질렀는데 그는 나오지 않고 타 죽었습니다. 문공은 통곡을 하며 슈을 내려 그날에는 일체의 불을 지피지 못하게 하고 음식은 차게 먹도록 했다고 합니다.

　踐土의 역사는 ≪春秋≫에서 보입니다. 즉 文公이 여러 제후들과 함께 천토에서 맹약을 하였다 했습니다. 지금의 河南省滎陽縣_{하남성형양현}의 西北쪽에 踐土臺_{천토대}라는 유적지가 있다 합니다.

74 何遵約約法 韓韓弊煩煩刑

何(人); 어찌하
遵(辵); 좇을준
約(糸); 묶을약
法(水); 법법
韓(韋); 나라이름한
弊(廾); 곤할폐
煩(火); 번거로울번
刑(刀); 형벌형

蕭何는 법의 簡約함을 중히 하고
韓非는 가혹한 형법으로 죽었네

여기에서는 나라의 法令에 대한 서로 다른 생각을 가졌던 두 사람을 대비시켰습니다. 한 사람은 법은 간략해야 한다고 하였으며, 다른 한 사람은 세상을 모두 법으로 다스리고자 하였습니다. 즉 蕭何소하(?~西紀前 193)와 韓非한비(西紀前 280?~233)인데 순서로는 韓非가 앞이지만 여기에서도 韻字 때문에 바꾸어 썼습니다.

'何'는 蕭何입니다. 그는 漢高祖 劉邦유방과 같은 고향(沛패)이었고, 유방의 漢나라 건국에 一等功臣일등공신이었습니다. 유방은 秦王朝를 무너뜨린 후, 각 縣현의 村老촌로들을 초대하여 慰撫위무하는 자리에서 約法三章약법삼장을 발표하였습니다. 즉 "살인은 死刑사형이며, 傷害상해를 입히거나 竊盜절도를 하면 상응하는 벌을 준다(殺人者死, 傷人及盜抵罪)."는 것이었습니다.

이는 秦王朝가 苛酷가혹한 법령을 많이 만들어 백성을 착취하고 탄압하였기 때문에 이를 모두 폐지하고 최소한의 법(約法)만을 세우겠다는 공약이었습니다. 물론 백성들의 뜨거운 호응을 받았습니다. 이때 법률 제정의 임무를 맡은 사람이 蕭何였습니다. 소하는 秦의 가혹한 법령을 모두 폐지하고 최소한의 律九章율구장을 만들어 約法三章의 부족한 부분을 보충했습니다. '何遵約法'은 이를 의미합니다.

'韓'은 韓非입니다. 그는 戰國時代전국시대 韓이라는 비교적 작은 나라의 公

子(諸侯의 아들)였습니다. 李斯이사(?~서기전 208)와 함께 荀卿순경(荀況순황: 서기전 313?~238)에게서 배웠으며, 원래 말 재주가 없고 더듬기까지 했으나 문장을 잘 썼다고 합니다. 韓王에게 變法변법을 주장했으나 수용되지 못했고 오히려 秦始皇이 그를 발탁하였습니다. 진시황은 그의 이론을 따라 많은 법령을 만들었는데 함께 동문수학을 했던 李斯가 그의 재능을 시기하여 그를 모함하였습니다. 韓非는 감옥에서 李斯가 보낸 독약을 마셨고(그 후 李斯는 趙高조고의 모함을 받아 잔혹한 五刑오형에 처해졌고, 그의 부모 형제 처자 모두 誅殺주살을 당하였습니다), 진시황이 뒤늦게 후회하며 그를 사면하였으나 그는 이미 죽어 있었습니다.

韓非子(子는 선생님이라는 뜻입니다.)는 儒家의 仁義政治인의정치를 '守株待兎수주대토(농부가 밭에서 일하다가 토끼가 밭에 튀어나온 나무뿌리에 걸려 목이 부러져 죽는 것을 보고 괭이를 내던지고 나무뿌리에서 토끼를 기다렸다는 비유입니다.)' 라고 비웃었습니다. 단지 엄정한 형벌을 통하여 법질서를 유지하는 것이 통치자의 최선의 정치라 한 것입니다.

진시황의 쓰임을 바라다가 감옥에서 죽음을 맞이한 그는 결국 통치자에게 이용당하고 자신이 만든 덫에 걸린 결과가 되었습니다. 위의 '弊'는 '斃폐'의 뜻으로 죽음을 당했다는 의미입니다. '煩刑'은 '煩多한 刑法'이라 할 수 있으니, 진시황은 韓非의 주장을 따라 많은 가혹한 법을 만들었고, 韓非는 그 법에 의해 감옥에서 죽었습니다. 그가 저술한 ≪韓非子≫는 십여만 자에 이르는 분량으로 그의 法家思想법가사상을 담고 있습니다.

75 起翦頗_頗牧 用軍_軍最精

 76 宣威沙漠 馳_馳譽_譽丹青

起(走); 일어날기
翦(羽); 자를전
頗(頁); 자못파
牧(牛); 목장목
用(用); 쓸용
軍(車); 군사군
最(曰); 가장최
精(米); 찧을정
宣(宀); 펼선
威(女); 위엄위
沙(水); 모래사
漠(水); 사막막
馳(馬); 달릴치
譽(言); 명예예
丹(丶); 주사단
靑(靑); 푸를청

白起·王翦·廉頗·李牧이 있었으니
軍略에서 가장 뛰어 났다네
위세가 사막에까지 떨쳤으니
명성이 丹靑으로 오래 전해지리

'起·翦·頗·牧'은 각각 白起_{백기}·王翦_{왕전}·廉頗_{염파}·李牧_{이목}을 말합니다. 白起와 王翦은 秦의 名將_{명장}이었으며, 廉頗와 李牧은 趙_조의 명장이었습니다. 이 넷은 趙나라가 秦에게 敗亡_{패망}할 때의 마지막 主役_{주역}들이었습니다.

白起는 16세부터 從軍_{종군}을 시작하여 패전한 일이 없었으며, 그가 평생 전쟁터를 누비면서 그의 지휘 하에 죽은 적병은 165만에 달했다고 합니다. 戰國時代_{전국시대}에 전쟁터에서 죽은 군인이 약 200만 정도였다 하는데, 그중 태반이 白起와의 전쟁에서 죽은 셈입니다.

秦과 趙의 長平大戰_{장평대전}은 전국시대에 가장 큰 전쟁이었습니다. 趙의 廉頗는 長平에서 秦과 대치하여 성을 굳게 지키면서 응전하지 않고 버티고 있었습니다. 그러자 秦에서는 첩자를 보내 염파는 겁쟁이며 秦은 염파가 아닌 趙括_{조괄}을 두려워한다는 헛소문을 퍼뜨렸습니다. 趙王은 이를 곧이듣고 대장군을 조괄로 바꾸었습니다. 실전 경험이 별로 없는 조괄은 병법만을 믿고 全軍전군을 이끌고 출병하였고, 이에 秦의 대장군 白起는 그를 유인하여 퇴로를 차단하고 조괄의 군대를 兩斷양단하여 모두 괴멸시켰습니다.

이 長平大戰(西紀前 260)에서 조괄의 군대 40만은 대부분 포로로 잡혔으나 白起의 속임수에 의해 모두 坑갱안에서 생매장되었다고 전합니다. 그러나 大臣들은 白起의 功을 시기하여 그를 모함하였고(韓나라와 趙나라의 책략적인 이간질도 작용하였습니다), 왕은 그에게 劍검을 보내 자결하도록 했습니다. 白起는 趙의 수십만 군인을 속임수로 생매장한 것을 후회하면서 自盡자진하였다 합니다. ≪史記≫의 <白起·王翦列傳>에 상세한 내용이 전합니다.

趙의 廉頗는 줄곧 秦의 위협으로부터 나라를 지켜낸 강직한 猛將맹장이었습니다. 그의 성품을 나타내는 한 逸話일화가 있습니다. 당시 藺相如인상여가 단지 '完璧歸趙완벽귀조'(秦에 강탈당할 뻔한 和氏璧화씨벽을 온전하게 趙나라로 되돌려옴)의 공로로 자기보다도 높은 宰相재상의 벼슬을 하는 것에 廉頗는 매우 못마땅해 했습니다. 이를 안 藺相如는 길에서 廉頗를 만나면 피해 다녔고, 사람들이 그 이유를 묻자 그는 한 나라의 將相이 서로 不和하면 이웃 나라가 이를 이용하여 나라가 위태로워질 수 있기 때문이라 대답했습니다. 이를 전해 들은 廉頗는 곧 負荊請罪부형청죄(회초리 나뭇단을 등에 지고 가서 매질을 해 달라며 사죄하는 것)하였다고 전합니다.

그는 나라를 위해 자신을 피해 다닌 藺相如에게 깊이 사죄하고 서로가 돕는 將相의 관계를 유지하였습니다. 長平에서 免職면직된 그는 그 후에 다시 나라를 위해 공을 세워 信平君신평군에 봉해졌지만 주변의 간사한 무리들의 방해를 받으니 결국은 他國인 楚나라에서 죽었습니다. ≪史記≫에 <廉頗·藺相如列傳>이 전합니다.

李牧은 趙나라 멸망 직전 최후의 대장군이었는데 일찍이 匈奴族흉노족을 물리치며 변방을 굳게 지킨 名將명장이었습니다. 白起가 죽은 후 秦은 王翦을 대장군으로 삼아 다시 趙나라를 침범하였고, 趙나라는 李牧으로 하여금 막도록 했습니다. 그러나 秦에서는 재물로 趙王의 신하를 매수하여 李牧을 모함하는 反間計반간계(왕에게 李牧이 謀叛모반을 꾀한다고 이간질을 함)를 썼습니다. 趙王이 이에 속아 李牧을 죽였고 이로부터 3개월 후에 王翦은 趙王을 사로잡으면서 趙나라는 멸망하였습니다. 곧이어 秦은 천하를 통일하였으니 王翦과 蒙恬몽염의 공로가 가장 컸습니다. 그러나 포악한 秦始皇에게 어떤 德政의 輔佐보좌를 할 수 없었던 王翦은 그의 아들과 함께 죽었고, 그의 손자는 項羽에게 포로가 되었습니다.

'用軍最精'은 이러한 네 將帥장수들은 가장 현명하고도 정교한 戰術전술로 군대를 지휘하였음을 의미합니다.

'宣威'는 威勢위세를 떨쳤음(宣揚선양)을 말합니다. '沙는 모래를 말하고, '漠'은 광대하다는 뜻입니다. 白起·王翦·廉頗·李牧 네 장군의 위세가 아득한 사막에까지 떨쳤음을 말하였습니다. 秦은 서북쪽에 위치해 있고 趙도 북쪽으로 흉노를 마주하고 있었는데, 중국의 서북쪽은 광대한 사막지대로 이어집니다. 그래서 이들의 위세가 '沙漠'에까지 떨쳤다고 말한 것입니다.

'馳'는 수레나 말이 달린다는 뜻이니 '馳譽'는 명성이 멀리 떨쳤음을 말합니다. '丹靑'은 紅靑홍청의 染料염료입니다. 흔히 건물 등에 靑紅의 무늬를 입힌 것을 말하는데 여기에서는 肖像초상의 그림을 뜻합니다. 漢代의 宣帝와 明帝는 훌륭한 功臣들의 초상을 殿閣전각에 그림으로 남겨 추모하였습니다. 즉 위의 네 장군들의 명성이 마치 그림으로 남겨지듯 오래도록 전해지게 되었다는 의미입니다.

이상은 역사에서 두드러진 '群英'의 자취를 勸戒권계의 정신으로 되새긴 것이라 할 수 있습니다. 즉 殷의 伊尹과 傅說부열, 周의 周公과 姜太公, 그리고 漢의 四皓사호 등의 훌륭한 덕망과 능력을 찬양하였습니다. 아울러 春秋五覇춘추오패의 主役과 戰國時代의 현란한 智略家지략가들 그리고 蕭何소하나 韓非子와 같은 法家들을 꼽았고, 다시 武功으로 나라를 구한 白起·王翦·廉頗·李牧 등 대장군의 명성을 전하고자 하였습니다.

77 九州禹跡迹 百郡秦幷幷

九(乙); 아홉구, 모을규
州(巛); 고을주
禹(内); 夏禹氏우
跡(足); 자취적
百(白); 일백백
郡(邑); 고을군
秦(禾); 진나라진
幷(干); 어우를병

九州가 우왕의 발자취이며
秦은 백 개의 郡을 열었네

'九州禹跡'의 출처는 ≪春秋·左傳춘추좌전≫입니다.

曠茫광망한 우왕의 발자취, 九州로 나뉘어 있네(芒芒禹迹, 畫爲九州).

여기에서부터는 중국의 광활한 영토와 관련된 역사를 말하였습니다. 九州는 冀기·沇(兗연)·靑청·徐서·揚양·荊형·豫예·梁량·雍州옹주를 말합니다. 禹는 舜帝순제의 명을 받고 13년에 걸쳐 治水事業치수사업을 완성하고 전국토를 직접 實査실사하여 九州를 정하였습니다. 九州의 아홉 山에 길을 만들어 사람이 오를 수 있게 하고, 아홉 개의 江이 막힘없이 흐르도록 정비하였으며, 아홉 곳의 호수에 제방을 쌓아 물이 넘치지 않도록 했고, 京城경성에 이르는 주요 도로를 모두 정비하여 租貢조공의 운송에 문제가 없도록 했습니다.

이 기간 동안에 그는 결혼을 하고서 4일 만에 집을 나와 일을 했으며, 집 앞을 지나면서도 들어가 볼 엄두를 내지 못했습니다. 이렇게 하면서 전국에 그의 足跡족적을 내었으니, 바로 九州 모두에 禹帝의 발자취(跡)를 남겼다 할 만합니다. ≪史記≫의 <夏本紀하본기>에 상세한 내용이 전합니다.

'百郡'은 실제로는 103郡이며 이는 漢代에 증설되었습니다. 中國은 上古時代로부터 三代(夏·商·周)에 이르기까지 諸侯들에게 천하를 나누어 다스리게 하는 封建制봉건제였다가, 秦始皇이 이들을 모두 통일하여 중앙집권을 실시하면서 전국을 36郡의 행정구역으로 나누었습니다. 앞의 '戶封八縣호봉팔현'에서 '縣'이 나왔는데 이를 합쳐 郡縣制_{군현제}라 합니다. 즉 漢代의 103郡은 진 시황 때 갖추어지기 시작했다는 의미에서 여기에서 '秦幷'이라 했습니다.

78 嶽_岳宗泰岱 禪_禅主云亭

五嶽은 泰山을 중심으로 하고
禪은 云云山 · 亭亭山에서 올리네

嶽(山); 큰산악
宗(宀); 마루종
泰(水); 클태
岱(山); 대산대
禪(示); 봉선선
主(丶); 주인주
云(二); 이를운
亭(亠); 정자정

中國은 일찍부터 天子가 하늘과 땅에 제사를 지내는 封禪儀式봉선의식을 거행해 왔습니다. 여기에서는 그러한 의식을 거행하던 장소를 말하였습니다. ≪史記≫에서는 無懷氏무회씨로부터 宓羲氏복희씨 · 神農氏신농씨 · 黃帝황제 등이 이미 泰山태산에서 봉선의식을 거행하였다고 하였습니다. '封'은 하늘에 제사 지내는 것이며, '禪'은 땅에 제사 지내는 것을 말합니다.

'嶽宗泰岱'는 곧 태산을 말한 것입니다. '嶽'은 五嶽 즉 東西南北 그리고 중앙의 다섯 산으로, 東嶽 泰山, 西嶽 華山화산, 南嶽 衡山형산, 北嶽 恒山항산, 中嶽 嵩山숭산을 의미하였습니다. '宗'은 宗主(또는 宗長 즉 어른의 뜻)로 하였다는 의미인데 예로부터 태산은 모든 산의 至尊지존으로 여겨져 왔으며, 그래서 천자들이 이 산의 정상에서 흙으로 壇단을 쌓고 하늘에 제사를 지낸 것입니다.

태산은 지금의 山東省 中部의 대평원에 우뚝 솟아 있습니다. 主峰주봉인 天柱峰천주봉은 해발 1,545미터이지만 거의 평지로부터 오르기 때문에 느낌은 그 이상입니다. 泰山이란 큰 산이라는 의미이며 岱山대산이라고도 불렸습니다. '泰岱'는 이 둘을 합한 것입니다. 뭇 산의 宗長이라는 의미에서 岱宗이라고도 했습니다.

태산의 아래에 있는 작은 산에서는 땅에 제사를 지냈습니다. 이를 '禪'이라 했고, 그 작은 산들의 이름이 '云云山'과 '亭亭山'이었습니다. 伏羲氏나 神農

氏 등에서부터 역대 제왕들이 새로이 등극을 하면 태산에서 '封' 의식을 하고, 다시 云云山이나 亭亭山에서 '禪' 의식을 거행하였습니다. '禪主云亭'은 禪은 主로 云云山과 亭亭山에서 거행하였다는 뜻입니다. 封은 모두가 泰山에서 올렸지만 禪은 云云山과 亭亭山 외에 다른 곳에서 지낸 예(가령 ≪史記≫에 의하면 禹帝는 會稽회계에서 지냈고, 周의 成王은 社首사수에서 지냈다고 합니다.)가 있어 주로 했다고 하였습니다.

이러한 封禪儀式은 南宋(1127~1279)에 이르러 長江以北이 金의 영토로 되면서 다소 변화가 생겼습니다. 즉 태산을 갈 수 없게 되자 郊祀교사(郊外에서 冬至동지에 하늘에 제사하고 夏至하지에는 땅에 제사 지내는 것을 말합니다.)와 통합하여 거행하였습니다.

明代(1368~1644)에 이르러 아예 北京 近郊에 天壇천단과 地壇을 세워 거행하였습니다. 이 제사는 1911년 中華民國이 수립되기 전까지 약 400년 가까이 지속되었습니다. 그러나 그 사이에도 천자가 직접 封禪을 행하지는 않았으나 大臣이나 道士를 보내 제사를 지내는 것은 성행하였고, 淸나라의 康熙강희와 乾隆皇帝건륭황제는 여러 차례에 걸쳐 친히 봉선을 행하기도 하였습니다. 태산에서의 봉선전통은 사실상 중국 역사의 처음부터 현대에 이르기까지 계속 이어져왔다고 할 수 있습니다.

현재의 北京에는 天壇과 地壇이 공원으로 지정되어 있고, 그 외에 社稷壇사직단, 日壇, 그리고 月壇의 三壇이 더 있어 모두 北京五壇이라 합니다. 社稷壇은 토지와 곡식을 주관하는 神에게 제사를 하는 곳이며, 日壇은 태양의 大明神에게 제사를 하는 곳이고, 月壇은 달과 별들의 夜明神에게 제사를 지내는 곳입니다.

이들 모두는 明나라의 成祖 때 都城을 南京에서 北京으로 옮기면서(1421년) 세우기 시작하였습니다. 中國의 오래된 '天圓地方'의 思考사고에 따라 천단은 圓形원형의 형태로 설계되었으며, 지단은 正方形의 형태가 중첩되어 나타납니다. 이 외에도 五壇은 모두가 종합적인 설계에 의해 中國의 전통사상을 담아 건립되었음을 알 수 있습니다. 가령 五壇의 위치를 보면 陰陽五行의 이치에 따라 天壇은 도성의 남쪽이며, 地壇은 북쪽, 日壇은 동쪽, 月壇은 서쪽 그리고 社稷壇은 중앙 즉 皇城황성 안(紫禁城자금성의 오른쪽)에 있습니다. 모두가 도성을 중심으로 하여 정확한 위치에 건립된 것입니다. 제사를 지내는 날짜도 천단은 冬至, 지단은 夏至, 일단은 春分, 월단은 秋分이며, 사직단은 봄·가을의 중간 달에 지냅니다.

| 逸話 |

唐玄宗(685~762)이 725년에 태산에 封禪을 올리려고 張說장열(667~730)을 封禪使봉선사로 임명하였습니다. 大權대권을 위임받은 張說은 자신의 사위인 鄭鎰정일의 관직을 九品에서 五品으로 올려주었습니다. 황제가 정일의 관직이 너무 빨리 승진한 것이 의아하여 정일에게 연유를 물었는데 정일이 대답을

北京의 天壇

하지 못하고 우물거리자 곁에 있는 신하가 대신 완곡하게 답변을 드렸습니다. "이는 태산의 힘이옵니다."라고 했지만 황제가 알아듣지 못하자 신하는 다시 장열을 가리켰습니다. 황제가 그때서야 알아듣고 "아하! 원래 岳父악부 태산의 덕택이었단 말이군."이라고 너그럽게 받아주었습니다.

태산이 모든 산의 어른이라는 의미에서 岳父라고 하면서 은연중 태산의 봉선사 임무를 맡은 정일의 장인을 지칭한 것입니다. 이로부터 장인을 岳父로도 부르게 되었다 합니다. 태산에는 또한 丈人峰장인봉도 있습니다.

79 鴈雁門门紫塞 雞鸡田赤城

鴈(鳥); 雁(隹); 기러기안
門(門); 문문
紫(糸); 자줏빛자
塞(土); 변방새, 막힐색
雞(隹); 鷄(鳥); 닭계
田(田); 밭전
赤(赤); 붉을적
城(土); 성벽성

鴈門關을 지나는 長城은
雞田과 赤城을 이었네

萬里長城_{만리장성}과 관련된 地名들이 열거되었습니다. 鴈(雁_안과 同字)門은 雁門山에 있는 雁門關_{안문관}을 말하며, 지금의 山西省 代縣_{대현} 북쪽에 있습니다. 이곳은 北岳_{북악} 恒山_{항산}의 산줄기로 주변의 봉우리는 해발 1,950미터가 넘는 高山峻嶺_{고산준령}인데 기러기가 넘나드는 길목이라 하여 雁門이라 하였다고 합니다. 먼저 雁門은 萬里長城의 '第一古關_{제일고관}'이며 아울러 가장 험준한 關塞_{관새}로 한 명이 지키면 만 명이라도 뚫지 못하였다 합니다. 趙나라의 李牧_{이목}이 북방의 匈奴_{흉노} 十萬大軍을 격파한 곳으로도 유명합니다. 春秋時代로부터 20세기(抗日戰爭_{항일전쟁}을 의미함)까지 雁門關에서 있었던 전투는 기록된 것만도 1,000여 회가 넘는다 하니 역사적으로 가장 중요한 군사적 要衝地_{요충지}였다고 할 만합니다.

'紫塞'는 紫色의 城을 의미합니다. 萬里長城의 城壁_{성벽}이 紫色임을 말한 것입니다. 그래서 長城을 紫塞_{자새}라고도 합니다. 만리장성은 秦始皇 때 蒙恬_{몽념}이 삼십만의 大軍을 이끌고 쌓았습니다. 몽념은 이를 완공한 후 모함으로 賜藥_{사약}을 받았는데, 죽으면서 자신의 죄가 참으로 크다 했습니다. 즉 "臨洮_{임도}에서부터 遼東_{요동}에 이르기까지 一萬餘里_{일만여리}에 걸쳐 성벽을 쌓고 땅을 파서 江을 만들었으니 그 사이에 끊어진 地脈_{지맥}이 얼마이겠는가? 그 죄는 죽어 마땅하다" 하는 것이었습니다. 자신은 나라에 죄는 없으나 땅의 脈을 상하게 하였으니 이는 당연히 사형감이라 하면서 賜藥을 마셨다고 ≪史記≫에 전합니다.

'雞田'과 '赤城'은 당시 長城의 양 끝의 地名입니다. 만리장성은 일반적으로 秦나라 때 축조한 것을 말하지만, 그러나 長城은 약 2,000년에 걸쳐 지속적으로 축조되었으며 이를 모두 합하면 십만 리가 넘는다고 합니다. 그중에서 魏위나라 때 赤城에서 雞田까지 쌓은 장성이 약 2,000여 리라 합니다.

雞(鷄의 本字)田은 지금의 寧夏回族自治區영하회족자치구의 吳忠市오충시 부근입니다. 赤城은 河北省의 西北部에 있는데 역시 중요한 요새였습니다. 또한 고대의 蚩尤치우가 살았던 곳으로도 전해집니다.

즉 여기에서는 雞田에서 赤城까지의 장성을 의미하며, 이 사이에 雁門關이 역사적으로 가장 중요한 關塞였음을 말한 것으로 보입니다. 雞田은 또한 가장 멀리 떨어진 驛站역참이 있었던 곳으로도 유명합니다.

| 참고 |

唐나라의 王之渙왕지환은 변방에 나간 병사들의 고통을 이렇게 읊었습니다.

> 涼州詞양주사
> 黃河遠上白雲間황하원상백운간, 一片孤城萬仞山일편고성만인산.
> 羌笛何須怨楊柳강적하수원양류, 春風不度玉門關춘풍부도옥문관.
> (黃河가 멀리 흰 구름 사이로 오르는 곳
> 만 길의 山에 한 조각 외로운 성채
> 羌人의 피리 어찌 버들을 원망하나
> 봄바람이 玉門關을 넘지 못하는 것을)

黃河의 물줄기가 끝도 없이 타고 오르는 아스라한 산의 계곡은 흰 구름 속으로 사라집니다. 그 보일 듯 말 듯한 끝에 城砦성채 하나가 걸려 있습니다.

羌族강족의 피리소리가 아직도 새잎이 돋지 않는 버드나무를 원망합니다. 하지만 봄바람이 옥문관 너머 이 추운 곳에 닿지 않으니 달력이 아무리 봄을 가리켜도 버들은 어쩔 수 없는 일입니다.

옥문관은 敦煌돈황의 서북쪽 90킬로미터 지점에 있습니다. 다시 돈황은 당시의 首都수도인 長安(지금의 西安)에서 서북쪽으로 약 2,500킬로미터를 가야 하는 곳입니다. 지금은 자동차와 기차 모두 편리하게 이용할 수 있지만 당시 도보로 이토록 먼 異域萬里이역만리에 떠나와 軍役군역을 치르는 병사들에게는 이보다 더한 苦海고해가 없었을 것입니다.

80 昆池碣石　鉅_鉅野洞庭

 81 曠_旷遠_远綿_绵邈　巖_岩岫杳冥

昆池와 碣石山
鉅野와 洞庭湖
광활하기는 멀리 끝이 없고
깊은 동굴은 어둡고 아득하다

昆池·碣石·鉅野·洞庭 모두가 地名입니다. '昆池'는 雲南省_{운남성} 昆明市의 西南에 있는 지금의 滇池_{전지}인데 昆明池라고도 합니다. 중국에서 여섯 번째의 크기에 속하는 淡水湖로, 해발 1,800미터가 넘는 고원에 위치하여 독특한 풍광을 나타내고 또한 알맞은 기후와 더불어 주변을 모두 沃土_{옥토}로 만든다고 합니다.

'碣石'은 碣石山을 말합니다. 河北省의 昌黎縣_{창려현} 바닷가에 인접해 있어 해발 700미터에도 미치지 못하는 산이지만 예로부터 바다를 바라보기에 좋은 명승지로 이름 있는 곳이었습니다. 갈석산이 중국의 동북쪽이라면 昆池는 서남쪽에 있어 이 두 산과 호수는 서로 대각선의 양끝에 위치한 셈입니다.

'鉅野'는 '큰 들판'이라는 뜻입니다. 그래서 '大野'라고도 했습니다. 그러나 들판이라기보다는 늪지대였습니다. ≪書經_{서경}·禹貢_{우공}≫에 의하면 禹_우임금 때 주변의 물들을 이곳으로 모이게 하여 물의 범람을 막아 東原_{동원}의 땅에 경작을 하게 하였다 합니다. 그러나 후에 물길이 바뀌면서 이곳은 물이 없는 평지가 되어버렸는데, 지금의 山東省 鉅野縣_{거야현}입니다.

이곳에는 麒麟臺_{기린대}가 있습니다. 西紀前 481년 봄 魯나라의 서쪽 大野에서 麒麟이 잡혔는데, 孔子의 나이 71세, ≪春秋≫의 記述_{기술}을 막 끝냈을 때였습니다. 孔子는 스스로 麒麟을 확인하고 곧 자신의 길이 다하였음을 알았습니다. 당시 기린은 龍_용 · 鳳凰_{봉황} · 거북과 함께 4가지의 靈物_{영물}이었습니다. 孔子는 이로부터 絶筆_{절필}을 하였으니 역사에 이를 '獲麟絶筆_{획린절필}'이라 합니다. 이로부터 2년 후 孔子는 세상을 떠났습니다.

'洞庭'은 洞庭湖를 말하며 靑海湖_{청해호}에 이어 두 번째로 큰 호수입니다. 동정호는 옛날에는 雲夢澤_{운몽택}으로 불렸습니다. 江北의 廣闊_{광활}한 늪지대와 江南의 호수를 포함한 명칭이었는데, 늪지대는 고갈되어 평지가 되었고 강남의 호수만 남아서 이를 洞庭湖라 하게 되었다고 합니다. 이 이름은 호수 안에 있는 洞庭山에서 유래되었는데, '洞庭'은 '神仙洞府_{신선동부}'의 뜻으로 신선이 거주하는 곳이라는 의미입니다. 동정산은 君山이라고도 합니다.

君山에는 또 다른 고사가 있습니다. 秦始皇이 천하를 巡狩(天子가 제후의 나라를 巡視 함)하는데 君山 가까이 이르러 돌연 풍랑을 만났습니다. 진시황이 大怒_{대노}하여 여기가 어디인가 물었더니 신하가 君山이라 대답하였습니다. 이에 더 震怒_{진노}한 진시황이 "천하에 나 하나가 君이거늘 어떻게 이런 山까지 君이라 하는가?"라 하면서 죄수 3,000명을 시켜 온 산의 나무를 모두 베어버리게 하고 石壁_{석벽}에 '永封_{영봉}'이라 새겨 산을 영원히 封鎖_{봉쇄}시켰습니다. 지금까지 전해지는 이 글자를 '封山印_{봉산인}'이라 합니다.

중국은 호수가 특별히 많습니다. 그중 절반이 넘는(약 55%) 호수가 염분이 많은 鹹水湖이며, 그중에 가장 큰 것은 靑海省의 靑海湖입니다. 이러한 짠 호수가 생긴 유래에 대해서는 말이 분분하지만, 본래 바다에서 융기되어 지금도 많은 육지 소금을 생산하는 靑海의 고원지대에 짠 물이 많은 것이 이상한 일이 아닐 것 같습니다.

'曠遠'은 광활하다는 뜻이고, '緜(綿의 本字)邈'은 아득하다는 의미입니다.
즉 넓은 대지를 뜻하였습니다. '巖岫'는 巖穴의 의미도 있지만, 여기에서는
고산준령을 말하고, '杳冥'은 이러한 고산준령의 높고 깊음을 형용하였습니
다. 즉 위에서 말한 들판이나 호수는 모두 끝이 없이 광활하며, 고산준령은
겹겹이 이어진 산세가 깊고 높아 아득하다는 의미로 九州를 개괄한 것입니다.

'九州禹跡'에서부터 다시 정리를 해봅니다.

中國의 국토는 禹王 때에 九州로 나뉘고 다시 秦나라 때 郡縣制로 징비되
었습니다. 九州 百郡의 광활한 영토는 오랜 역사와 더불어 웅장한 유적들을
남겼습니다. 泰山과 云亭山은 인간이 天子를 통하여 天地와 소통하던 곳이
었으며, 고산준령의 雁門關은 累千年_{누천년}의 전쟁터가 되었습니다. 城으로 말
하면 萬里長城과 赤城이 있고, 驛站으로는 서북쪽 까마득한 곳 鷄田까지 설
치되어 있었습니다. 남쪽의 昆明池에서부터 북쪽의 碣石山에 이르기까지, 중
간에는 거대한 들판 鉅野가 있고 또 넓고 넓은 洞庭湖가 있습니다. 이들 모
두는 廣大無邊_{광대무변}의 아득한 평원과 깊고 아스라한 고산준령의 자연경관으
로 이루어져 있습니다.

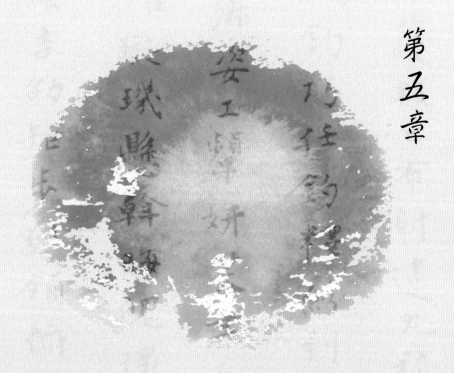

第五章

82 治本於農_农 務_务茲稼穡_穑

治(水);	다스릴치
本(木);	밑본
於(方);	어조사어
農(辰);	농사농
務(力);	힘쓸무
茲(玄);	검을자
稼(禾);	심을가
穡(禾);	거둘색

農事에 治國의 근본을 두니
심고 거두는 일에 힘쓴다.

앞에서는 광활한 中國의 영토를 말하였습니다. 禹王이 九州를 정한 후로 秦漢에 이르러 100여 郡을 두었고, 그 안에는 泰山과 같은 靈山_{영산}이 있는가 하면 만리장성에 험준한 요새가 있으며, 끝없는 들판과 호수가 있습니다. 광대무변의 국토를 가진 중국은 이러한 땅을 농경으로 가장 크게 활용하는 農本國家_{농본국가}였습니다. 여기에서는 바로 농업을 말하였습니다.

'治本'은 근본을 다스리는 것인데 여기에서는 생계의 근본을 말한 것입니다. 농경사회에서 이는 당연히 농사일이 될 것입니다. '農'은 '땅을 일구어 곡식을 심는 것'을 말합니다. '茲'는 '此'의 뜻으로 지시대명사로 쓰였습니다. 즉 '이러한 稼穡'이라는 의미입니다. '稼'는 五穀_{오곡}을 심는 것을 말하고 '穡'은 오곡을 거두는 것을 말합니다. ≪尙書·無逸_{무일}≫에 稼穡의 어려움과 勸農_{권농}을 의미하는 말이 있습니다.

> 그들의 부모는 부지런히 농사에 힘쓰지만 그 자녀들은 농사의 어려움을 모른다(厥父母勤勞稼穡, 厥子乃不知稼穡之艱難).

≪尙書≫의 <無逸> 편은 周公이 成王에게 王位를 물려주면서 成王이 安逸에 빠지는 것을 경계하라는 의미에서 지어주었다고 전합니다. 즉 "無逸"은

"안일에 빠지지 말라"는 의미입니다. 그는 백성들이 때에 맞추어 곡식을 심고 거두는 농사일의 어려움을 알아야 함을 강조하였습니다. 이것을 모르면 백성들의 힘든 상황을 모르게 되고, 그러면 스스로가 편하고 즐거움에만 탐닉하게 되니 곧 나라가 위태로워진다는 것입니다.

그는 당시 젊은이들이 부모의 농사짓는 어려움은 모르면서, 오히려 부모들이 무식하여 인생의 즐거움을 모른다는 듯 부모를 경시하며 향락을 찾는 풍조를 경계한 것입니다. 즉 왕이 백성의 어려움을 모르면 이러한 젊은이들처럼 된다는 것을 가르친 것입니다.

농사는 나라 살림의 근본이며, 백성은 나라의 뿌리입니다. 즉 농사와 백성은 국가의 근본이며, 왕의 힘은 이러한 근본으로부터 나온다는 것을 이해시키고자 한 것으로 보입니다. 農政_{농정}이 잘못되어 백성이 굶주린다면 나라가 위태로워지고 백성들은 이웃나라로 빠져나갈 것입니다.

83 俶載_載南畝_畝 我藝_艺黍稷

 84 稅熟貢_贡新 勸_劝賞_赏黜陟

俶(人);	비로소숙, 뛰어날척
載(車);	실을재
南(十);	남녘남
畝(田);	이랑묘(무)
我(戈);	나아
藝(艸);	재주예
黍(黍);	기장서
稷(禾);	기장직, 기울측
稅(禾);	거둘세
熟(火);	익을숙
貢(貝);	바칠공
新(斤);	새신
勸(力);	권할권
賞(貝);	칭찬할상
黜(黑);	물리칠출
陟(阜);	오를척

남녘의 땅에 농사를 시작하니
나는 기장과 조를 심는다
곡식이 익어 新穀_{신곡}으로 稅貢을 하니
賞罰_{상벌}로 격려를 하네

    '俶'은 시작한다는 뜻이고 '載'는 '事'와 같은 의미 즉 '일을 한다'는 뜻으로 쓰였습니다. 남녘의 들에서 農事를 시작한다는 뜻입니다. '黍稷'은 쌀, 보리, 콩과 함께 五穀_{오곡}에 속합니다. ≪詩經≫에서 黍와 稷은 흔히 함께 쓰였습니다. 따라서 당시에 黍와 稷은 대표적인 穀物이었던 것으로 보입니다.

    지금 우리는 이 둘을 똑같이 '기장'으로 訓_훈하여 '기장서' '기장직'이라 하는데 이 둘은 분명 서로 다른 것으로 보입니다. 대체로 '稷'은 粟_속으로 보아 '조'라 하며, 이를 찧어내면 좁쌀이 됩니다. 우리나라는 쌀이라 하면 남쪽은 볍쌀을 말하지만 북쪽은 좁쌀을 말하였다고도 합니다. 남쪽은 평야가 많아 벼의 재배가 많지만 북쪽은 밭이 많아 조의 재배가 많았기 때문입니다. 中國에서도 북방에는 쌀이 없었으며 북방의 쌀은 남방으로부터 유입된 것이라 합니다. 때문에 북방의 오곡은 쌀 대신에 수수(粱)가 들어가 있었습니다.

우리나라에서도 쌀이 일반적으로 볍쌀을 의미하게 된 것은 볍쌀의 생산이 좁쌀의 생산보다 많아지기 시작한 조선시대부터라고 합니다. 上古時代에 稷은 百穀의 으뜸으로 여겼고, 그래서 稷을 穀神으로 삼아 토지의 神(社)과 함께 '社稷'이라 한 것이라 합니다. 옛날에는 좁쌀이 가장 중요한 곡물이었던 것입니다.

'黍'는 일반적으로 기장을 가리킵니다. '畝'는 여기에서 논이나 밭의 이랑이란 뜻으로 쓰였습니다. 이는 본시 면적을 나타내는 단위로 쓰였는데, 가령 ≪孟子・梁惠王上양혜왕상≫에 "五畝의 택지에 뽕나무를 심으면 오십대의 사람이 비단옷을 입을 수 있다(五畝之宅, 樹之以桑, 五十者可以衣帛矣)."라 했습니다.

'藝'는 '심는다(種植)'는 뜻입니다. ≪孟子・滕文公上등문공상≫에서 "后稷이 백성들에게 심고 거두는 것을 가르쳐 五穀을 재배하도록 하였다.(后稷敎民嫁穡, 樹藝五穀)"라 했습니다. '后稷'은 堯 임금 때의 農官이었고 후에는 농업을 관장하는 官職名관직명으로 쓰였습니다.

이 두 구는 ≪詩經≫에서 그대로 인용한 것입니다. 즉 <小雅・大田> 편의 "내 잘 깎은 쟁기로 남녘의 땅에 농사를 시작하네(以我覃耜 俶載南畝)."와 그리고 <小雅・楚茨> 편의 "옛적에 왜 그리 했는가? 내 黍稷을 심으려 함이었네(自昔何爲? 我蓺黍稷)."를 직접 인용하였습니다.

농사는 나라와 개인 모두에 있어서 살림의 근본입니다. 이제 그 일을 햇볕이 잘 드는 남녘의 논밭으로부터 시작한다는 뜻입니다. 즉 올해의 농사를 시작하는 것입니다.

'稅'는 본시 나라에서 토지 사용료를 現物로 거두는 것을 의미하였습니다. 이에 비해 '貢'은 貢物이나 朝貢조공처럼 지방관서에서 군주에게 보내는 것을 뜻합니다. 곡식이 익으면(熟) 백성은 官府에 세금을 내게 되고, 관부는 新穀으로 나라에 공물을 바치는 것입니다.

'勸賞'은 勸勉하거나 상을 주는 것을 뜻합니다. 즉 수확에 따라 농사에 힘쓰도록 권면하거나 상을 내린다는 의미입니다. '黜陟'은 세금을 관리하는 관리들에 대한 것으로, '黜'은 내치거나 벌을 주는 것이며, '陟'은 올려주는 것을 말합니다. 즉 농사는 국가 재정의 근본이기 때문에 세금의 징수와 관리를 잘하는 관리는 관작을 올려주고, 그렇지 못하면 벌을 주는 방법으로 농사를 장려한다는 의미입니다.

85 孟軻_軻敦素 史魚_魚秉直_直

86 庶幾_几中庸 勞_劳謙_谦謹_谨勅_敕

孟子는 소박함을 숭상하고
史魚는 강직함을 견지하였네
거의 中庸이라 하겠으나
힘써 겸허하고 삼가야 한다

孟(子);	우두머리맹
軻(車);	높을가
敦(攴);	두터울돈
素(糸);	흴소
史(口);	史官사
魚(魚);	고기어
秉(禾);	잡을병
直(目);	곧을직
庶(广);	많을서
幾(幺);	거의기
中(丨);	가운데중
庸(广);	쓸용
勞(力);	수고할로
謙(言);	겸손할겸
謹(言);	삼갈근
勅(力);	삼갈칙

'軻'는 孟子(西紀前約 372~서기전 289)의 이름입니다. 子思의 門徒_{문도}에게서 공부를 했으며, 齊_제나라와 梁_양나라 사이를 오가며 游說_{유세}를 펼쳤지만 등용되지 못하였습니다. 그래서 물러나 그의 門徒들인 公孫丑_{공손축}, 萬章_{만장} 등과 함께 그들의 주장을 저술하며 孔子의 학설을 계승하였습니다. 그는 人性은 본시 善하다 하면서 '仁政'을 펼쳐야 함을 力說하였고, 아울러 백성이 君王보다 귀함(民爲貴, 君爲輕)을 일깨우려 노력하였습니다.

'敦'은 崇尙 한다는 뜻이며, '素'는 아직 물들이지 않은 生絲를 말합니다. 즉 소박함을 숭상하였다는 의미입니다. 앞에서 나온 '墨悲絲染'과 같은 맥락에서 이해할 수 있습니다.

史魚는 孔子와 같은 시대의 사람으로 추정되는 衛_위나라의 大夫였습니다. 그는 일이 있으면 언제나 눈치를 보지 않고 直諫_{직간}을 하는 충신이었습니다.

靈公영공 때 왕은 능력이 있는 蘧伯玉거백옥을 임용하지 않고 덕망도 없는 彌子瑕미자하를 중용하였습니다. 史魚는 여러 차례 諫言을 하였으나 靈公은 받아들이지 않았습니다. 史魚는 이 일로 병을 얻어 죽게 되었고 임종에 이르러 자식에게 유언을 하였는데, 즉 자신은 생전에 직무에 충실하지 못하여 왕을 바로 모시지 못하였으매, 죽어서 시체가 되어서라도 왕께 간언을 해야겠으니 시체를 관에 넣지 말고 창 아래에 놓아두라고 하였습니다. 자식이 이에 따랐는데 왕이 조문을 와서 보고 이상하여 喪主상주에게 물으니 상주가 사실대로 아뢰었습니다. 왕이 크게 뉘우치고 돌아가서 史魚의 말대로 蘧伯玉을 등용하고 彌子瑕를 멀리하였다고 합니다.

孔子는 그의 강직함을 칭송하였습니다. "곧도다 史魚여! 나라에 道가 있어도 화살 같고 나라에 道가 없어도 화살과 같구나!(直哉史魚! 邦有道, 如矢. 邦無道, 如矢.)" ≪論語·衛靈公≫ 제대로 되어가는 나라에서의 忠諫은 賞을 받을 수도 있지만, 그렇지 못한 나라에서의 충간은 보람도 없이 위험해집니다. 그러나 史魚는 이러한 것에 구애받지 않고 언제나 언행을 구부러지지 않게 화살처럼 곧게 했다는 의미입니다. '秉直'에서 '秉'은 '견지하였다'는 뜻이며, '直'은 '강직'을 나타냅니다. 즉 강직함을 견지하였다는 의미입니다.

'庶幾'는 '거의'라는 뜻이다. 즉 거의 中庸에 가깝다는 뜻입니다. 孟子의 '敦素'와 史魚의 '秉直'이라면 거의 중용에 가깝다는 뜻이 될 것입니다. 여기에서 거의(庶幾)라고 한 것은 뒤의 '勞謙謹勅'을 더 강조하고자 함입니다.

≪中庸≫은 孔子의 孫子인 子思가 孔子의 가르침 중에서 中庸의 뜻을 특별히 설명한 것입니다. 본래는 ≪禮記≫의 한 편이었으나 그 내용의 중요함을 인식한 朱子가 이를 따로 떼어내 註釋주석을 하면서 四書의 하나로 규정하였습니다.

'中'이란 어느 한쪽에도 치우치지 않는 것을 의미하며, '庸'이란 바뀌지 않는 것을 의미합니다. 孟子의 '敦素'는 치우침이 없는 '中'에 가깝다 할 것이고, 史魚의 '秉直'은 바뀌지 않는 곧은 '庸'과도 같다 할 것입니다.

그러나 여기에 더 보태야 할 것이 있습니다. 즉 '勞謙'은 謙虛_{겸허}하고자 하는 勞苦_{노고}를 말합니다. 다른 사람을 존중하고 나를 낮추는 것은 마음만으로 되지 않습니다. 나의 처지가 불만스럽다거나 다른 사람에게 짜증이 나는 것은 은연중 나는 이러한 대우를 받아서는 안 된다는 교만에서 비롯되는 경우가 많은데, 刻苦의 노력이 없이는 이러한 교만에서 벗어나 겸허해지기가 어렵다는 의미일 것입니다.

'謹勅'에서 '謹'은 신중히 한다는 뜻이며 '勅'은 조심한다는 의미로 쓰였습니다. 즉 언행에 있어서 함부로 하지 않고 언제나 신중히 해야 함을 일깨우고 있습니다. 이렇게 하면 가히 '中庸'에 다다를 수 있다는 것을 의미하였습니다.

87 聆音察理 鑑鉴貌辨色

88 貽贻厥嘉猷猷 勉其祗植植

남의 말 속에서 이치를 살피고
용모와 氣色으로 사람을 읽는다
후손에게 좋은 교훈이 되었으니
공경으로 立身에 힘쓸지라

聆(耳);	들을령
音(音);	소리음
察(宀);	살필찰
理(玉);	다스릴리
鑑(金);	거울감
貌(豸);	모양모
辨(辛);	나눌변
色(色);	빛색
貽(貝);	줄이
厥(厂);	그궐
嘉(口);	아름다울가
猷(犬);	꾀유
勉(力);	힘쓸면
其(八);	그기
祗(示);	공경할지
植(木);	심을식

‘聆音’은 사람의 말을 알아듣는다는 뜻입니다. ‘聆’은 ‘듣는다’는 의미에서 ‘聽’과 같지만, 다만 ‘聆’에는 말의 속뜻을 알아차린다는 의미가 포함됩니다. ‘察理’는 이치를 살피는 것입니다. 사람은 말을 통해 뜻을 전달하지만 眞意진의는 대체로 말 속에 감추어져 드러나지 않습니다. 간단한 일상 언어조차도 반대로 말하는 경우도 허다합니다. 다른 사람의 말을 듣고 그 말 속의 옳고 그름을 가릴 수 있다면 지혜롭다 할 것입니다.

‘鑑’은 본시 구리거울을 뜻하였습니다. 여기에서는 ‘鑑別’한다는 의미로 쓰였는데 ‘辨’도 같은 뜻입니다. ‘貌’는 容貌용모 또는 外貌를 말합니다. ‘色’은 顏色안색에 나타나는 속마음을 말합니다. 용모를 보면 그 사람의 대체적인 틀을 알 수 있고, 안색을 보면 그 사람의 내면을 살필 수 있다는 의미입니다. 우리는 예로부터 사람의 외모와 기색을 살펴 사람을 읽는 相學을 응용하였습니다.

가령 사람의 骨格골격은 재물이나 지위를 나타내며 氣色기색은 길흉을 드러내다 합니다. 머리, 얼굴, 손, 발, 그리고 몸과 骨節골절 등이 서로 균형을 이루고 있어야 좋습니다. 목소리는 온화하면서 음률에 맞아야 하고, 얼굴은 넓고 반듯하여 윤택이 있어야 좋다고 합니다(王符왕부 著, ≪潛夫論잠부론 · 相列상렬≫ 참고). 사람의 용모와 안색을 살펴 그 사람의 진면목을 감별해내는 것도 참으로 어려운 일입니다. 고대의 관직에 있는 사람이라면 이러한 察言觀色찰언관색에 나름대로의 일가견이 있었을 것입니다.

曾國藩증국번(1811~1872)은 중국의 현대사에 가장 영향력을 발휘한 인물로 꼽힙니다. 그는 太平天國태평천국의 난을 평정하여 淸王朝청왕조를 지켰습니다. 이 일로 그는 청나라에서 文人으로서 武人諸侯무인제후에 봉해진 첫 번째의 사람이 되었습니다. 그런 그는 察言觀色으로도 유명하였습니다. 그는 軍營군영에서 부하들의 특징과 인상을 일기에 적어두었습니다. 가령 소박하고 성실하다던가, 또는 눈이 둥글고 자주 움직이니 믿을 수 없다던가, 혹은 말하는 것이 역겹다 등이었습니다. 우리나라는 삼성그룹의 이병철 회장이 사원면접에 관상 보는 사람을 대동하였다는 일화가 있습니다.

언어와 용모는 조화 속에 자연스러워야 합니다. 억지로 키를 키우는 것은 몸의 불균형을 초래할 뿐입니다. 눈자위가 붉거나 푸른 것은 몸에 病병이 들었음을 나타냅니다. 특히 푸른 것은 심각한 病症병증일 수도 있습니다. 우리가 화장으로 눈언저리에 색칠을 하는 것은 자신의 얼굴을 病色으로 분장하는 것이나 같다고 하겠습니다.

'貽厥'과 '嘉猷' 두 어휘는 ≪書經≫에서 인용하였습니다. '貽厥'은 <五子之歌> 편에 있습니다.

밝고 밝은 나의 조상은 萬邦의 天子이셨으니, 經典과 法則을 그 후손들에게 남기셨네(明明我祖, 萬邦之君, 有典有則, 貽厥子孫).

즉 '貽厥'은 후손에게 무엇인가를 물려준다는 의미를 담고 있습니다. '嘉猷'는 <君陳군진> 편에 보입니다.

> 너에게 좋은 계책과 좋은 方道가 있으면 너의 君王에게 말하라(爾有嘉謀嘉猷, 則入告爾后于內).

여기에서 '嘉猷'는 좋은 방도나 道理를 말합니다. 즉 앞에서 말한 孟子의 至純지순함과 史魚의 강직함으로 中庸에 다다르고, 그 위에 다시 겸허하고 사람의 언행에서 이치를 살펴 안다면 나에게 허물이 없게 될 것이라는 뜻입니다. '貽厥嘉猷'는 이 모두가 先賢이 물려준 훌륭한 교훈이라는 뜻입니다.

'祗'는 '恭敬'의 뜻이며, '植'은 '樹立'과 같습니다. 즉 위의 교훈을 공경하는 마음으로 받들어 스스로 立身에 힘써야(勉) 한다는 뜻으로 볼 수 있습니다.

89 省躬譏讥誡诫 寵宠增抗極极

 90 殆辱近恥耻 林皋皋幸卽即

비방에는 자신을 돌아보고
총애를 받아 벼슬이 오르면
이미 恥辱이 가까웠니
山川을 찾음이 좋을지라

‘省躬’은 자신을 돌아보는 것입니다. ‘躬’은 ≪論語·堯曰요왈≫에서는 임금 자신을 의미하는 말로 쓰였습니다.

朕의 몸에 죄가 있으면 이는 백성들과는 무관한 일이지만, 백성들에게 죄가 있다면 이는 朕의 몸에 죄가 있는 것입니다(朕躬有罪, 無以萬邦. 萬邦有罪, 罪在朕躬).

이는 夏나라의 暴君폭군 桀王걸왕을 滅멸하고 商나라를 세운 湯王탕왕이 하늘에 告고한 말입니다. 桀王의 暴政으로부터 백성을 구한 탕왕은 스스로 君王의 무한 책임을 짊어지고자 하였습니다. 자신의 죄는 물론이지만 백성이나 관리의 죄까지 스스로가 감당하겠다는 의지는 군왕의 책임은 끝이 없다는 것을 보여줍니다. ‘省躬’은 이와 같이 자신을 철저하게 돌아본다는 뜻이 담겨 있습니다.

'譏'는 사람들이 諷刺풍자나 嘲笑조소하는 것이며, '誡'는 비판이나 勸誡권계와 같은 것을 말합니다. 즉 사람들의 조소나 권계에 스스로 반성을 한다는 의미입니다.

'寵'은 군왕의 총애 즉 벼슬을 말하며, '抗極'은 벼슬이 가장 높이 오르는 것을 뜻합니다. 즉 군왕의 발탁을 받아 최고의 벼슬에까지 오르는 것을 말합니다. 벼슬이 오르면 자연 사람들의 誹謗비방도 많아지며 배척을 받게 됩니다. 때문에 높은 관직에 오르면 사람들의 비방도 겸허하게 들으며 자신을 낮추어 돌아볼 줄 알아야 한다는 의미입니다.

榮辱영욕은 동전의 兩面처럼 언제나 함께 합니다. 벼슬길이 올라갈수록 '恥辱'도 더 가까이 따라옵니다. 여기에서의 '殆'는 '危殆위태'의 뜻이 아니고 시간적으로 가깝다는 '近'의 뜻으로 쓰였습니다. 즉 '殆辱近恥'는 榮華영화가 끝에 이르렀으니 이제는 '恥辱'이 가까이 왔음을 경고하는 의미입니다.

≪老子노자≫에 "知足不辱지족불욕, 知止不殆지지불태, 可以長久." 즉 "만족을 알면 욕됨이 없고 그칠 줄을 알면 위태함이 없다"라 했습니다. 이로부터 '恥辱치욕'과 '知足지족'이라는 어휘가 생겼습니다.

'林皐'는 숲과 물가를 말한다. '幸'은 '多幸'이며, '卽'은 가까이 간다는 의미입니다. 즉 때가 되었음을 알면 곧 山川을 찾아가는 것이 좋은 일이라는 것입니다.

여기에서는 '幸卽林皐'로 써야 할 것이나 韻字를 맞추기 위해 바꾸어 썼습니다.

91 兩_两疏見_见機_机 解組_组誰_谁逼

兩(入); 두량
疏(疋); 트일소
見(見); 볼견, 나타낼현
機(木); 틀기
解(角); 풀해
組(糸); 끈조
誰(言); 누구수
逼(辵); 닥칠핍

疏廣_{소광} 疏受_{소수}는 때를 보아
辭職_{사직}을 하니 누가 시켰던가

'兩疏'는 漢나라의 두 疏氏 즉 疏廣과 그의 조카 疏受를 말합니다. 宣帝_{선제} 때 疏廣은 太子太傅_{태자태부}, 그리고 疏受는 太子少傅의 벼슬을 받아 太子의 교육을 담당하였습니다. 太子가 ≪論語≫와 ≪孝經≫에 통하게 되자 疏廣은 疏受에게 말했습니다.

내가 듣기로는 '만족함을 알면 욕되지 않고, 멈출 줄을 알면 위태하지 않다. 功을 이루면 물러나는 것이 天道'라 하였다(吾聞知足不辱, 知止不殆. 功遂身退, 天之 道也).

이렇게 叔姪_{숙질} 두 사람은 벼슬살이 5년 만에 스스로 높은 관직을 물러나 고향으로 돌아왔습니다. 황제는 황금 20근을 그리고 태자는 50근을 하사하였 습니다. 둘은 고향의 어려운 사람들에게 황금을 나누어주고 잔치를 열어 마을 의 많은 사람들을 대접하면서 살았습니다. 한 해가 지날 무렵 재물이 탕진되 는 것을 보고 있던 자녀들이 친지를 통해 아쉬움을 토로하였습니다. 즉 후일 을 위해 田畓_{전답}이나 집이라도 사두어야 하지 않겠느냐는 뜻이었습니다. 疏廣 이 말하였습니다.

현명한 사람이 재물이 많으면 그 뜻이 훼손되고, 어리석은 사람이 재물이 많으면 허물이 더 늘게 된다. 더욱이 무릇 富者란 世人의 원망을 살 뿐이라(賢而多財, 則損其志. 愚而多財, 則益其過. 且夫富者, 衆人之怨也).

兩疏가 작고한 후 황금을 나누어 주던 곳을 '散金臺산금대'라 하였습니다. 그 유적지는 지금의 山東省 棗莊市조장시에 있는데, 墓묘는 文化革命문화혁명 때 훼손되어 山風水月만이 그대로일 뿐이라 전합니다.

'見機'는 '機微기미나 情勢정세를 살펴 기회를 본다'는 뜻입니다. 즉 疏廣은 자신의 벼슬살이가 이미 충분하였다고 보고 물러날 때를 살폈다는 의미입니다.

'組'는 흔히 印인끈이라 하는데 관직을 나타내는 標章표장을 묶는 끈을 말합니다. '解組'는 곧 관직을 내 놓는다는 의미입니다. '誰逼'은 '누가 강요했는가?'의 뜻으로 쓰였습니다. 즉 두 疏氏가 만족함을 알고 스스로 관직에서 물러난 것이 누가 시켜서 한 일이 아니지 않는가 하는 것입니다.

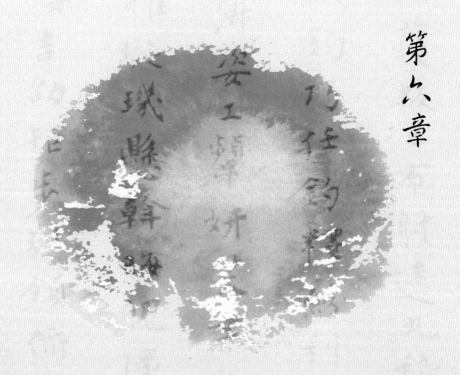

第六章

92 索居閒閑處处 沈默寂寥

한적한 곳에 홀로 지내니
사람 소리나 人跡이 없소

索(糸); 홀로삭, 찾을색
居(尸); 살거
閒(門); 한가할한
處(虍); 곳처
沈(水); 빠질침. 즙심
默(黑); 잠잠할묵
寂(宀); 고요할적
寥(宀); 쓸쓸할료

'索居삭거'는 홀로 쓸쓸히 지내는 것(獨居)을 말합니다. 즉 '索'에는 孤獨고독하다는 뜻(홀로삭)이 있습니다.

孔子의 제자인 子夏가 晩年만년에 아들을 잃었고 그의 슬픔은 失明에까지 이르렀습니다. 이로부터 그는 '同門들을 떠나 索居(離群而索居)'하였다는 고백을 하였습니다.

'閒處'는 한가로운 곳이니 일이 없는 곳을 의미합니다. 홀로 깊은 산에 居하니 사람과의 내왕이 없어 번다한 일이 없다는 뜻입니다. 스스로 할 일이 없음을 의미하는 것은 아닙니다. 산속에서 살자면 우선 식량을 자급자족해야 할 것이기 때문에 일이 없을 수 없습니다.

'沈默'은 소리를 내지 않는 것이니, 즉 사람들과 是是非非를 가리지 않는다는 의미입니다. 세속을 떠나 있으니 굳이 침묵하려 하지 않아도 침묵할 수밖에 없는 상황입니다.

'寂寥'는 寂寞적막하다는 뜻인데, 여기에서는 四圍사위가 조용하다는 뜻보다는 내 마음이 텅 비어 있음을 의미한 것입니다. 사람들과의 이해관계로부터 벗어나니 아무런 잡념이 없다는 뜻입니다.

'淸福청복'이라는 말이 있습니다. 말 그대로 맑은 행복입니다. 소유나 성취로부터 얻어지는 복이 아니고 내 마음을 비워 얻어지는 복을 말합니다. 나의 我

執_{아집}이나 욕심을 털어내고 텅 빈 마음으로 잡념 없이 편안하게 살아가는 것입니다. 이러한 閑居는 꼭 멀리 떠나야 되는 것은 아닙니다.

陶淵明_{도연명}의 五言詩 중에 '飮酒_{음주}'詩가 있습니다.

結廬在人境_{결려재인경}, 而無車馬喧_{이무거마훤}.
問君何能爾_{문군하능이}, 心遠地自偏_{심원지자편}.
采菊東籬下_{채국동리하}, 悠然見南山_{유연견남산}.
山氣日夕佳_{산기일석가}, 飛鳥相與還_{비조상여환}.
此中有眞意_{차중유진의}, 欲辨已忘言_{욕변이망언}.
속세에 집을 지었으나 수레의 소리 들리지 않네.
어찌 그러한가 물으니 마음이 머니 땅도 외지다 하네.
동녘 울타리 국화를 따며 멀리 남산을 바라보는데.
산기운 노을 따라 아름답고 새는 쌍쌍이 돌아오네.
이 속에 참뜻이 있어 설명하려니 이미 말을 잊네.

사람들이 복닥거리는 마을에 이엉을 엮어 살아도 스스로의 마음을 비우면 사람들의 내왕소리가 거슬리지 않습니다. 즉 집은 마을 한복판에 있어도 마치 외진 곳에 살고 있는 것처럼 사람들의 소음에 휘둘리지 않는다는 뜻입니다. 양지바른 동녘 울타리 아래 국화를 따면서 문득 남산을 바라봅니다. 마음은 비웠지만 생동하는 삶의 浩然之氣(호연지기)는 살아 있습니다. 하루의 일과를 접고 둥지로 날아오는 쌍쌍의 새들은 발랄한 생명의 힘을 전해줍니다. 삶이 무엇이겠는가? 바로 여기에 있거늘. 말하고 싶은 충동은 일어나지만 표현이 되지 않습니다.

93 求古尋論论 散慮虑逍遙

94 欣奏累遣 感謝谢歡欢招

옛사람의 지혜를 찾아내어
잡념을 버리고 소요하니라
즐거움을 찾고 걱정을 버리며
근심을 털어내 歡喜를 부르네

求(水); 구할구
古(口); 옛고
尋(寸); 찾을심
論(言); 말할론
散(攴); 흩어질산
慮(心); 생각할려
逍(辵); 거닐소
遙(辵); 멀요
欣(欠); 기뻐할흔
奏(大); 아뢸주
累(糸); 포갤루
遣(辵); 보낼견
慼(心); 근심척
謝(言); 끊을사
歡(欠); 기뻐할환
招(手); 부를초

'求古'는 옛사람의 옛일을 探求탐구한다는 뜻입니다. 그중에서 지혜로운 이치를 찾는 것이 '尋論'이라 할 수 있습니다. '尋'은 '求'와 같은 뜻입니다.

우리는 문자를 발명한 이래 역사를 기록하여 왔습니다. 이러한 기록은 후세의 사람들에게 지혜의 寶庫보고가 되었습니다. 司馬遷사마천(西紀前 145～?)은 중국의 독보적인 역사가입니다. 그의 부친 司馬談사마담은 죽음에 임박해서 아들 遷의 손을 잡고 눈물을 흘렸습니다. 즉 孔子가 ≪詩≫·≪書≫를 정리하고 ≪春秋≫를 기록한 이래 이미 400여 년이 지난 지금까지 역사의 기록이 없었음을 한탄한 것입니다. 사마천은 머리를 숙이고 역시 눈물을 흘리면서 자신이 비록 不敏불민하지만 선인들의 史料사료를 모두 정리 기록하여 누락이 없도록 하겠다고 부친을 위로하였습니다. 그는 곧 부친의 유훈을 받들어 ≪史記≫의 저술을 준비하였습니다.

그러나 그의 이 작업은 참으로 힘든 것이었습니다. 부친의 서거 3년 후 사마천은 太史令(司馬遷의 時期에 史書와 天文曆法을 관장하던 벼슬)이 되었고, 국가의 모든 기록과 문서를 열람할 수 있는 위치에 이르러 이제 본격적으로 부친의 유업을 실현할 수 있게 되었습니다. 그러나 이 관직에 오른 지 약 10년 남짓 되어 그는 실로 어처구니없는 禍根화근을 만들었습니다.

전쟁에 패한 어느 장군을 두둔하다가 황제의 노여움을 사서 宮刑궁형을 받게 된 것입니다. 만약 충분한 재물이 있었다면 형벌을 모면할 수도 있었지만 그의 집안에는 그러한 재물도 없었습니다.

그의 나이 약 48세에 이러한 치욕적인 형벌을 받고 부끄러움에 몸을 떨어야 했습니다. 同鄕동향한테는 조소를 면치 못할 일이고, 조상한테 汚辱오욕을 입혔으며, 아울러 부모의 산소도 찾아 볼 면목이 없게 되었으니, 하루에도 九曲肝腸구곡간장이요, 집에 있어도 무언가 없어진 듯 하고, 나가도 어딜 가야 할지 모르며, 이러한 치욕을 생각할 때마다 등이 땀에 젖지 않는 일이 없었다 했습니다. 그는 10가지의 치욕을 나열하면서 그중에서 腐刑부형이 가장 심한 것이라 했습니다.

그가 이러한 형벌에도 죽음을 택할 수 없었던 유일한 이유는 바로 후세에 전하고자 하는 '文彩문채'(≪史記≫를 의미함)를 아직 완성하지 못했기 때문이었습니다. 史官의 집안에서 태어나 역사를 기록해야 하는 사명을 부친의 유업으로 계승한 그는 어떠한 형벌이나 수모에도 죽음을 택할 수 없었습니다. 그 형벌은 오히려 그의 역사에 대한 사명감을 더욱 강하게 했습니다. 그로부터 5년 후 53세에 그는 불후의 대작 ≪史記≫의 초고를 완성했습니다. ≪史記≫는 史書의 규범을 보였으니 후대의 사서는 대부분 이의 형식을 따랐습니다. 지금까지 얼마나 많은 사람들이 이를 통해 지혜를 깨우쳤는가를 생각하면 옛일의 기록을 찾아야 하는 이유를 알 수 있습니다.

'散慮'는 번다한 생각이나 잡념을 버린다는 뜻입니다. '逍遙'는 뜻을 얻은 한가로움이라 하겠습니다. 옛사람들의 지혜를 배우면 私心이나 욕심이 줄어

들고 따라서 잡념이 사라집니다. 그러면 心身이 한가롭게 소요할 수 있다는 의미입니다. ≪莊子≫의 逍遙遊소요유는 六合의 밖에서 소요하며 太虛태허에서 노니는 것을 표현하고 있습니다. 上·下·左·右·前·後를 六合이라 하고 우주의 밖 절대공간을 태허라 합니다. ≪莊子≫의 逍遙遊는 상대적인 구속을 벗어난 절대적인 자유자재의 경지를 의미한다고 볼 수 있습니다. 훌륭한 지혜는 사람을 자유롭게 합니다.

'欣'은 즐거움이며 '奏'는 '進'과 같은 뜻으로 쓰였는데 즐거운 일에 나아감을 말합니다. 즉 자신이 좋아하는 일을 한다는 뜻입니다. '累'는 마음에 걸리는 것이고 '遣'은 이를 털어버리는 것입니다. 즐거운 일을 하니 걱정거리가 자연 없어진다는 의미가 됩니다.

'慼'은 근심이나 걱정을 뜻하고, '謝'는 이를 떨쳐버리는 것을 의미합니다. '歡招'는 '欣奏'와 거의 같은 뜻으로 즐거움을 불러온다는 의미입니다. 즉 근심을 버리면 즐거움이 찾아옴을 말하였습니다.

'一切唯心造일체유심조'라는 말이 있습니다. 천상천하 모든 것이 내 마음 속에 있다는 뜻입니다. 잡념이나 근심 따위는 내 마음 속의 지극히 작은 먼지에 불과합니다. '月印千江', 달이 천개의 강물에 비치니 천개의 달이겠지만 사실은 하나입니다. 喜怒哀樂희로애락을 불러오는 것은 결국 내 마음 하나입니다. 현세의 번다한 일들을 멀리하면서 잡념들을 떨쳐내고 대신 즐거움을 부르는 것은 단지 내 마음의 조화라는 것이 옛 성현들의 말씀입니다.

95 渠荷的歷历 園园莽抽條条

 96 枇杷晚翠 梧桐蚤凋

渠(水); 도랑거
荷(艸); 연하
的(白); 과녁적
歷(止); 지낼력
園(口); 동산원
莽(艸); 풀망
抽(手); 뺄추
條(木); 가지조
枇(木); 비파나무비
杷(木); 밭고무래파
晚(日); 늦을만
翠(羽); 물총새취
梧(木); 벽오동나무오
桐(木); 오동나무동
蚤(虫); 일찍조
凋(冫); 시들조

연못의 연꽃이 燦然찬연하고
정원의 숲이 우거지거니
비파는 늦게야 푸르른데
오동은 일찍도 잎이 지누나

　여기서부터는 '索居閑處'하면서 계절 따라 보게 되는 山川(林皐)의 景致경치를 나타냈습니다.

　'渠'는 江이나 水路수로를 의미하는데 여기에서는 연못을 뜻하였습니다. '荷'는 연꽃으로 荷花 또는 蓮花연화라고 합니다. 여름 아침이면 진흙속의 더러운 물에서 화려한 꽃송이를 피우는데 더없이 맑고 청초한 꽃잎에 이슬이 방울집니다. 때문에 연꽃을 꽃 중의 君子로 비유하기도 합니다. 특히 佛家에서는 연꽃이 아예 불교의 상징으로도 보입니다. 釋迦牟尼佛석가모니불은 蓮花座연화좌에 앉아 있고 阿彌陀佛아미타불이나 觀世音菩薩관세음보살도 연꽃 위에 앉아 있습니다. 어떤 보살은 연꽃을 쥐고 있고 어떤 보살은 연꽃 위에 서 있습니다. 모두가 더러움 속에서도 깨끗한 꽃을 피우는 德을 따르고자 하는 의미로 보입니다. '的歷'은 선명하고 고운 빛입니다. 더러움 속에서 피는 연꽃은 더욱 찬연합니다.

'園'은 園林 즉 庭園_{정원}과도 같은 뜻이지만 그 규모는 정원과는 크게 다릅니다. 皇家_{황가}의 園林은 자연의 山川에 세우는 방대한 규모였습니다. 지금 北京의 頤和園_{이화원}이나 北海公園_{북해공원}이 그 例_예입니다. 私家의 園林도 물론 皇家와는 비교할 수 없지만 조그만 동산을 방불케 합니다. 현재 蘇州_{소주}의 拙政園_{졸정원}이나 留園_{유원} 등이 유명합니다.

'莽'은 이들 園林의 새로 우거지는 풀숲을 뜻합니다. '抽條'는 가지를 뻗는다는 뜻입니다. 봄이 되면 草本植物_{초본식물}은 새잎이 나고, 木本植物은 가지가 돋는 모습을 말하였습니다.

여기에서 여름의 연꽃을 먼저 쓰고 봄철의 현상을 뒤에 쓴 것은 韻字를 맞추기 위해서입니다.

'枇杷'는 常綠喬木_{상록교목}, 즉 키가 크고 사철 푸른 나무입니다. 찬바람이 날 때 (10~11월) 꽃이 피기 시작하여 이듬해 6월쯤이면 열매가 익는 특이한 나무입니다. '晚'은 여기에서 年末을 뜻하는데, 즉 연말이 되어 추워지면서 오히려 잎은 더 푸르다는 의미에서 '晚翠'라 하였습니다. 비파는 기침에 좋은 약재로 쓰이는데 중국에서 '枇杷膏_{비파고}'는 잘 알려진 기침약입니다.

'梧桐'은 가장 먼저 가을을 알리는 신호를 보냅니다. 立秋_{입추}가 되면 정확하게 첫 번째 잎사귀 하나가 떨어지며 이로써 가을이 왔음을 알린다는 말이 있습니다. 그러나 이때는 아직 무더위가 가시지도 않은 8월입니다. 그래서 '蚤凋'라 한 것입니다. '蚤'는 '早'와 같은 뜻입니다. 韓石峯_{한석봉} ≪千字文≫에서는 '早'로 표기되어 있습니다.

오동은 매우 상서로운 나무로 여겨져 집 앞에 심었으며 집 뒤에는 대나무를 심었다 합니다. 이는 봉황이 50년 만에 열리는 대나무 열매를 먹으며 오동나무에서만 깃들기 때문입니다. 즉 봉황을 부르고자 하는 의도였습니다. 오동나무는 또한 중국이나 우리나라에서 樂器_{악기}를 만들거나 각종 家具를 제작할 때 가장 좋은 재목이 되었습니다.

여기에서도 韻字를 맞추다 보니 가을과 겨울의 순서가 바뀌었습니다.

陳陈根委翳 落葉叶飄飘飇飚

 游鵾鹍獨独運运 凌摩絳绛霄

오랜 뿌리는 말라 시들고
낙엽은 바람에 날리누나
한가로운 곤새 홀로 날아
붉은 노을 속으로 솟는다

　'陳根'은 오래 된 뿌리라는 뜻이니 老木을 비유한 것으로 보입니다. '委'는 '衰頹쇠퇴' 한다는 뜻이며, '翳'는 '枯死고사'하거나 땅에 넘어지는 것 즉 노목이 枯死하며 스러지는 것을 뜻합니다.

　'飄飇'는 바람에 날린다는 뜻입니다. 즉 낙엽이 바람에 휘날리는 것을 읊었습니다. 초목은 위에서처럼 봄·여름에 무성하다가 가을 겨울을 지나면서 잎은 지고 시들게 됩니다. 春夏秋冬이 되풀이 되면서 해가 거듭할수록 오랜 뿌리는 수명에 따라 제각각 枯死하니 榮枯盛衰(영고성쇠)의 이치라 하겠습니다.

　淸나라의 雍正皇帝옹정황제는 58세에 죽었습니다. 그의 아버지 康熙강희는 中國 역사에서 가장 오랜 기간인 61년을 在位했습니다. 雍正의 아들인 乾隆皇帝건륭황제는 60년을 재위했습니다. 그러나 雍正은 不老長生의 丹藥단약을 먹다가 재위 13년 만에 죽었다고 전합니다. 中國의 역사에서 不死藥을 먹다가 죽은 황제가 14명에 이른다는 說도 있습니다.

인간의 과학 문명은 사람을 자꾸 자연의 이치로부터 멀어지게 합니다. 전염병은 많이 없어졌지만 그에 못지않은 문화병이 삶을 위축시킵니다. 그러나 우리는 삶의 내용과 상관없이 자연과는 격리된 곳에서 인간만의 長壽장수를 원합니다. 소나 돼지의 난자를 시험하는 책상 위에 사람의 난자도 함께 올려 연구 합니다. 인간위에 군림하는 또 다른 인간의 모습입니다. 인간이 아닌 생물도 경시할 수는 없으며 과학은 어떤 생물의 가치도 훼손할 수는 없을 것입니다. 滿山紅葉만산홍엽이 아름답다면 우리의 黃昏황혼도 아름다울 수 있을 것입니다.

‘鵾’은 우리나라의 千字文에서 간혹 ‘鯤곤’으로 표기되어 ≪莊子・逍遙遊소요유≫의 ‘鯤鵬南徙곤붕남사’의 寓言우언으로 해석하기도 하였는데 이는 적절해 보이지 않습니다. ‘鯤’은 물고기이고 또한 실제의 것도 아니며 크기가 몇천 리나 된다는 假想가상의 것입니다. 汪嘯尹왕소윤 註釋本주석본에서는 ‘鵾’으로 되어 있으며 이것이 타당할 것으로 보입니다.

‘鵾’은 ≪中文大辭典≫에 의하면 ‘鵾雞곤계’라고 하며, 鶴학과 유사한데 黃白色이라 합니다. 이들은 무리를 지어 다니지 않고 홀로 다닌다고 합니다. ‘游’는 노니는 것이며, ‘運’은 움직인다는 뜻입니다. 즉 한가로운 곤새가 홀로 움직이는 것을 묘사하였습니다. 이는 앞에서의 ‘索居閑處’와 같은 맥락의 뜻입니다.

‘凌’은 솟아오르는 모습이며, ‘摩’는 가깝다는 뜻입니다. ‘摩天樓마천루’는 하늘에 가까이 닿아 있는 건물이라는 뜻에서 붙여진 명칭입니다. ‘絳’은 붉은 색이며, ‘霄’는 雲氣운기의 뜻으로 즉 ‘絳霄’는 붉게 노을 진 구름과 같은 것을 말합니다.

‘索居閑處’에서부터 여기까지는 홀로 한가롭게 悠悠自適유유자적하는 모습을 마치 田園詩전원시를 읊듯 노래하였습니다. 특히 ‘渠荷的歷’에서부터는 주위의 계절에 따른 변화를 차례로 묘사하였습니다. 즉 여름이면 연꽃이 찬란하고, 봄에는 정원의 나뭇가지에 새순이 나며, 歲暮세모가 되면 비파가 더 푸르고,

가을이면 오동잎이 먼저 떨어집니다. 오랜 고목은 스스로 시들어가고 낙엽은
바람에 날립니다. 문득 눈을 들어 하늘을 보면 큰 곤새가 높이 날아 붉은 노
을에 다가갑니다. 자연의 情景_{정경}이 加減_{가감} 없이 나타나 있습니다.

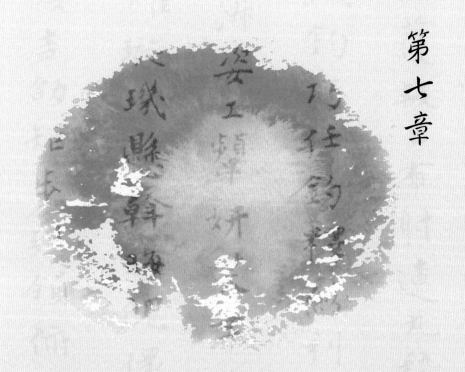

第七章

99 耽讀_독翫市 寓目囊箱

책에 빠져 책방을 즐겨 찾았으니
눈은 책 보따리를 응시할 뿐이라.

耽(耳); 빠질탐
讀(言); 읽을독
翫(羽); 갖고놀완
市(巾); 시장시
寓(宀); 부칠우
目(目); 눈목
囊(口); 주머니낭
箱(竹); 상자상

漢나라 때 王充(27~約 97)은 집이 몹시 가난하였습니다. 당시의 首都_{수도}인 洛陽_{낙양}에 와서 太學의 학생으로 공부하였는데, 그는 학교 공부에 만족할수가 없어 자주 시장에 나가 서점에서 책을 두루 찾아보곤 하였습니다. 책을살 수 없었던 그는 서점에서 주인이 나가라 할 때까지 오직 책에만 정신을집중하여 보는 책마다 암송을 해버렸습니다.

그는 儒學_{유학}과 諸子百家_{제자백가} 등 다방면에 박식하였으나 현실에 매우 비판적인 성향을 보여 그의 官職_{관직}은 초라하였습니다. 다만 30여년의 노력으로≪論衡_{논형}≫이란 책을 저술하였는데, 이 한 권의 책으로 지금까지 유명한 인물이 되었습니다. 여기에서는 왕충과 관련된 고사를 인용하였습니다.

'耽'은 빠져 즐긴다는 뜻입니다. '耽讀'은 우리가 지금 사용하는 말의 뜻과똑같은 의미인데 즉 독서의 재미에 빠져 있음을 말합니다. '翫' 또한 즐긴다는 뜻인데 갖고 논다는 의미가 있습니다. 즉 '翫市'는 市場을 즐기는 것이니여기에서는 서점을 즐겨 찾았다는 의미로 쓰였습니다.

'寓'는 '寄託'한다는 뜻입니다. '寓目'은 눈을 어느 한 곳에 집중하고 있음을 말합니다. '囊'은 주머니나 자루와 같은 것이고, '箱'은 대나무 광주리와같은 것입니다. 이 구절은 王充이 책에 빠져 눈이 언제나 책이 담겨있는 보따리나 상자에 가 있었음을 묘사하였습니다. 여기에서는 王充의 故事를 빌어앞에서 말한 '求古尋論'의 자세를 비유하였습니다.

易輶攸畏 屬属耳垣牆墙

易(日); 바꿀역, 쉬울이
輶(車); 가벼울유
攸(攴); 곳유
畏(田); 두려울할외
屬(尸); 이을촉, 무리속
耳(耳); 귀이
垣(土); 담장원
牆(爿); 담장

가벼이 소홀함은 두려운 일이라
담장에도 듣는 귀가 있으려니

　　西周의 末葉_{말엽} 幽王_{유왕}이 褒_포나라를 쳤습니다. 힘이 약한 褒王은 온갖 재물과 미녀를 바치고 목숨을 구하였습니다. 그중에 褒姒_{포사}라는 미인이 있었는데 幽王의 마음을 사로잡았습니다. 특히 그녀가 아들 伯服_{백복}을 낳자 幽王은 아예 王后와 太子 宜臼_{의구}를 쫓아 버리고 褒姒와 伯服을 그 자리에 앉혔습니다.

　　태자 宜臼를 가르치던 선생이 왕을 가련히 여기는 마음에 詩를 지어 幽王을 풍자하였습니다. 그 시는 쫓겨나는 太子의 억울함과 슬픔을 잘 나타내고 있는데 특히 그의 부친 즉 幽王이 주위의 모함을 곧이듣고 태자를 내친 데 대한 원망이 짙게 깔려 있습니다. 그중의 한 구절입니다.

　　君子는 경솔하게 말하지 않습니다. 벽에도 귀가 있기 때문입니다(君子無易由言, 耳屬于垣).

　　왕의 주변에는 많은 사람들이 왕을 주시하고 있습니다. 왕의 판단이 사리에 어긋나기 시작하면 많은 사람들이 그 틈을 비집고 들어와 왕의 판단을 더 흐리게 하여 자신들의 이익을 도모합니다. 왕은 남의 말을 쉽게 믿거나 또는 너무 쉽게 말을 해서는 안 된다는 것을 의미합니다.

‘易’는 ‘이’로 읽으며, ‘輶’는 ‘輕’과 마찬가지로 가볍다는 뜻입니다. ‘攸’는 ‘所’의 뜻으로 쓰였습니다. ‘屬耳’는 남의 말을 傾聽경청한다는 뜻도 있지만, 여기에서는 남의 말을 엿듣는다는 뜻입니다. ‘垣牆’은 담장인데, 즉 ‘屬耳’와 함께 담장으로 가리어져 있다 해도 담장에 엿듣는 귀가 붙어 있다는 의미입니다.

101 具膳餐飯_饭 適_适口充腸_肠

 102 飽_饱飫_饫烹宰 飢_饥厭_厌糟糠

음식을 마련하고 밥을 먹는 것은
입맛에 맞추어 배부르고자 함이라
배가 부르면 고기 음식도 싫고
배가 고프면 糟糠도 맛이 있네

具(八); 갖출구
膳(肉); 음식선
餐(食); 먹을찬
飯(食); 밥반
適(辵); 갈적
口(口); 입구
充(儿); 찰충
腸(肉); 창자장
飽(食); 배부를포
飫(食); 물릴어
烹(火); 삶을팽
宰(宀); 재상재
飢(食); 주릴기
厭(厂); 싫어할염
糟(米); 지게미조
糠(米); 겨강

'具'는 여기에서 '요리한다'는 뜻이고, '餐'은 음식을 먹는다는 뜻입니다. '膳'은 음식이나 요리를 말 하고, '飯'은 밥입니다.

'適口'는 입에 맞는다는 의미이며, '充腸'은 배를 채운다는 뜻입니다. 즉 음식의 섭취는 저마다의 입맛대로 배가 부르면 되는 것이니 굳이 호화스러울 필요가 없음을 말한 것입니다.

中國은 땅이 넓기 때문에 입맛이 다양하고 음식의 종류도 무궁무진합니다. 중국 음식의 특징을 넷으로 나누면, '南甛_{남첨}・北鹹_{북함}・東辣_{동랄}・西酸_{서산}'인데, 즉 남방 요리는 맛이 달고 북방은 짜며 동쪽은 맵고 서쪽은 시다는 뜻입니다.

가령 山西(太行山의 서쪽이 山西省이고 동쪽은 山東省입니다) 지방의 사람들은 특히 食醋_{식초}를 좋아하는데 맨입에 떠먹기도 한다고 합니다. 이는 이

지방의 水土에 鹽素염소 성분이 많아 이를 酸性산성으로 중화시키기 위해 입맛이 자연스럽게 그리 되었다는 설이 있습니다.

山東은 바다와 인접해 있어 날씨가 潮濕조습하면서 춥기 때문에 파와 마늘 등을 과자 먹듯이 합니다. 남쪽은 사탕수수를 재배하지만 북쪽은 이를 구경도 하지 못합니다. 남쪽은 쌀이 많고 북쪽은 밀이 많다보니 남방 사람은 밥을 좋아하고 북방 사람은 면을 좋아한다(南米北麵)는 말도 있습니다.

이밖에도 각 민족들(蒙古族몽고족, 滿族만족, 回族회족, 藏族장족 등)의 입맛이 다르고, 宮廷궁정과 官府관부, 그리고 각 종교와 관련된 寺院사원의 음식들도 다른 입맛을 만들어 냅니다. 결국 이러한 많은 요인들이 오랜 세월에 걸쳐 서로 다른 입맛을 형성한 것입니다. 지역적으로 크게 분류하여 네 가지의 대표적인 계통을 말하기도 합니다. 즉 成都성도와 重慶중경을 중심으로 하는 川菜천채, 曲阜곡부와 濟南제남 등을 중심으로 하는 魯菜노채, 江蘇강소 지방의 蘇菜소채, 그리고 흔히 廣東광동 음식이라고 하는 粵菜월채가 그것입니다.

孔子가 "君子는 배불리 먹는 것을 원하지 않는다(君子食無求飽)."≪論語·學而≫라 했지만, 이는 검소한 식사를 한다는 뜻에서 서로 같은 의미라 하겠습니다.

'飽'는 배가 부른 것이고, '飫'는 잔치에 쓰이는 음식을 뜻하기도 하지만 여기에서는 이미 배가 불러 음식 생각이 없음을 말하였습니다. 가령 '飫聞어문'은 하도 많이 들어서 싫증이 난다는 의미입니다. '烹'은 삶는 것이고 '宰'는 屠殺하는 것이니 곧 고기 요리를 뜻합니다. 이미 배가 부르면 아무리 좋은 고기 음식이라 해도 질린다는 말입니다.

다음 句구는 그 반대입니다. 즉 배가 고프면 糟糠으로도 만족한다는 의미입니다. '厭'은 일반적으로 '싫어한다'는 뜻으로 쓰이지만 여기에서는 '만족한다'는 뜻으로 쓰였습니다. 가령 '厭飫'라 하면 배불리 먹는 것에 만족하고 다른 富貴부귀를 구하지 않는다는 의미입니다.

'糟糠'은 술지게미와 겨인데 아주 粗惡조악한 음식을 비유한 것입니다. 온갖

患難환난을 함께 해 온 아내를 糟糠之妻조강지처라 합니다.

《後漢書후한서·宋弘傳송홍전》에 東漢 光武帝광무제 때의 宋弘이라는 官員의 故事가 전합니다. 그는 매우 청렴하고 공정하여 황제의 신임이 두터웠습니다. 그때 寡婦과부로 지내는 公主가 하나 있었는데 은근히 宋弘을 좋아하였습니다. 이에 황제가 宋弘을 부르고 공주는 병풍 뒤에서 엿듣도록 하였습니다. 황제가 宋弘에게 말하였습니다. "사람이 신분이 귀해지면 친구를 다시 사귀는 것이고, 부자가 되면 아내를 다시 맞아들이는 것이다. 이것은 人之常情이라"

宋弘은 곧 황제의 뜻을 알아차리고 생각을 했습니다. "우리 부부는 금슬도 좋거니와 부친께서 奸臣간신들의 박해로 돌아가실 때에 나는 아내와 함께 환난과 苦樂고락을 함께 했거늘 어찌 지금에 이를 버리고 새로운 樂낙을 찾을 수 있겠는가?" 그래서 宋弘은 황제에게 말하였습니다. "제가 듣기로는 옛말에 '貧賤빈천할 때에 사귄 친구는 잊지 않고 조강지처는 쫓지 않는다.'라는 좋은 말이 있습니다." 이에 황제는 이 일을 다시 거론하지 않았습니다.

103 親_亲戚故舊_旧 老少異_异糧_粮

親(見); 친할친
戚(戈); 슬퍼할척
故(攴); 일고
舊(臼); 예구
老(老); 늙을로
少(小); 적을소
異(田); 다를이
糧(米); 양식량

친척과 지인들을 함께 하니
老少에 따라 음식을 나누네

'親戚'은 '內親外戚'으로 즉 同姓동성인 아버지의 계열을 '親'이라 하고, 異姓이성인 어머니 계열을 '戚'이라 합니다. '故舊'는 '故友舊識고우구식'의 줄임말로 옛 친구와 그리고 오래 알고 지낸 사람들을 말합니다. '親戚故舊'는 곧 우리가 살아가면서 가장 가까이 지내는 사람들을 지칭합니다.

예로부터 우리는 친척이나 벗에게 잘하는 것을 매우 중시하였습니다. 여기에서는 ≪論語 · 泰伯태백≫의 뜻을 담은 것으로 보입니다.

君王이 親屬친속을 잘 대해 주면 백성이 서로 仁愛인애하게 되고 옛 知人을 버리지 않으면 백성이 薄情박정하지 않게 된다(君子篤於親則民興於仁, 故舊不遺則民不偸).

'老少'는 老少의 구별을 말한 것이고, '異糧'은 음식의 종류를 달리 함을 뜻하였습니다. 예로부터 노인은 고기가 아니면 배가 부르지 않는다고 하였습니다. 젊은 사람은 무엇을 먹어도 소화력이 왕성하여 많이 먹을 수 있지만 노인은 그렇지 않습니다. 가능한 좋은 음식으로 하여 소량으로도 배가 부를 수 있어야 하기 때문에 식사에도 老少의 구별이 없을 수 없음을 말한 것입니다.

언제나 음식을 함께 하면서 敦篤돈독한 정으로 살아가야 하는 사람들을 나타냈다고 볼 수 있습니다. 東西古今을 막론하고 서로의 情을 나누는 데는 음식만 한 것이 없습니다.

104　妾御績绩紡纺　侍巾帷房

妾(女); 첩첩
御(彳); 모실어
績(糸); 실뽑을적
紡(糸); 실방
侍(人); 모실시
巾(巾); 수건건
帷(巾); 휘장유
房(戶); 집방
紈(糸); 명주환
扇(羽); 부채선
圓(囗); 둥글원
絜(糸); 깨끗할결
銀(金); 은은
燭(火); 초촉
煒(火); 빨갈위, 빛날휘
煌(火); 빛날황

 105　紈纨扇圓圆絜洁　銀银燭烛煒炜煌

婦女부녀는 밤을 돕고 길쌈을 하며
내실에서는 의관 시중을 드네
비단 부채 둥글고 하얀데
은촉은 휘황하게 빛나누나

'妾'은 妻처와 달리 정식의 婚禮혼례를 거치지 않고 맞이합니다. 妻는 남자와 지위가 대등한 관계에서 媒氏매씨의 소개를 거쳐 혼례를 올린 신분이지만, 妾은 이러한 절차와 관련이 없습니다. 妻는 오직 하나이지만 妾은 흔히 여럿을 두게 되고 지위는 당연히 妻의 아래입니다. 그러나 여기에서는 妻妾을 모두 포함하여 지칭한 것으로 보입니다.

'御'는 '侍'와 같은 의미로 시중을 든다는 뜻으로 쓰였습니다. '妾御'는 밤에 남편과 함께 하는 것을 말하는 것인데, 여기에서의 妾은 '妻妾'을 포괄한다고 보아야 할 것입니다. 단지 千字라는 제한된 범위에서 글자를 운용하는 조건이어서 妾으로 妻妾을 대신했다고 보는 것입니다.

'績紡'은 우리는 흔히 '紡績'이라 합니다. 고치나 솜에서 실을 뽑아내는 것을 말하는데 이로부터 옷을 짓는다는 뜻으로도 쓰였습니다. 예로부터 "남자는 농사에 힘쓰고 여자는 길쌈을 한다(男子力耕, 女子紡績)."고 하였으니, 옷을 만드는 것은 여자의 일인 것입니다.

'侍'는 시중드는 것이며, '巾'은 '巾櫛건즐'의 의미로 세수할 때 수건이나 빗 등을 챙겨 시중드는 것을 의미합니다. '帷房'은 휘장을 친 방 즉 내실 또는 침실을 뜻합니다.

'紈'은 비단입니다. 비단을 뜻하는 글자로는 紈환, 絹견, 綢주, 緞단, 帛백 등이 있는데 이들의 의미를 정확하게 구별하기는 어렵습니다. 다만 齊제나라의 비단이 특별히 유명하여 이를 '紈'이라 하였습니다. '紈扇'은 보통 여자들이 사용하는 둥근 비단부채를 말합니다. 흰 비단으로 부채를 만들었을 때에는 그 위에 그림을 그리거나 글씨를 씁니다.

'絹'과 '帛'은 비교적 두껍고 굵은 비단으로 모두 生絲생사의 흰 비단을 뜻합니다. 우리가 '綢緞주단'이라고 하는 것은 염색 가공을 거친 비단을 의미합니다. 흰 비단은 그림을 그리거나 글씨를 쓰는 데도 사용하였습니다. 특히 '帛'은 종이가 없던 시절에 글을 쓰는 데 많이 사용하여 이를 '帛書'라 합니다. 가령 1973년 湖南省호남성 長沙장사의 馬王堆마왕퇴에서 西漢 때의 帛書가 출토되었는데, 이 중에 帛書 ≪道德經도덕경≫, ≪周易≫ 등이 있었습니다.

'圓絜'은 둥글고 희다(깨끗하다)는 뜻입니다. 여기에서 '絜'은 '潔'과 같은 뜻으로 쓰였습니다.

'銀燭'은 은색의 불빛을 말하는데, '燭'은 지금의 촛불이 아니고 일종의 횃불을 말합니다. 당시에는 대문 밖에 걸어두는 큰 횃불을 大燭이라 하였습니다. 지금과 같은 촛불은 唐나라 이후에나 사용되었다 합니다. '煒煌'은 불빛이 환하게 빛나는 것을 말하며, '輝'와 같은 의미이며 역시 '휘'로 읽습니다. 이 구절은 방안의 정경을 읊었습니다.

怨歌行원가행

新裂齊紈素신렬제환소, 鮮潔如霜雪선결여상설,

裁爲合歡扇재위합환선, 團團似明月단단사명월.

出入君懷袖출입군회수, 動搖微風發동요미풍발.

常恐秋節至상공추절지, 涼飆奪炎熱양표탈염열,

棄捐篋笥中기연협사중, 恩情中道絶은정중도절.

齊나라의 새 비단을 잘라내니

맑고 희기가 눈서리 같구나

마름질로 합환선을 만들었거니

둥글기는 명월 같아라

나갈 때면 당신 소매에 지녀

부치면 가벼운 바람 일었지만

항상 가을이 올까 두려워라

찬바람이 더위를 앗아 가면

바구니에 던져질 것으로

은정은 이로써 끝이겠지요

班婕妤반첩여(婕妤; 后妃의 지위 명칭)가 지었다 합니다. 班婕妤는 西漢 때 成帝의 총애를 받다가 趙飛燕조비연의 출현으로 사랑을 잃게 되었습니다. 이에 황제의 허락을 받아 스스로 長信宮장신궁에서 太后를 모시면서 조용히 살았습니다. 지나간 날을 생각하면서 자신의 처지를 여름 한 철 쓰이는 부채에 비유하여 지은 怨詩원시라 하겠습니다.

106 晝_昼眠夕寐 藍_蓝筍_笋象牀_床

晝(日); 낮주
眠(目); 잘면
夕(夕); 저녁석
寐(宀); 잘매
藍(艸); 쪽람
筍(竹); 죽순순, 어린대윤
象(豕); 코끼리상
牀(爿); 평상상

낮잠과 밤의 잠자리에는
쪽빛 대자리와 상아의 침상

'眠'은 '寐'와 마찬가지로 잠을 잔다는 뜻이지만 그 쓰임은 다소 다릅니다. 眠은 비교적 널리 쓰이는데 가령 春眠, 冬眠처럼 밤에 잠을 자는 것하고는 약간 다릅니다. 그런데 '寐'는 주로 밤에 잠을 자는 것을 말합니다. 가령 '夙興夜寐숙흥야매'나 '夢寐몽매'와 같이 일정하게 자는 것을 의미합니다. 죽음을 잠자는 것에 비유할 때는 '永眠'이라 합니다. '夕寐'는 '夜寐'와 같은 뜻으로 쓰였습니다.

'藍筍'은 푸른 대자리입니다. '藍'은 쪽풀인데 푸른 물을 들일 때 사용합니다. '靑出於藍청출어람'은 물들인 쪽빛이 쪽풀보다 더 푸르다는 뜻인데, 쪽물은 거의 검은 색에 가까운 남색을 낼 수도 있습니다. '筍'은 竹筍죽순인데, 부드러운 죽순으로 자리를 짜서 다시 시원한 쪽물을 들였다는 의미로 보입니다.

'象牀'은 象牙로 장식한 寢牀침상입니다. 즉 낮잠에는 죽순 대자리를 사용하고 밤에 잘 때는 상아 침상을 사용하게 했다는 의미로, 모두가 앞에 이어서 妻妾의 극진한 시중을 나타낸 것이라 할 수 있습니다.

107 弦歌酒讌_宴 接杯舉_举觴_觞

 108 矯_矫手頓_顿足 悅_悦豫且康

음악을 울리며 酒宴_{주연}을 열어
잔을 받아 높이 들어 권하네
손을 들고 발을 구르며 춤추니
기쁨과 즐거움이 태평이로세

'弦歌'는 弦(絃)樂器_{현악기}의 伴奏_{반주}와 노래를 말합니다. ≪論語·陽貨_{양화}≫에 전하는 故事입니다. 孔子가 魯_노나라의 武城_{무성}에 갔을 때의 일입니다. 武城에는 그의 제자 子游_{자유}가 守令_{수령}으로 있었는데, 孔子가 武城에 이르렀을 때 도성 안의 여기저기에서 弦歌의 소리가 들렸습니다. 孔子가 빙긋이 웃으면서 말하였습니다. "소 잡이 칼로 닭을 잡는구나?" 그러자 子游가 대답하였습니다. "전에 선생님께서는 '君子가 禮樂을 배우면 사람을 사랑하게 되고, 소인이 예악을 배우면 화목하며 잘 따른다.' 하셨습니다."

이에 孔子는 子游의 말이 옳다 하며 자신의 말은 농담이었다 했습니다. 禮樂은 배운 양반들이나 하는 것인데 평민들한테까지 예악을 가르쳤으니 이는 소 잡이 칼로 닭을 잡고 있다는 것과 같다고 비아냥거렸는데, 子游가 孔子의 말을 거꾸로 인용하여 소인에게도 예악이 필요하다는 대답을 한 것입니다.

'弦歌'는 이러한 예악의 의미를 담고 쓰였다고 볼 수 있습니다. '讌'은 '宴'과 같은 의미로, 술과 고기로 손님을 접대한다는 뜻입니다.

'接杯擧觴'은 잔을 받아 서로 권하는 의미에서 잔을 높이 든다는 의미입니다. 즉 '接'과 '擧'는 술잔을 잡아 높이 드는 것을 뜻합니다. '杯'와 '觴'은 '술잔'이라는 의미에서 같습니다. 다만 두 글자에서 左邊좌변의 '木'과 '角'이 쓰인 것으로 미루어 보면 처음에 '杯'는 나무로 만든 잔이었고, '觴'은 짐승의 뿔로 만들었음을 짐작하게 합니다. 그러나 후에 이러한 구별은 없어지고 같이 술잔으로 쓰이게 되었을 것입니다.

'曲水流觴곡수유상'이라는 말이 있습니다. 曲水는 구불구불 흐르는 물이고, 流觴은 그 물에 술잔을 띄워 마시는 것을 말합니다. 지금의 浙江省절강성 紹興市소흥시 근교에 '蘭亭난정'이라는 古跡고적이 있는데 書藝서예(中國에서는 書法이라 함)의 聖地성지로 알려져 있습니다. 이 명칭의 유래는 약 2,500년을 거슬러 올라갑니다. 越월나라의 句踐王구천왕이 이곳에 蘭을 심었고 漢나라 때 이곳에 驛亭(宿食을 할 수 있는 일종의 客舍로, 여기에서의 亭은 亭子와는 상관이 없습니다.)이 있었기 때문에 이를 합쳐 蘭亭이라 하였다 합니다.

풍광이 수려하고 마침 구불구불 흐르는 조그만 계곡물이 있는데 잔을 띠우기(流觴)에 적당하였습니다. 물길의 양쪽에 서로 둘러 앉아 위에서 잔에 술을 부어 띠우는데 잔이 물 따라 흐르다가 한쪽에 걸려 멈추게 되면 그곳에 앉아 있는 사람이 詩를 읊던가 아니면 罰酒벌주를 마시는 일종의 詩會와 같은 것이었습니다. 특히 삼짇날(음력 3월 3일)이면 물가에서 洗濯세탁을 하며 묵은 때를 씻고 음식을 장만하여 야외에서 봄을 즐기며 災厄재액을 물리치는 풍속이 있었다 합니다.

서기 353년 삼짇날 王羲之왕희지(서기 303～361)는 평소 가깝게 지내던 文人名士들 41명을 蘭亭에 초대하였습니다. 그들은 곧 曲水에 둘러앉아 술을 마시며 詩會를 열었습니다. 이어서 26인이 쓴 35首의 시가 모아졌고, 王羲之는 즉석에서 酒興주흥을 살려 이 詩集의 序文을 지어 붓으로 썼습니다. 이 墨跡묵적은 지금까지도 '天下第一行書'로 알려져 있습니다.

　다만 唐의 太宗이 그의 글을 좋아하여 臨書_{임서}하여 많은 副本_{부본}을 만들게 한 뒤, 眞本은 자신의 부장품으로 지정하여 무덤까지 가져갔습니다. 때문에 지금 전하는 것은 모두 다른 사람이 베낀 것입니다. 紹興市에서는 1985년부터 삼짇날을 紹興의 서예 날(書法節)로 정하여 蘭亭書法大會를 열고 아울러 曲水流觴과 飮酒賦詩_{음주부시} 등의 전통을 되살려 이어가고 있습니다. 옛사람들의 高雅_{고아}한 음주 풍속도였습니다.

　'矯手'는 손을 높이 든다는 뜻입니다. 즉 '矯'는 '高擧'의 뜻으로 쓰였습니다. '矯首'는 머리를 든다는 뜻이고, '頓足'은 땅에 발을 구르는 것입니다. 머리를 땅에 닿도록 하는 큰 절을 '頓首'라고 합니다. 앞에서 말한 '弦歌' 즉 음악의 연주에 따라 손을 들고 발을 구르며 춤을 추는 것을 말하였습니다.

　'悅豫'는 '喜樂_{희락}' 또는 '悅樂_{열락}'의 의미입니다. '豫'는 '豫見'이나 '豫告'와 같이 '미리 예'로 흔히 쓰이지만, 고대에는 '기뻐할 예' 또는 '즐길 예'로도 쓰였습니다. '康'은 '안락할 강'인데, 술을 마시고 춤을 추며 즐거워하는 모습을 말하였습니다.

109 嫡後后嗣續续 祭祀烝嘗尝

 110 稽顙颡再拜 悚懼惧恐惶

嫡(女);	아내적
後(彳);	뒤후
嗣(口);	이을사
續(糸);	이을속
祭(示);	제사지낼제
祀(示);	제사지낼사
烝(火);	찔증, 겨울제사증
嘗(口);	맛볼상
稽(禾);	머무를계
顙(頁);	이마상
再(冂);	다시재
拜(手);	절배
悚(心);	두려워할송
懼(心);	두려워할구
恐(心);	두려워할공
惶(心);	두려워할황

嫡子가 후손을 이어가니
계절마다 제사를 모시네
엎드려 俯伏하며 再拜하니
송구하고 두려울 뿐이라

　‘嫡’은 嫡子 즉 정식 부인에게서 태어난 長子를 말합니다. 이에 비해 부인 외의 다른 여자의 소생은 모두 庶子서자입니다. ‘後’는 宗家종가를 이어갈 후손을 말합니다. 즉 嫡子가 이러한 후손이 된다는 뜻입니다.

　‘嗣’는 ‘後嗣’, 즉 대를 이어가는 자손이며, ‘續’은 계승함을 뜻합니다. ‘嗣續’은 곧 자손이 조상을 이어가는 것입니다. ≪國語ㆍ晉四진사≫에 “후손이 조상을 이어가는 것이 마치 파종된 곡식이 자라는 것과 같다(嗣續其祖, 如穀之滋).”라 했습니다.

　고대에서는 혼인의 의미를 後嗣를 이어가는 것으로 파악하였습니다. ≪禮記예기ㆍ 昏義혼의≫에 昏禮(본래는 저녁에 올리는 예식이어서 ‘昏禮’라 하였는데 후에 ‘婚禮’로 쓰였습니다.)는 “위로 조상을 받들고 아래로는 후손을 이어가는 것 (上以事宗廟, 而下以繼後世也.)”이라 했습니다.

'祭祀'란 음식을 갖추어 하늘이나 땅 또는 조상을 받드는 의식을 말합니다. 옛날에 天子는 天地에 제사하고 諸侯는 社稷사직에 제사를 지냈습니다. 中國의 泰山은 몇 천 년에 걸쳐 역대의 天子들이 하늘에 제사를 지내던 곳입니다. 天子는 곧 하늘이 내린 하늘의 아들이란 뜻에서 하늘을 받들면서 나라의 康寧강녕을 기원하였습니다.

그러다가 明나라 초기에 14년(1406~1420)의 세월에 걸쳐 지금의 天壇천단을 紫禁城자금성과 동시에 완공하였습니다. 처음에는 天地를 합하여 제사를 지내는 天地壇이었지만 후(1530)에 따로 方澤壇방택단, 즉 地壇을 지어 天壇과 분리하였습니다. 이로부터 明代와 淸代에는 주로 天壇에서 제사를 지냈는데, 帝王들은 매년 동짓날 祭天 의식을 거행하였으며, 이밖에 정월 보름날은 풍년을 기원하는 祈年祭기년제를 올리고 가뭄을 만나면 祈雨祭기우제를 지내기도 하였습니다.

天子는 天地에 제사를 올리는 것 외에도 宗廟종묘에 제사를 지냅니다. 이는 春夏秋冬춘하추동 네 계절마다 지내는데 이를 각각 礿약·禘체·嘗상·烝증이라 했습니다. 즉 위에서의 '烝'은 冬祭이며, '嘗'은 秋祭를 말합니다. 다만 여기에서는 이 두 제사로 네 계절의 제사 모두를 뜻하였다고 보아야 할 것입니다.

이러한 四時祭는 제후와 士大夫 모두가 공통으로 모시는 제사였으며 우리나라에서도 忌祭기제가 일반화되기 전까지는 사시제가 중요한 행사였습니다. 본시 제사는 축제와도 같은 의미였는데, 이에 비해 忌祭는 조상의 忌日을 추모하는 의미여서 본래의 제사와는 좀 다르다고 할 수 있습니다. 이러한 제사는 조상으로부터 嫡子(長子)가 이어받아 계승하는 것이었습니다.

'稽'는 '머리를 조아린다'는 뜻이며, '顙'은 '이마'이다. 즉 '稽顙'은 이마를 땅에까지 조아리는 것을 말합니다. '拜'는 상대에게 恭敬의 마음을 나타내는 예절인데, 기본적으로 손을 가슴 앞으로 모으고 허리를 구부리는 자세입니다. 후에는 무릎을 꿇고 머리를 조아리는 절을 뜻하게도 되었습니다. '再拜'는 똑같은 자세를 두 번 반복하는 것입니다. 여기에서의 '稽顙再拜'는 위의 '祭祀

烝嘗'에 이어지는 제사의식을 뜻하는 것으로 두 번의 큰 절을 뜻합니다. 이 구절은 孔子가 居喪거상을 언급하면서 한 말이었습니다.

"拜禮를 하고 稽顙을 하는 것은 공손하게 순서를 따르는 것이며, 먼저 稽顙을 하고 나중에 拜禮하는 것은 지극한 슬픔을 나타내는 것이다. 三年喪이라면 나는 그 지극한 슬픔을 나타내는 방법을 따를 것이다(拜而後稽顙 顙乎其順也. 稽顙而後拜, 頎乎其至也. 三年之喪, 吾從其至者)." ≪禮記·檀弓上≫

여기에서 '拜'는 弔問客조문객에 대한 절을 말하며, '稽顙'은 엎드려 이마를 땅에 대고 슬픔을 나타내는 것을 말합니다. 조문객에게 인사를 하고 슬픔을 나타내는 것은 일의 순서를 따르는 것이지만, 이를 바꾸어 稽顙을 먼저 하고 조문객에게 인사를 하는 것은 본인의 애도하는 마음을 우선한 것이라는 뜻입니다. 무엇이 더 옳다고 말할 수는 없겠지만 孔子는 후자를 택하여 亡人에 대한 애도를 더 중시하였다는 의미로 보입니다.

우리가 조문을 할 때에 喪主는 보통 哭을 하고 조문객의 조문을 받습니다. 이때의 哭은 바로 옛날 '稽顙'의 의미와 같다고 볼 수 있습니다. '稽顙'과 비슷한 어휘로 '稽首'가 있는데, '稽顙'이 비통함을 나타내며 땅에 머리를 대는 자세라면, '稽首'는 단지 큰 절을 의미하며 땅에 모은 손 위에 이마를 갖다 대는 자세입니다.

'悚懼'와 '恐惶'은 사실상 같은 의미입니다. 어려워하는 마음으로 경건한 자세를 갖는다는 뜻입니다. 惶恐해 하거나 惶悚해 하는 것과도 유사한 말입니다. '悚懼恐惶'은 제사를 지낼 때 갖추어야 하는 마음의 자세를 말한 것입니다. 조상의 神靈신령 앞에서 자신을 돌아보게 되면 자연스럽게 송구하고도 두려운 마음이 일게 됩니다. 누구라도 조상 앞에서 떳떳하기보다는 부끄럽고 죄스럽기 때문입니다.

111 牋箋牒簡簡要 顧顾答審审詳详

牋(片); 편지전
牒(片); 서찰첩
簡(竹); 대쪽간
要(襾); 구할요
顧(頁); 돌아볼고
答(竹); 대답할답
審(宀); 살필심
詳(言); 자세할상

서신은 간략하게 요약하며
회답은 살펴 자세히 하네

'牋'은 종이에 쓴 書信서신이며, '牒'은 木片이나 竹簡죽간 등에 쓴 書札서찰을 말합니다. 그러나 여기에서는 둘 다 단순히 書信을 뜻하였습니다. '簡要'는 간략하게 요약한다는 뜻입니다. 즉 서신은 간결하게 요점을 적어야 한다는 의미입니다.

'顧答'은 回答을 말하고, '審詳'은 자세히 살핀다는 뜻입니다. 즉 회답은 가능한 한 자세하게 해야 한다는 의미입니다.

圃隱포은(鄭夢周, 1337~1392) 선생께서 9세 때, 친척의 여자 하인이 찾아와서 그녀의 남편에게 보내는 서신의 대필을 부탁했습니다. 이에 선생은 매우 간결한 글로 그녀의 마음을 담았습니다.

구름은 모이면 흩어지고 달은 차면 기웁니다. 그러나 첩의 마음은 움직이지 않습니다(雲聚散, 月盈虧, 妾心不移).

여자가 一片丹心일편단심으로 남편을 그리워하는 마음을 매우 간결하지만 절묘한 비유로 나타내었습니다. 그러나 여자는 자신의 애타는 마음에 비해 글이 너무 짧음을 아쉬워하였습니다. 선생은 봉투를 열고 다시 두 句를 첨가하였습니다.

봉한 것을 다시 열고 한 마디 더 붙이니, 세간에 많은 병이 相思인가 합니다(緘了却開添一語, 世間多病是相思).

역시 간결하지만 봉투를 열고 다시 여자의 애타는 마음을 더 얹혀서 전달하였습니다. 이 짧은 글이 相思曲_{상사곡}이 되어 당시의 서울인 개성 일대에서 널리 불렸다 합니다.

112 骸垢想浴 執_执熱_热願_愿涼_凉

骸(骨); 몸해
垢(土); 때구
想(心); 생각할상
浴(水); 목욕욕
執(土); 잡을집
熱(火); 더울열
願(頁); 원할원
涼(水); 서늘할량

몸에 때가 있으면 씻고자 하고
熱氣에 데이면 찬 것을 바라네

'骸'는 뼈를 總稱_{총칭}하는 글자로 여기에서는 身體를 의미합니다. '骸骨'도 본래는 몸의 뼈를 말하는 것이지만 특별히 屍身_{시신}에서 남은 뼈를 지칭하기도 합니다.

사람의 뼈는 206 개라 하며, 몸에 있는 모든 뼈를 통칭하여 '百骸'라고도 합니다. '垢'는 몸이나 물건에 묻은 때인데, '骸垢想浴'은 몸에 때가 있으면 목욕을 하고 싶게 된다는 뜻입니다.

'執熱'은 뜨거운 것을 손에 쥐는 것이며, '願涼'은 찬 것을 원한다는 뜻입니다. 즉 뜨거운 것을 손에 쥐게 되면 찬 것으로 식히기를 원한다는 의미입니다. 뜨거운 것을 잘못 만졌을 때 자기도 모르게 손을 귀에 갖다 대는 것은 귀가 인체에서 가장 차기 때문이라 합니다. 이는 ≪孟子·離婁_{이루}≫에 보이는 말입니다.

무릇 나라의 임금이 仁을 좋아하면 천하에 敵이 없습니다. 지금 천하에 적을 두지 않고자 하면서 仁으로 하지 않는 것은 마치 뜨거운 것을 쥐고서도 이를 놓아 식히지 않는 것과도 같습니다(夫國君好仁, 天下無敵. 今也, 欲無敵於天下, 而不以仁, 是猶執熱而不以濯也).

여기에서 식힌다고 한 것은 뜨거운 것을 잡았을 때는 급히 찬물에 손을 넣어 열기를 식혀야 한다는 말입니다. 仁을 행하지 않으면서 천하에 교화를 이루겠다고 생각한다면 이는 손에 뜨거운 것을 계속 잡고 있는 것처럼 고통스러운 일이 될 뿐이라는 비유입니다.

113 驢_驴騾_骡犢_犊特 駭_骇躍_跃超驤_骧

驢(馬); 당나귀려
騾(馬); 노새라
犢(牛); 송아지독
特(牛); 숫소특
駭(馬); 놀랄해
躍(足); 뛸약, 빨리달릴적
超(走); 넘을초
驤(馬); 달릴양

당나귀 노새 송아지 숫소
놀라 뛰고 넘으며 달린다

‘驢騾’는 당나귀와 노새인데, 당나귀는 말(馬)과 비슷하고 귀가 길며, 노새는 당나귀와 암말을 교접시켜 태어나게 한 것입니다. ‘犢特’은 송아지와 수소를 말합니다. 여기에서 이러한 짐승들을 나열한 것은 특별한 의미에서가 아니고, 단지 당시 집안에서 흔히 기르는 가축을 지칭한 것으로 보입니다.

특히 송아지와 수소처럼 같은 짐승을 중복하여 열거한 것은 부득이한 이유에서 비롯된 것입니다. 즉 이제는 千字文도 종반에 이르렀기 때문에, 남은 글자들을 맞추기 위해서는 단지 이들로 일반적인 가축을 대표할 수밖에 없었음을 염두에 두어야 합니다.

옛날에 일반 庶人_{서인}의 경제력을 물으면 그 집에서 기르는 가축의 숫자로 대답을 하였다 합니다. 지금도 목축을 주로 하는 민족이라면 가축의 숫자가 곧 그 집의 경제력을 나타내는 지표가 될 것입니다.

‘駭’는 놀라는 모습이고 ‘驤’은 뛰며 달리는 것을 뜻합니다. ‘躍’은 跳躍_{도약}, 즉 뛰는 것이며, ‘超’는 뛰어 넘는 것을 말합니다. 이 네 글자는 짐승들이 놀라 뛰거나 이리저리 내닫는 것을 형용하였습니다.

114 誅誅斬斬賊賊盜 捕獲獲叛亡

誅(言); 벨주
斬(斤); 벨참
賊(貝); 도둑적
盜(皿); 훔칠도
捕(手); 잡을포
獲(犬); 얻을획
叛(又); 배반할반
亡(亠); 잃을망, 없을무

盜賊은 死刑을 하고
叛逆者는 잡아들인다

'誅'와 '斬' 모두 사람을 죽이는 것을 말하는데 '斬'은 특히 목을 베어 죽이는 것을 말합니다. '誅殺주살'이나 '斬首참수'는 대체로 죄인을 죽이는 것을 뜻합니다.

古代의 商鞅상앙(서기전 390?~338), 韓非子(서기전 280?~233), 그리고 李斯이사(서기전 284~208)는 法家의 대표적인 인물들이었는데, 세 사람 모두가 秦나라의 富國强兵부국강병을 주도했던 사람들이었습니다. 商鞅은 秦의 法制법제와 賞罰상벌의 제도를 대폭 바꾸는 소위 '變法변법'을 시행하여 천하통일의 기초를 다졌습니다. 그 후 李斯와 韓非子도 儒家의 仁治를 배척하고, 法治와 가혹한 刑罰형벌을 내세워 秦始皇으로 하여금 王權왕권을 공고히 하게 하였습니다. 이들의 방법은 매우 성공적으로 공헌을 하였으나 최후는 비참하였습니다.

商鞅은 모반의 죄를 쓰고 誅殺된 후 屍身은 다섯 필의 말에 매어 찢기어졌고, 韓非子는 李斯의 모함으로 毒殺독살되었으며, 다시 李斯는 趙高조고의 모함을 받아 咸陽함양의 저잣거리에서 腰斬요참(허리를 잘리는 형벌)을 당하고 가족은 모두 誅殺되었습니다.

그는 刑場형장에서 함께 형을 당하는 아들에게 "아들아 우리가 함께 개를 끌고 東門 밖에 나가 토끼 사냥을 하던 즐거움을 기억하느냐? 이제 좋은 시절이 다시는 없을 것 같구나!"라는 마지막 말로 이승의 아들과 이별을 하였다

합니다. 이 세 사람은 法治의 수단으로 많은 重刑중형을 만들어 냈는데, 끝내는 그중에서 가장 큰 형벌이 자신들의 몫이 되었습니다.

그로부터 약 2,000년 후 새로운 變法변법 주창자가 나타났습니다. 淸나라의 말기 譚嗣同담사동(1865~1898)이라는 維新思想家유신사상가가 있었는데, 그는 중국 역사 2,000년의 封建君主制봉건군주제를 비판하면서 "천하의 君主를 모두 죽여 그 피가 지구에 넘쳐 萬民의 恨한을 풀게 하자."는 강력한 개혁의 變法을 선포하였습니다. 아울러 서양의 문물을 배워야 한다는 근대화(서양화) 운동을 전개하였습니다.

秦나라의 儒家를 배척한 法家와 비교한다면, 이는 儒家思想을 중심으로 내려온 2,000년이 넘는 중국의 역사를 통째로 배척하는 현대의 法家라 할 수도 있었습니다. 그러나 그도 뜻을 함께 한 다른 5명의 동지들과 역시 北京의 저잣거리에서 斬首되었습니다. 唯物主義유물주의 사상을 신봉했던 그들은 現代史에서 '戊戌年무술년의 六君子'라 기록되었습니다. 개혁의 이론은 집권자에게는 매우 유용한 공헌을 하였지만 정작 이론을 만들어낸 사람들은 兎死狗烹토사구팽의 운명을 맞이하는 전례를 남겼습니다.

'賊'은 秦漢 이전에는 반란을 일으켜 사람들에게 危害위해를 가하는 사람을 말하고, '盜'는 다른 사람의 물건을 훔치는 자를 말하였습니다. ≪左傳 · 昭公十四年≫에는 "사람 죽이는 것을 두려워하지 않는 자를 賊이라(殺人不忌爲賊)" 했고, 다시 <文公十八年>에서는 "재물을 훔치는 자를 盜라(竊賄爲盜)" 했습니다. 여기에서는 이러한 盜賊들을 모두 사형에 처해야 함을 말한 것입니다.

'捕獲'은 잡아들이는 것이며, '叛亡'은 背叛배반을 하고 逃亡도망하는 자를 말합니다. 이는 국가적으로 보면 謀叛모반이나 叛逆이기 때문에 이러한 사람들은 잡아들여 治罪치죄를 해야 한다는 의미입니다. 이 구절은 국가의 患難환난을 예방하려면 곧 이렇게 해야 한다는 의미를 담고 있습니다.

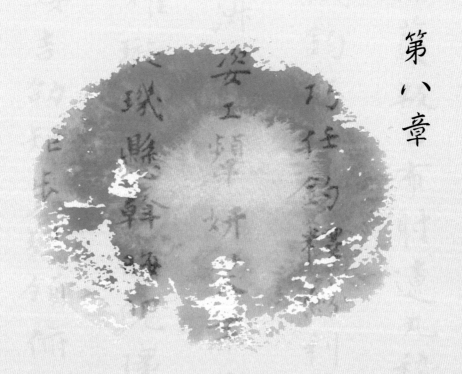

第八章

115 布射僚丸 嵇琴阮嘯

布(巾); 베포
射(寸); 쏠사, 벼슬이름야,
　　　　맞힐석
僚(人); 벼슬아치료
丸(丶); 알환
嵇(山); 산이름혜
琴(玉); 거문고금
阮(阜); 나라이름완
嘯(口); 휘파람불소

呂布의 弓術과 熊宜僚의 공놀이
嵇康의 彈琴과 阮籍의 휘파람

　이 구절과 다음 구절은 역사적으로 유명했던 逸話일화가 있는 8명의 사람들을 말하였습니다. '布射'는 呂布(?~198)의 활쏘기를 말합니다. 袁術원술이 劉備유비를 공격하자 劉備가 呂布에게 도움을 청했습니다. 그러나 呂布는 그들의 싸움에 끼어들고 싶지가 않아서 그는 둘을 불러놓고 내기를 걸었습니다. 즉 營門영문에 자신의 槍창을 세우게 하고 자신이 활을 쏘아 창날을 맞히면 둘이 화해를 하자는 제안을 한 것입니다. 呂布는 창날을 명중시켰고, 둘은 어쩔 수 없이 서로 물러났습니다. '布射'는 이 故事를 말한 것입니다.

　'僚丸'은 熊宜僚웅의료의 구슬공 던지기를 말한 것입니다. 그는 楚나라 사람으로 한 손에 아홉 개의 구슬공을 가지고 놀았는데, 아홉 개를 번갈아 공중에 던지되 언제나 그중 한 개는 손에 있고 여덟 개는 계속 공중에서 돌았습니다. 楚의 莊王장왕이 宋을 공격하는데 오래도록 결판이 나지 않고 있었습니다. 하루는 熊宜僚가 양쪽 진영의 중간에 나타나 아홉 개의 구슬공을 가지고 묘기를 시작했습니다. 宋의 병사들이 넋을 잃고 쳐다보는데, 楚軍은 이 틈을 타서 기습 공격을 하여 宋軍을 한순간에 무너뜨렸습니다.

　'嵇琴'은 嵇康혜강(223~263)의 彈琴탄금 고사를 말합니다. 그는 음악에 精通정통한 사람이었습니다. 하루는 어떤 奇人기인에게서 '廣陵散광릉산'이라는 곡을 배웠는데, 그 音이 참으로 절묘하였습니다. 그는 曹操조조의 증손녀와 결혼하여 한 때는 벼슬도 하였지만, 政權정권이 司馬氏사마씨로 넘어가면서 결국은 司馬氏한테 죽임을 당하였습니다. 그가 잡혀가자 三千에 이르는 太學生들이 그에게 廣陵散을 배울 수 있게 해달라고 탄원을 하였지만 司馬氏는 허락하지 않았으며, 다만 죽기 전에 嵇康은 마지막으로 이 곡을 연주할 수 있었습니다. 그리고 "廣陵散은 오늘로 끝이로구나!" 하며 탄식을 하고 처형되었다고 합니다.

廣陵散은 춘추전국시대 齊나라의 聶政섭정이라는 勇士용사의 고사를 소재로한 敍事曲서사곡으로 매우 유명하였습니다. ≪史記 · 刺客列傳자객열전≫에 이러한 고사가 전합니다. 당시 韓나라의 大臣이었던 嚴遂엄수가 섭정에게 예를 갖추어 부탁을 하였는데, 그 내용은 원한을 갚아 달라는 것이었습니다. 섭정은 무뢰배에 지나지 않는 자신을 인정해 준 엄수의 부탁을 들어 주어야겠다는 생각을 하였습니다.

그는 단신으로 韓나라에 들어가 재상을 죽였고, 자신은 스스로 얼굴을 모두 훼손하여 사람들이 알아보지 못하게 하였습니다. 하지만 섭정의 누이가 자객이 韓나라의 재상을 죽였다는 소문을 듣고 그곳으로 가서 자신의 죽은 동생을 확인하고 울었습니다. 누이는 자신의 동생이 무명자객이 되는 것이 싫어서, 사람들에게 그가 자신의 동생이며 자신에게 累누를 끼치지 않으려고 스스로 얼굴을 훼손한 것이라고 말하고 그곳에서 울다가 죽었습니다. 이 고사를 소재로 한 광릉산이라는 악곡이 세상에 알려졌는데 嵇康에게서 재현되었다가 다시 사라지게 된 것입니다.

'阮嘯'는 阮籍완적(210~263)의 휘파람을 말합니다. ≪世說新語 · 棲逸서일≫에 전합니다. 阮籍은 술을 좋아하고 음악에 조예가 깊었는데, 그는 술을 마시면 악기(琴)를 연주하면서 때로는 휘파람을 불었습니다. 그의 휘파람 소리는 몇 百步까지도 들렸습니다. 하루는 蘇門山소문산에 眞人(道敎에서 말하는 得道한 사람)이 나타났다는 소문을 듣고 그를 찾아갔습니다. 그와 마주앉아 阮籍은 古今의 많은 이야기를 하면서 그의 의견을 물었습니다. 그러나 그는 먼 허공을 주시할 뿐 아무 말도 하지 않았고, 답답한 阮籍은 휘파람을 불었는데 그 眞人이 웃으면서 한 曲 더 청했습니다. 결국 휘파람만 몇 곡 부르고 산을 내려오는데 산 위에서 참으로 미려한 휘파람 소리가 들렸습니다. 돌아보니 그 眞人이 휘파람을 불고 있었고 그 소리는 산 전체에 마치 樂隊악대의 연주 소리처럼 울리고 있었습니다.

116 恬筆笔倫伦紙纸　鈞钧巧任釣钓

恬(心); 편안할념
筆(竹); 붓필
倫(人); 인륜륜
紙(糸); 종이지
鈞(金); 고를균
巧(工); 기교교
任(人); 맡길임
釣(金); 낚시조

蒙恬은 붓이요 蔡倫은 종이라
馬鈞은 손재주요 任공자는 낚시라

　'恬筆'은 '蒙恬造筆_{몽념조필}'을 줄인 말로, 蒙恬(서기전 ?~220)이 최초로 붓을 만들었다는 故事를 말합니다. 蒙恬은 秦始皇의 命을 받아 萬里長城을 축조한 사람입니다. 옛날에는 竹片이나 木片에 칼로 글자를 새겨 기록을 했습니다. 삼십만의 大軍을 동원하여 끝도 없는 지상 최대의 공사를 하면서 수많은 기록이 필요한 그에게 이러한 방식은 참으로 짜증나는 일이었을 것입니다. 짐승의 털을 모아 막대기에 묶어 물감을 묻혀 흰 비단에 글자를 쓰면 얼마나 편리한 방법인가? 붓의 시작은 아마도 이러하였을 것입니다.

　蒙恬은 비교적 뻣뻣한 사슴 털을 가운데 심으로 하고 부드러운 양털을 주위에 입혀 끝이 뾰족하도록 만들어 글자를 쓰기에 매우 편리하게 만들었다고 합니다. 아직도 中國文字는 붓으로 쓸 때 가장 아름다우며, 붓은 가히 中國文化의 상징적인 물건이라 할 수 있습니다. 옛날에는 붓대를 金銀으로 만들기도 했으며 또는 象牙나 玉으로 象嵌_{상감}을 넣기도 했습니다. 붓털도 매우 다양하여 심지어는 사람의 수염을 쓰기도 했다 하며, 지금도 100일 정도 지난 아이의 머리털로 붓을 만들기도 합니다.

　'倫紙'는 '蔡倫造紙_{채륜조지}' 즉 蔡倫(?~121)이 처음으로 종이를 만든 고사를 말합니다. 종이가 만들어지기 전에는 비단에 글씨를 쓰거나, 또는 누에고치에서 비단실을 뽑고 남은 찌꺼기를 가지고 종이처럼 만들어 썼는데 이것을 당시에는 '紙'라 했습니다. 그러나 이러한 것들은 비싸고 또한 무거웠습니다. 蔡倫은 나무껍질과 삼머리(麻頭), 그리고 헝겊이나 헤진 그물 등을 원료로 하여 처음으로 종이를 만들었는데 이를 '蔡侯紙채후지'라 했습니다.

中國에서 書畵用서화용으로 쓰이는 가장 유명한 종이는 宣紙선지입니다. 이는 安徽省안휘성의 南部 涇縣경현에서 생산하는데, 이곳은 역대로 '宣州府'에 속하는 곳이어서 그 지명을 따라 그렇게 불렀습니다. 宣紙는 靑檀木청단목 껍질을 원료로 만드는데 부드럽고 질기며 매끄러우면서 질감이 좋고 또한 오래도록 변색되지 않으며 좀처럼 벌레 먹거나 하지도 않습니다. 우리가 보통 '宣紙' 또는 '畵宣紙'라고 하는 말은 여기에서 비롯된 것입니다.

우리나라에는 약 200년쯤에 製紙제지 기술이 전해졌는데 자연환경이 다른 우리는 中國과 다른 원료 즉 닥나무(楮)를 사용하여 만들었습니다. 그러나 우리의 韓紙는 오히려 中國 것보다 더 우수하여 옛날에는 줄곧 中國으로 역수출 하였습니다. 지금도 한지는 洋紙보다 훨씬 우수합니다. 즉 화학처리를 하는 양지는 우선 인체에 해로울 수가 있으며, 한지는 천년이 넘어도 성성하지만 양지는 몇십 년만 지나면 삭아 내립니다. 질감과 미관에서도 한지가 월등이 우수합니다. 다만 대량 생산이 어렵고 따라서 원가가 비싸다는 단점을 극복해야 하는 문제가 있습니다. 붓과 종이 그리고 먹과 벼루는 文房四友문방사우라 하여 文人은 언제나 이와 함께 했습니다.

'鈞巧'는 '名巧馬鈞명교마균'의 고사를 말합니다. 三國時代 魏위나라 사람이었던 馬鈞(生卒年代 未詳)은 당시의 발명가였습니다. 그는 시골의 가난한 농가에 태어나 살면서 생활에 필요한 많은 것들을 만들었는데, 가령 집에서 누나가 비단을 짜는 베틀(織綾機)을 보고 짜기 쉬우면서 효율이 훨씬 높은 베틀을 만들었으며, 洛陽에서 물이 닿지 않아 버려진 땅을 보고는 물을 끌어올리는 水車(翻車 또는 龍骨水車)를 만들어 農地 灌漑관개를 이루어내기도 하였습니다.

그러나 가장 돋보이는 것은 指南車지남거라 할 수 있습니다. 이는 낯선 곳에서 전쟁을 할 때 방향을 잃지 않게 하기 위하여 고안된 수레를 말합니다. 옛날 黃帝와 蚩尤치우가 涿鹿탁록의 전쟁에서 蚩尤가 안개를 일으키자 黃帝가 指南車를 만들어 방향을 잃지 않았다는 고사가 있었지만, 그 만드는 방법은 전해지지 않았습니다. 馬鈞이 스스로 연구하여 이를 만들어 냈는데 수레에 木偶목우를 세워 그 오른쪽 팔은 언제나 남쪽을 향하도록 고안되었다 합니다.

'任釣'는 任 公子의 낚시질을 말합니다. ≪莊子 · 外物≫에 나오는 이야기인데 그 내용을 대충 요약합니다.

任나라의 한 公子가 낚시를 하는데 검은 비단 동아줄에 오십 마리의 去勢거세한 수소(거세하면 살집이 좋다고 합니다)를 미끼로 끼어 매일 會稽山회계산에 앉아 東海에 낚시를 드리우고 있었습니다. 일 년이 지나 고기를 낚았는데 바다가 진동하고 물결이 산처럼 일어났습니다. 그 소리는 또한 귀신 소리와 같아 천리 밖의 사람들도 두려워할 정도였는데, 공자는 이 고기를 낚아 바람에 말려서 사람들에게 주었습니다. 浙江절강의 동쪽과 蒼梧창오의 북쪽 사람들은 모두 이 고기를 실컷 먹지 않은 사람이 없었습니다. 후에 말을 좋아하는 소인배들이 이를 두고 서로 쑥덕거렸습니다. 그러나 막대기에 가느다란 실을 매달아 개울에서 피라미나 낚는 사람들이 이러한 큰 고기를 생각하는 것은 어려운 일입니다. 얕은 학식으로 이름이나 얻으려는 사람들이 크게 깨닫기까지는 참으로 머나먼 길인 것입니다.

117 釋釋紛紛利俗 並并皆佳妙

釋(采); 설명할석
紛(糸); 어지러울분
利(刀); 날카로울리
俗(人); 풍습속
並(一); 竝(立)과 同字,
           나란히설병
皆(白); 모두개
佳(人); 아름다울가
妙(女); 묘할묘

분규를 풀고 세상을 이롭게 하니
모두가 아름답고 절묘하였더라

'釋紛'은 사람들의 紛糾분규를 푸는 것이며, '利俗'은 俗民속민을 利롭게 한다는 뜻입니다. '並皆佳妙'는 '아울러 모두가 훌륭하고 절묘하였다'는 의미입니다. 이 구절은 앞에서 말한 여덟 사람의 재능이 모두 사람들의 분규를 풀고 백성들에게 이익과 편리함을 제공했다는 뜻입니다.

다시 되짚어 보면, 呂布는 스스로의 弓術궁술을 이용하여 싸움을 말렸으며, 嵆康과 阮籍은 음악으로 사람들에게 깊은 감동을 주었고, 蔡倫과 馬鈞은 中國의 四大發明(종이, 木版印刷, 指南針, 火藥)에 속하는 종이와 指南車를 발명했습니다. 이외에도 熊宜僚의 구슬공 던지는 재주는 사람들을 즐겁게 했고, 蒙恬은 붓을 만들어 문자의 활용을 도왔으며, 任公子는 낚시를 하여 수많은 사람들을 배불리 먹였습니다. 이들 모두는 사람들을 이롭게 하고 편리를 도모하는데 큰 공헌을 한 사람들인 것입니다.

현대 문명의 利器들은 대체로 환경을 파괴하고 지나친 편의 도모로 아예 사람의 일감을 빼앗아 가는 경우가 많습니다. 이로 인해 우리는 물과 공기를 걱정해야 하는 지경에 와 있으며, 적정한 육체노동을 잃은 현대인은 온갖 문화병에 시달리고 있습니다. 초등학생들이 안경을 껴야 하고 노인은 치매에 걸려 헛먹은 나이가 되어 버립니다. 보기에는 멀쩡하지만 心身이 나약해진 현대인은 온갖 재주를 부려 도시의 화려한 문명의 威容위용을 세워두고 스스로는 그 속에서 거꾸로 점차 생명의 활기를 잃어가고 있는 것입니다.

지금은 옛날과 달리 인간이 문명이나 과학의 중심에 있지 않고 오히려 그 주변으로 밀려나 예속되고 있는 실정입니다. 가령 건물은 웅장하지만 생물체로서의 인간에게 쾌적한 조건을 갖춘 건물은 찾아보기 어렵습니다. 즉 인간을 위한 건물이 아니고 단지 인간을 수용하기 위하여 건물을 짓는 것입니다. 옛날에는 '利俗'이었지만 지금은 '害俗해속'을 하고 있습니다.

118 毛施淑姿 工嚬妍妍笑

毛嬙·西施는 아름다운 자태에
찡그리거나 웃거나 예뻤네

毛(毛); 터럭모
施(方); 베풀시
淑(水); 맑을숙
姿(女); 맵시자
工(工); 장인공
嚬(口); 찡그릴빈
妍(女); 고울연
笑(竹); 웃을소

'毛施'는 毛嬙모장과 西施서시를 말합니다. '淑姿'는 착하고 얌전한 자태입니다. 여자 이름에 '淑'字를 많이 쓰는 것도 이러한 이유에서입니다.

《莊子·齊物論제물론》에 이 둘의 기록이 있습니다. "毛嬙과 麗姬여희를 사람들은 예쁘다고 한다(毛嬙麗姬, 人之所爲美也)."라 했고, <天運천운> 편에는 西施에 관해서 조금 더 자세한 설명이 있습니다.

> 西施는 가슴앓이가 있어 眉間미간을 찡그리고 다녔다. 그 마을의 醜女추녀가 이것을 보고 예쁘다고 여겨(西施가 자신과 다른 것은 단지 그 찡그리는 것 때문이라고 생각하여) 그 여자도 역시 가슴에 손을 얹고 찡그리며 다녔다. 마을 사람들은 이를 보고 富者(부자)는 대문을 굳게 닫고 나가지를 않았으며, 가난한 사람은 妻子를 데리고 멀리 떠났다(西施病心而矉其里. 其里之醜人, 見而美之, 歸亦奉心而矉其里. 其里之富人見之, 堅閉門而不出, 貧人見之, 挈妻子而去走).

여기에서 '矉'과 '嚬'은 같이 쓰이는 글자(通用字)입니다. 이로부터 '東施效嚬동시효빈'이라는 말이 생겼습니다. 즉 西施에 상대적인 의미(혹은 西施의 맞은편 집에 살았던 여자라고도 함)로 東施라 하였는데, 추녀가 서시의 미모는 모르고 단지 찡그리는 것만을 흉내 내려 한 것을 풍자한 것입니다.

'工嚬'은 잘 찡그렸다는 뜻이지만 찡그린 얼굴조차 예뻤다는 것을 암시합니다. '妍笑'는 아름다운 미소라 하겠습니다.

　西施는 吳나라를 치려는 越의 句踐王구천왕을 크게 도왔습니다. 吳에 大敗한 句踐은 臥薪嘗膽와신상담을 하면서 보복을 준비하고 있었습니다. 그는 찾아온 손님에게는 융숭한 대접을 하였지만 스스로는 마구간에서 지내며 맛있는 음식이나 편히 자고 싶은 생각이 나면 걸어놓은 쓸개를 핥으며 그런 생각을 지웠습니다.

　다른 한편으로는 吳王 夫差부차에게 西施를 바쳐 吳王의 心志를 어지럽게 하였습니다. 과연 이 작전은 크게 성공하였으니, 西施로 인해 吳王은 충신 伍子胥오자서를 죽이고 西施에 耽溺탐닉하게 되었습니다. 이에 越의 句踐은 어렵지 않게 복수를 하였고, 吳나라는 이로 완전히 망하였습니다. 西施는 그 후 越의 충신 范蠡범려와 함께 五湖로 사라졌다 합니다. 한 미인의 힘은 한 나라의 군대보다도 더 큰 역량을 발휘한 역사가 종종 있었습니다.

　夏·殷·周 세 王朝의 마지막 왕은 모두 미인을 얻어 敗亡패망의 길을 걸었습니다.

　夏의 마지막 왕인 桀王걸왕은 敵地적지에서 妹喜말희라는 여자를 進獻진헌받아 방탕한 생활을 하다가 멸망하였습니다.

　殷의 紂王주왕 역시 敵地를 정벌하고 妲己달기라는 미녀를 얻어 즐기다가 멸망하였습니다.

　周의 幽王유왕 또한 적지에서 褒姒포사라는 미인을 進上받아 총애하다가 멸망을 길을 걸었습니다. 미녀 앞에서 정신을 차리기는 참으로 어려운 일임을 입증하였습니다.

西施詠서시영

艶色天下重염색천하중, 西施寧久微서시녕구미?
朝爲越溪女조위월계녀, 暮作吳宮妃모작오궁비.
賤日豈殊衆천일기수중? 貴來方悟稀귀래방오희.
邀人傅香粉요인부향분, 不自著羅衣불자저라의.
君寵益嬌態군총익교태, 君憐無是非군련무시비.
當時浣紗伴당시완사반, 莫得同車歸막득동거귀.
持謝隣家子지사린가자, 效顰安可希효빈안가희?

美色은 천하가 중히 하거니
西施가 어찌 오래 미천하리
아침에 越의 냇가에 있더니
저녁에 吳의 왕비가 되었네
천한 때 어찌 남과 달랐으리
귀해진 후 드문 줄 알았네
사람 시켜 향분을 바르고
비단옷 스스로 입지 않네
왕의 총애 따라 교태 늘고
왕의 사랑에 是非도 없네
지난 날 함께 빨래하던 친구
같은 수레를 타지 못했으니
이웃 여자에게 알리거늘
效顰으로 무슨 희망이 있으리오

唐나라의 王維(699~759)는 위와 같은 시로 사람들의 效顰효빈의 심리를 풍자했습니다.

年矢每催 曦暉暉朗曜

年矢는 세월을 재촉하고
태양은 밝은 빛을 발하네

年(干); 해년
矢(矢); 화살시
每(毌); 매양매
催(人); 재촉할최
曦(日); 햇빛희
暉(日); 빛휘
朗(月); 밝을랑
曜(日); 빛요

'矢'는 화살이란 뜻이지만, 여기에서는 옛날 물시계에 시간을 나타내는 바늘로서의 화살을 뜻합니다. 물시계를 漏刻누각이라 했는데, 漏는 漏壺누호 즉 물을 담은 그릇이며, 刻은 刻箭각전, 즉 눈금을 새긴 화살을 말합니다.

漢나라 때의 누각은 두 단계의 물통을 사용한 것으로 보입니다. 위의 물통 天池에서 아래의 조그만 구멍으로 물을 흘러내려 아래의 물통受水壺으로 받는데, 아래의 물통에 화살을 거꾸로 꽂아두고 옆에 자(尺)의 눈금을 표시해 두었습니다. 물의 양이 많아짐에 따라 화살 끝이 올라가면서 눈금을 가리키게 됩니다. 화살을 꽂은 것은 세월이 화살처럼 빠르다는 것을 암시한 것이라 합니다.

이러한 물시계는 세월 따라 매우 정교하게 발달하여, 元나라 때부터는 이미 '鐘鼓樓종고루'가 北京에 세워지면서 1924년까지 매일 밤 시간을 알려주었다 합니다. 2005년에는 이 고대의 鐘鼓樓가 다시 재현되었습니다. '銅刻漏동각루'라 불리는 이 물시계는 자동으로 징鐃과 25개의 更鼓경고, 그리고 明나라 때 만든 63톤의 大鐘을 울리는데 모두 합하면 108번을 친다고 합니다.

우리나라는 삼국시대에 漏刻을 사용했다는 기록이 있고, 朝鮮의 世宗大王께서 蔣英實장영실을 中國에 파견하여 여러 天文機器천문기기를 연구하게 하였습니다. 그는 돌아와 1434년 자동 時報시보 장치를 한 매우 정교한 물시계를 만들어 바쳤는데, 이를 '自擊漏자격루'라 하였습니다.

‘年矢’는 여기에서는 漏刻의 화살을 말하지만, 일반적으로는 화살처럼 빠른 세월을 의미하기도 합니다. ‘每’는 ‘每番매번’과 같고 ‘催’는 재촉한다는 뜻입니다. 즉 물통에서 물방울이 떨어지면 그만큼 화살은 올라가게 되고 그때마다 세월을 재촉한다는 뜻입니다.

‘曦暉’ 두 글자는 모두 日光을 말하며, ‘朗曜’는 환하게 비춘다는 뜻입니다. 우리는 시간을 잘게 쪼개서 말하지만 이러한 시간의 근원인 태양은 적어도 우리에게는 영원히 세상을 비추며 생명의 시간을 제공합니다.

120　璇璣玑懸悬斡　晦魄環环照

북두칠성이 하늘의 중심을 돌고
달빛은 그믐 초승으로 이어지네

璇(玉); 옥선
璣(玉); 구슬기
懸(心); 매달현
斡(斗); 돌릴알
晦(日); 그믐회
魄(鬼); 넋백, 달빛백
環(玉); 옥환
照(火); 비칠조

　‘璇璣’는 두 가지의 뜻이 있습니다. 하나는 舜순 임금 때 만들었다고 하는 天文을 관측하는 기구의 이름입니다. 璇은 옥으로 된 구슬이며 璣는 기구의 몸체를 말합니다. 즉 별자리를 상징하는 구슬들을 매달아 천체의 운행을 나타냈다고 합니다.

　璇璣의 다른 하나의 뜻은 北斗七星을 말합니다. 북두칠성의 첫 번째에서 네 번째의 별까지를 璇璣라 했고, 자루 부분에 해당하는 나머지 세 별을 玉衡이라 했습니다. 즉 북두칠성을 ‘璇璣玉衡’이라 했는데 여기에서는 璇璣만으로 이를 대신했다고 볼 수 있습니다. 북두칠성은 北極星북극성을 중심으로 밤새도록 회전을 하며, 이를 보고 밤의 시각을 짐작할 수 있습니다.

　‘懸斡’은 매달려 도는 것을 말합니다. 즉 구슬들이 매달려 돌고 있는 것으로 시간의 흐름을 비유하였습니다. 이는 앞에서 ‘年矢’로 낮의 시간을 말한 것에 비해 밤의 시간을 의미한 것입니다. 혹은 북두칠성이 북극성을 중심으로 하여 도는 것을 마치 매달린 것처럼 말했다고도 볼 수 있습니다.

　‘晦’는 음력 한 달의 마지막 날, 즉 달빛이 없는 그믐을 말하고, ‘魄’은 달이 처음 떠오르는 新月을 말합니다. ‘晦魄’은 초하루(朔), 보름(望), 그리고 그믐(晦)으로 이어지는 달의 한 달 주기를 의미한 것입니다.

　‘環照’는 바로 달빛이 사라졌다가 다시 이어져 끊임없이 반복해 비치는 것을 말합니다. 이도 앞에서의 '曦暉_{희휘}'로 태양을 중심으로 하는 낮의 시간을 말한 것이라면, 여기에서는 달을 중심으로 한 밤의 시간을 말한 것으로 볼 수 있습니다.

지구와 달은 언제나 같은 자리를 돌고 있지는 않습니다. 만약에 그렇다면 해와 달 그리고 지구나 다른 별들 모두는 독립된 개체로서의 위상이 비교적 확실하게 될 것입니다. 즉 지구가 언제나 같은 자리를 맴돈다면 설명하기 어려운 현상들이 훨씬 줄어들 것입니다.

그러나 자전축이 비스듬한 지구는 공전의 궤도도 조금씩은 다르며, 태양도 제자리에 붙박이로 있는 것도 아니고, 북극성도 조금씩 움직인다고 합니다. 모두가 단조로운 운동을 하지 않고 이해하기 힘든 螺旋形_{나선형}의 운동을 하는 것으로 알려져 있습니다. 예로부터 이러한 천문을 이해하고 시간의 개념을 명확히 하기 위해 부단한 노력을 해왔습니다.

121 指薪修祜 永綏綏吉劭

指(手); 손발가락지
薪(艸); 땔나무신
修(人); 닦을수
祜(示); 복호
永(水); 길영
綏(糸); 끈수, 드리울타
吉(口); 길할길
劭(力); 힘쓸소

땔감을 이어 가듯 德을 쌓으니
오래도록 평안하고 행복할지라

'指薪'은 成語 '薪盡火傳신진화전(나무는 타 없어져도 불은 이어진다)'의 의미를 담고 있습니다. 이는 ≪莊子・養生主≫의 "땔감이 다 하여 타며 불을 이어가니 불은 꺼질 줄을 모른다(指窮於爲薪, 火傳也, 不知其盡也)."에서 나온 말입니다.

≪莊子≫에서는 養生을 강조하는 의미에서 이런 비유를 하였습니다. 땔나무가 다 타면 우리는 땔감을 다시 넣어 불을 이어가게 합니다. 燧人氏수인씨가 불을 만든 이래 지금까지 불은 꺼져 본 일이 없습니다. 마찬가지로 생명이 생긴 이래 생명도 사라져 본 일이 없으니 養生을 땔나무에 비유했다고 볼 수 있습니다.

'祜'는 '福복'과 같은 의미로, '修祜'는 修福 즉 福을 닦는다는 뜻입니다. 이는 곧 積德적덕을 의미합니다. 즉 불을 이어가듯이 덕을 이어가는 것이 곧 福을 가져온다는 것을 뜻합니다. 따라서 여기에서는 끊임없이 덕을 쌓아야 함을 강조하였다고 할 수 있습니다.

'綏'는 본래 수레를 탈 때 손에 잡는 끈을 말하는데 여기에서는 '편안하다(安)'는 뜻으로 쓰였습니다. '劭'는 '힘쓴다'는 의미입니다. 즉 땔감을 계속 넣어 불길이 꺼지지 않도록 하듯이, 인생에서도 끊임없는 積德으로 오래도록 편안하며 상서로운 일에 힘써야 할 것이라는 뜻을 담고 있습니다.

앞에서는 낮이면 日光이 비추고 밤이면 달빛이 순환하니 그 사이에 사람은
곧 늙는다고 했습니다. 서둘러 積德을 해야 함을 암시하였습니다.

122 矩步引領 俯仰廊廟_庙

123 束帶_带矜莊_庄 徘徊瞻眺

반듯한 걸음에 고개를 들고
廊廟에서 아래 위를 보거나
衣冠을 갖추고 엄숙하며
조심스럽게 멀리 바라보네

矩(矢); 곱자구
步(止); 걸음보
引(弓); 당길인
領(頁); 목령
俯(人); 숙일부
仰(人); 우러러볼앙
廊(广); 곁채랑
廟(广); 사당묘
束(木); 묶을속
帶(巾); 띠대
矜(矛); 엄숙할긍,
　　　홀아비관
莊(艹); 엄할장
徘(彳); 노닐배
徊(彳); 노닐회
瞻(目); 볼첨
眺(目); 바라볼조

‘矩步’는 반듯한 걸음걸이를 말합니다. ‘引領’은 멀리 보기 위해 목을 빼는 뜻이지만 여기에서는 목을 반듯하게 세워 머리를 든다는 의미로 쓰였습니다.

‘俯’는 머리를 숙이는 것이고, ‘仰’은 머리를 드는 것입니다. ‘廊’은 건물을 이어주는 복도를 말하는데, 여기에서는 朝廷_{조정}을 의미했습니다. ‘廟’는 조상의 神位를 모신 곳입니다. ‘廊廟’는 帝王과 大臣들이 모여 政事를 논의하는 朝廷과 신위를 모신 사당을 의미한 것입니다. 이는 가장 엄숙해야 하는 곳을 말한 것으로 행동에 있어서 머리를 들고 숙이는 것조차 신중해야 함을 뜻하였습니다. 몸가짐 하나하나를 조심해야 한다는 뜻으로 보입니다.

‘束’은 묶는 것이며, ‘帶’는 ‘衣帶’를 말하는데, 특히 허리 부분에 매어 끈의 끝을 길게 늘어뜨리는 큰 띠(紳)를 뜻합니다. 즉 ‘束帶’는 띠를 여미는 것이지만 실제로는 正裝_{정장}을 한다는 의미를 나타냈습니다. ‘矜莊’은 端正_{단정}하면서 嚴肅_{엄숙}함을 말합니다.

陶淵明(365∼427)이 彭澤팽택의 縣令현령으로 있을 때 하루는 郡군의 監察감찰 관리가 온다는 통보를 받았습니다. 陶淵明은 상급 관리인 그를 '束帶'로 맞이해야 하는 상황에서, "내가 어찌 다섯 말의 쌀 때문에 시골의 소인배들에게 허리를 굽히겠는가!(我豈能爲五斗米, 折腰向鄕里小兒!)"라 탄식하며 관직을 내던지고 집에 돌아와 '歸去來辭귀거래사'를 읊었습니다. 그 후로 陶淵明은 다시는 벼슬을 하지 않았습니다.

'徘徊'는 나아갈 듯 주저하면서 나아가지 않는 것으로 조심하는 모습을 말합니다. '瞻'은 하늘을 바라볼 때처럼 올려 보는 것이며, '眺'는 멀리 바라보는 것입니다. '瞻眺'는 높고 멀리 시야를 한껏 늘려 바라보는 늠름한 모습을 형용한 것으로 보입니다. 여기에서는 안으로의 덕을 쌓는 것 못지않게 밖으로도 一擧一動일거일동에 儀禮의례를 따르는 세심한 주의가 필요함을 말하였습니다.

124 孤陋寡聞聞 愚蒙等誚誚

孤陋하고 견문이 적으니
우매함에 질책을 기다리네

≪禮記 · 學記≫에 "홀로 배워 벗이 없으면 고루하여 寡聞과문하다(獨學而無友, 則孤陋而寡聞)." 하였습니다. '孤'는 짝이 없이 홀로 있는 것을 말하며, '陋'는 견문이나 도량이 좁은 것을 말합니다. 생각을 나누고 묻고 할 만한 사람이 없이 홀로 공부한다면 그만큼 견식이 좁을 수밖에 없습니다. 학문을 연마함에 있어서 이는 매우 경계해야 될 일로 여겼습니다. 고루하면 學識학식은 淺薄천박하고 見識이 좁을 수밖에 없습니다. '寡聞'은 見聞이 좁은 것을 말합니다.

고루하고 寡聞하면 편견에 빠지기 쉽습니다. 정치하는 사람들이 좋은 뜻을 가지고 있지만 이를 성취하지 못하는 것은 고루하거나 견식이 좁기 때문입니다. 자신의 소견이 좁은 것은 모르고, 단지 밀어붙입니다. 몇 년 전 우리나라의 철없는 기독교인들이 이슬람교를 국교로 믿는 나라에 가서 선교활동을 하다가 死境사경에서 허덕인 일이 있습니다. 상대방의 종교를 존중할 줄 모르고 내 종교만을 내세우는 것은 그만큼 생각이 고루해서입니다. 고루한 사람일수록 오히려 我執아집은 더 강하기 마련입니다.

'愚蒙'은 愚昧우매하고 배운 것이 없음을 말합니다. '誚'는 꾸지람이나 嘲笑조소의 뜻이며, '等誚'는 자신이 모자라기 때문에 사람들의 조소와 꾸중을 기다린다는 의미입니다. 이제 지은이는 ≪千字文≫을 마치면서 자신이 고루하고 과

문할 뿐만 아니라 어리석기까지 한데 감히 옛 성현들의 말씀을 云謂운위하였으니 사람들의 叱正질정을 바란다는 뜻입니다. 그는 매우 겸손한 끝맺음을 하고 있습니다.

125 謂谓語语助者 焉哉乎也

謂(言); 이를위
語(言); 말할어
助(力); 도울조
者(老); 놈자
焉(火); 어찌언
哉(口); 어조사재
乎(丿); 어조사호
也(乙); 어조사야

어조사를 말하였으니
言・哉・乎・也일 뿐이라

　‘謂語助者’는 자신은 지금까지 단지 語助辭어조사와 같은 말을 하였을 뿐으로 자신의 말을 한 것이 없다는 의미입니다. 즉 言・哉・乎・也와 같은 어조사의 역할만을 하였다는 의미입니다.

　千字文은 대부분 典故전고 즉 옛 문헌에서 인용하거나 교훈이 될 만한 故事를 전하고자 하였습니다. 스스로 지어낸 말은 별로 없습니다. 이것은 孔子의 ‘述而不作술이부작’과도 같은 정신이라 하겠습니다. 즉 역사는 있는 그대로 전할 뿐 여기에 전하는 사람의 私見사견이 보태져서는 안 된다고 보는 것입니다.

　현대의 역사책들은 대부분 쓰는 사람 마음대로 편집을 하고 왜곡합니다. 심지어는 자신의 주관으로 역사를 재구성하기도 합니다. 옛사람은 이러한 역사의 왜곡을 가장 경계하였습니다.

　그러나 孔子가 그러하였듯이 그가 역사를 통해 보여주고자 한 것은 창작 이상으로 생생한 감동을 전하는 것이었습니다. 그는 스스로가 고루하고 寡聞하여 우매하다고까지 하였습니다. 그래서 창작을 하지 않고 옛일을 전하고자 하였으며, 따라서 단지 편집을 하여 어조사의 역할을 하고자 하였다는 뜻입니다. 그는 1,000字에서 마지막 남은 16字로 겸양의 뜻을 절묘하게 나타내었습니다.

附錄
(부록)

1. 簡體字 千字文 全文과 중국어 독음

天地玄黄（tiāndìxuánhuáng） 宇宙洪荒（yǔzhòuhónghuāng）。
日月盈昃（rìyuèyíngzè）, 辰宿列张.（chénxiǔlièzhāng）。
寒来暑往（hánláishǔwǎng）, 秋收冬藏（qiūshōudōngcáng）。
闰余成岁（rùnyúchéngsuì）, 律吕调阳（lùlǚtáoyáng）。
云腾致雨（yúnténgzhìyǔ）, 露结为霜（lùjiéwéishuāng）。
金生丽水（jīnshēnglìshuǐ）, 玉出昆冈（yùchūkūngāng）。
剑号巨阙（jiànhàojùquè）, 珠称夜光（zhūchēngyèguāng）。
果珍李奈（guǒzhēnlǐnài）, 菜重芥姜（càizhòngjièjiāng）。
海咸河淡（hǎixiánhédàn）, 鳞潜羽翔（línqiányǔxiáng）。
龙师火帝（lóngshīhuǒdì）, 鸟官人皇（niǎoguānrénhuáng）。
始制文字（shǐzhìwénzì）, 乃服衣裳（nǎifúyīshāng）。
推位让国（tuīwèiràngguó）, 有虞陶唐（yǒuyútáotáng）。
吊民伐罪（diàomínfázuì）, 周发殷汤（zhōufāyīntāng）。
坐朝问道（zuòcháowèndào）, 垂拱平章（chuígǒngpíngzhāng）。
爱育黎首（àiyùlíshǒu）, 臣伏戎羌（chénfúróngqiāng）。
遐迩一体（xiáěryītǐ）, 率宾归王（shuàibīnguīwáng）。
鸣凤在竹（míngfèngzàizhú）, 白驹食场（báijūshíchǎng）。
化被草木（huàbèicǎomù）, 赖及万方（làijíwànfāng）。
盖此身发（gàicǐshēnfà）, 四大五常（sìdàwǔcháng）。
恭惟鞠养（gōngwéijūyǎng）, 岂敢毁伤（qǐgǎnhuǐshāng）。
女慕贞洁（nǚmùzhēnjié）, 男效才良（nánxiàocáiliáng）。
知过必改（zhīguòbìgǎi）, 得能莫忘（dénéngmòwàng）。
罔谈彼短（wǎngtánbǐduǎn）, 靡恃己长（míshìjǐcháng）。
信使可覆（xìnshǐkěfù）, 器欲难量（qìyùnánliáng）。

墨悲丝染 (mòbēisīrǎn)，　　　诗赞羔羊 (shīzàngāoyáng)。

景行维贤 (jǐngxíngwéixián)，　克念作圣 (kèniànzuòshèng)。

德建名立 (déjiànmínglì)，　　形端表正 (xíngduānbiǎozhèng)。

空谷传声 (kōnggǔchuánshēng)，虚堂习听 (xūtángxítīng)。

祸因恶积 (huòyīnèjí)，　　　福缘善庆 (fúyuánshànqìng)。

尺璧非宝 (chǐbìfēibǎo)，　　寸阴是竞 (cùnyīnshìjìng)。

资父事君 (zīfùshìjūn)，　　　曰严与敬 (yuēyányǔjìng)。

孝当竭力 (xiàodāngjiélì)，　　忠则尽命 (zhōngzéjìnmìng)。

临深履薄 (línshēnlǚbáo)，　　夙兴温凊 (sùxīngwēnqìng)。

似兰斯馨 (sìlánsīxīn)，　　　如松之盛 (rúsōngzhīshèng)。

川流不息 (chuānliúbùxī)，　　渊澄取映 (yuānchéngqǔyìng)。

容止若思 (róngzhǐruòsī)，　　言辞安定 (yáncíāndìng)。

笃初诚美 (dǔchūchéngměi)，　慎终宜令 (shènzhōngyìlìng)。

荣业所基 (róngyèsuǒjī)，　　籍甚无竟 (jíshènwújìng)。

学优登仕 (xuéyōudēngshì)，　摄职从政 (shèzhícóngzhèng)。

存以甘棠 (cúnyǐgāntáng)，　　去而益咏 (qùéryìyǒng)。

乐殊贵贱 (lèshūguìjiàn)，　　礼别尊卑 (lǐbiézūnbēi)。

上和下睦 (shànghéxiàmù)，　夫唱妇随 (fūchàngfùsuí)。

外受傅训 (wàishòufùxùn)，　入奉母仪 (rùfèngmǔyí)。

诸姑伯叔 (zhūgūbóshú)，　　犹子比儿 (yōuzǐbǐér)。

孔怀兄弟 (kǒnghuáixiōngdì)，同气连枝 (tóngqìliánzhī)。

交友投分 (jiāoyǒutóufēn)，　切磨箴规 (qiēmózhēnguī)。

仁慈隐恻 (réncíyǐncè)，　　造次弗离 (zàocìfúlí)。

节义廉退 (jiéyìliántuì)，　　颠沛匪亏 (diānpèifěikuī)。

性静情逸 (xìngjìngqíngyì)，　心动神疲 (xīndòngshénpí)。

守真志满 (shǒuzhēnzhìmǎn)，逐物意移 (zhúwùyìyí)。

坚持雅操 (jiānchíyǎcāo)，　好爵自縻 (hǎojuézìmí)。

都邑华夏（dūyìhuáxià），　　　　　东西二京（dōngxīèrjīng）。
背邙面洛（bèimángmiànluò），　　　浮渭据泾（fúwèijùjīng）。
宫殿盘郁（gōngdiànpányù），　　　　楼观飞惊（lóuguānfēijīng）。
图写禽兽（túxiěqínshòu），　　　　　画彩仙灵（huàcǎixiānlíng）。
丙舍旁启（bǐngshèpángqǐ），　　　　甲帐对楹（jiǎzhàngduìyíng）。
肆筵设席（sìyánshèxí），　　　　　　鼓瑟吹笙（gǔsèchuīshēng）。
升阶纳陛（shēngjiēnàbì），　　　　　弁转疑星（biànzhuànyíxīng）。
右通广内（yòutōngguǎngnèi），　　　左达承明（zuǒdáchéngmíng）。
既集坟典（jìjíféndiǎn），　　　　　　亦聚群英（yìjùqúnyīng）。
杜稿钟隶（dùgǎozhōnglì），　　　　　漆书壁经（qīshūbìjīng）。
府罗将相（fǔluójiāngxiàng），　　　　路侠槐卿（lùxiáhuáiqīng）。
户封八县（hùfēngbāxiàn），　　　　　家给千兵（jiājǐqiānbīng）。
高冠陪辇（gāoguānpéiniǎn），　　　　驱毂振缨（qūgǔzhènyīng）。
世禄侈富（shìlùchǐfù），　　　　　　车驾肥轻（chējiàféiqīng）。
策功茂实（cègōngmàoshí），　　　　　勒碑刻铭（lèbēikèmíng）。
盘溪伊尹（pánxīyīyǐn），　　　　　　佐时阿衡（zuǒshíāhéng）。
奄宅曲阜（yǎnzháiqūfù），　　　　　微旦孰营（wēidànshúyíng）。
桓公匡合（huángōngkuānghé），　　　济弱扶倾（jìruòfúqīng）。
绮回汉惠（qǐhuíhànhuì），　　　　　说感武丁（yuègǎnwǔdīng）。
俊乂密勿（jùnyìmìwù），　　　　　　多士实宁（duōshìshíníng）。
晋楚更霸（jìnchǔgēngbà），　　　　　赵魏困横（zhàowèikùnhéng）。
假途灭虢（jiǎtúmièguó），　　　　　践土会盟（jiàntǔhuìméng）。
何遵约法（hézūnyuēfǎ），　　　　　韩弊烦刑（hánbìfánxíng）。
起翦颇牧（qǐjiǎnpōmù），　　　　　用军最精（yòngjūnzuìjīng）。
宣威沙漠（xuānwēishāmò），　　　　驰誉丹青（chíyùdānqīng）。
九州禹迹（jiǔzhōuyǔjì），　　　　　百郡秦并（bǎijùnqínbìng）。
岳宗泰岱（yuèzōngtàidài），　　　　禅主云亭（chánzhǔyúntíng）。

雁门紫塞（yànménzǐsài），　　　　鸡田赤诚（jītiánchìchéng）。

昆池碣石（kūnchíjiéshí），　　　　钜野洞庭（jùyědòngtíng）。

旷远绵邈（kuàngyuǎnmiánmiǎo），　岩岫杳冥（yánxiùyǎomíng）。

治本于农（zhìběnyúnóng），　　　　务兹稼穑（wùzījiàsè）。

俶载南亩（chùzǎinánmǔ），　　　　我艺黍稷（wǒyìshǔjì）。

税熟贡新（shuìshúgòngxīn），　　　劝赏黜陟（quànshǎngchùzhì）。

孟轲敦素（mèngkēdūnsù），　　　　史鱼秉直（shǐyúbǐngzhí）。

庶几中庸（shùjǐzhōngyōng），　　　劳谦谨敕（láoqiānjǐnchì）。

聆音察理（língyīnchálǐ），　　　　鉴貌辨色（jiànmàobiànsè）。

贻厥嘉猷（yíjuéjiāyóu），　　　　勉其祗植（miǎnqízhīzhí）。

省躬讥诫（xǐnggōngjījiè），　　　　宠增抗极（chǒngzēngkàngjí）。

殆辱近耻（dàirǔjìnchǐ），　　　　林皋幸即（língāoxìngjí）。

两疏见机（liǎngshūjiànjī），　　　解组谁逼（jièzǔshuíbī）。

索居闲处（suǒjūxiánchù），　　　　沉默寂寥（chénmòjìliáo）。

求古寻论（qiúgǔxúnlùn），　　　　散虑逍遥（sànlǜxiāoyáo）。

欣奏累遣（xīnzòulěiqiǎn），　　　　戚谢欢招（qīxièhuānzhāo）。

渠荷的历（qúhédelì），　　　　　　园莽抽条（yuánmǎngchōutiáo）。

枇杷晚翠（pípáwǎncuì），　　　　　梧桐蚤凋（wútóngzǎodiāo）。

陈根委翳（chéngēnwěiyì），　　　　落叶飘摇（luòyèpiāoyáo）。

游鹍独运（yóukūndúyùn），　　　　凌摩绛霄（língmójiàngxiāo）。

耽读玩市（dāndúwánshì），　　　　寓目囊箱（yùmùnángxiāng）。

易輶攸畏（yìyóuyōuwèi），　　　　属耳垣墙（zhǔěryuánqiáng）。

具膳餐饭（jùshàncānfàn），　　　　适口充肠（shìkǒuchōngcháng）。

饱饫烹宰（bǎoyùpēngzǎi），　　　　饥厌糟糠（jīyànzāokāng）。

亲戚故旧（qīnqìgùjiù），　　　　　老少异粮（lǎoshàoyìliáng）。

妾御绩纺（qièyùjìfǎng），　　　　　侍巾帷房（shìjīnwéifáng）。

纨扇圆洁（wánshànyuánjié），　　　银烛炜煌（yínzhúwěihuáng）。

昼眠夕寐（zhòumiánxīmèi），　　蓝笋象床（lánsǔnxiàngchuáng）。

弦歌酒宴（xiángējiǔyàn），　　接杯举殇（jiébēijǔshāng）。

矫手顿足（jiǎoshǒudùnzú），　　悦豫且康（yuèyùqiěkāng）。

嫡后嗣续（díhòusìxù），　　祭祀烝尝（jìsìzhēngcháng）。

稽颡再拜（jīsǎngzàibài），　　悚惧恐惶（sǒngjùkǒnghuáng）。

笺牒简要（jiāndiéjiǎnyào），　　顾答审详（gùdáshěnxiáng）。

骸垢想浴（hàigòuxiǎngyù），　　执热愿凉（zhírèyuànliáng）。

驴骡犊特（lúluódútè），　　骇跃超骧（hàiyuèchāoxiāng）。

诛斩贼盗（zhūzhǎnzéidào），　　捕获叛亡（pǔhuòpànwáng）。

布射僚丸（bùshèliáowán），　　嵇琴阮箫（jīqínruǎnxiāo）。

恬笔伦纸（tiánbǐlúnzhǐ），　　钧巧任钓（jūnqiǎorèndiào）。

释纷利俗（shìfēnlìsú），　　并皆佳妙（bìngjiējiāmiào）。

毛施淑姿（máoshīshūzī），　　工颦妍笑（gōngpínyánxiào）。

年矢每催（niánshǐměicuī），　　曦晖朗曜（xīhuīlǎngyào）。

璇玑悬斡（xuánjīxuánwò），　　晦魄环照（huìpòhuánzhào）。

指薪修祜（zhǐxīnxiūhù），　　永绥吉劭（yǒngsuíjíshào）。

矩步引领（jùbùyǐnlǐng），　　俯仰廊庙（fǔyǎnglángmiào）。

束带矜庄（shùdàijīnzhuāng），　　徘徊瞻眺（páihuáizhāntiào）。

孤陋寡闻（gūlòuguǎwén），　　愚蒙等诮（yúméngděngqiào）。

谓语助者（wèiyǔzhùzhě），　　焉哉乎也（yānzāihūyē）。

2. 漢字는 왜 사라지지 않는가?

1. 漢字의 사용

우리의 文字는 원칙적으로 한글만을 사용하도록 되어있습니다. <國語基本法>은 공문서는 "한글로 작성하여야 한다"[1]고 규정하여 우리의 공식적인 문자를 한글만으로 국한시켰습니다. 그러나 우리의 현실은 漢字 사용이 오히려 갈수록 늘어나는 추세를 보이고 있습니다. 신문은 갈수록 한자를 더 많이 사용하고 있고, 대기업의 사원모집에서도 한자 능력을 중시하는 경향입니다. 초등학교에서부터 한자 교육에 대한 열의가 갈수록 뜨거워지고 있습니다.

한자는 본래 中國의 문자였습니다. 그래서 우리는 하루빨리 남의 문자를 버리고 우리의 문자 즉 한글만을 사용해야 한다는 주장이 계속되었습니다. 하지만 지금의 현실은 이와 역행하고 있습니다. 이제 우리는 한자에 대한 태도를 명확히 해야 하겠습니다. 우리의 법률을 고치고 학교에서 일찍부터 한자 교육을 시킬 것인가, 아니면 지금처럼 계속해서 공허한 한글전용을 외치면서 현실을 외면할 것인가를 결정해야 할 것입니다.

먼저 우리는 한자 사용의 역사와 한글 창제의 배경에 대한 이해를 분명히 할 필요가 있습니다. 그런 후에 한자가 우리에게 아직도 외국의 문자인지 아니면 우리의 문자인지를 판단할 수가 있을 것입니다.

中國의 문자가 우리나라에 유입된 역사는 대략 2000년쯤 될 것으로 추정합니다. ≪三國史記≫에 小獸林王(西紀 371~383年 在位) 2년(372)에 중국에서

---

[1] 국어기본법(2005.1.27 제정, 법률 제73685호) 제14조. "다만, 대통령령이 정하는 경우에는 괄호 안에 한자 또는 다른 외국 문자를 쓸 수 있다."고 규정하여 한자를 외국 문자와 동일시하고 있습니다.

經文을 보내오고, 또한 같은 해에 太學을 세워 子弟를 가르쳤다는 기록이 있는데2), 이것은 당시에 중국의 문자가 이미 널리 사용되고 있었음을 나타낸 것입니다. 실제로 瑠璃明王(西紀元前 19~西紀元後 17年 在位)이 <黃鳥歌>3)를 지은 것은 이보다 400년 가까이 앞섰습니다. 우리가 한자를 사용한 역사는 이처럼 오래되었으며, 또한 그 역사 속에 쓰인 漢字의 기록은 헤아릴 수 없는 방대한 규모의 문헌을 남겼습니다. ≪韓國文集叢刊≫의 범례를 보면 그 규모를 짐작할 수 있습니다.

> 本書는 韓國學 基礎資料의 擴張을 위하여 三國時代부터 舊韓末에 이르기까지 著作된 韓國人의 現存文集(四千餘種) 중에서 第一次로 六百六十餘種을 選定하고 이를 影印·標點하여 三百五十冊으로 發刊하는 『韓國文集叢刊編刊計劃』(一九八六)에 依하여 刊行한 것이다. 4)

이미 발간된 350 책의 문집은 전체의 2할에도 미치지 못하는 분량입니다. 또한 이것은 단지 문집 분야의 문헌에 불과할 뿐입니다.

≪朝鮮王朝實錄≫은 472년에 걸친 25대 임금의 역사 기록으로, 총 1,893권 888책이 간행되었습니다. 이를 번역한 ≪國譯朝鮮王朝實錄≫은 413책 16만 쪽에 이릅니다.5) 현재 합천 해인사에서 보관중인 팔만대장경의 원문 글자 수도 5천만 자가 넘는 것으로 알려져 있습니다.

2,000년에 걸쳐 기록된 문자가 어찌 이 뿐이겠습니까? 이 모두가 남의 역사가 아닌 우리의 역사이며 이러한 역사 속에서 현재의 우리가 태어난 것입니다.

---

2) "小獸林王 二年, 秦王苻堅遣使及浮屠順道, 送佛像·經文,……立太學, 敎育子弟." 김부식 지음, 이병도 역주, ≪三國史記≫(서울: 을유문화사, 1997), 429쪽.
3) "(琉璃明王)見黃鳥飛集, 乃感而歌曰, 翩翩黃鳥, 雌雄相依. 念我之獨, 誰其與歸." 위의 책, 343쪽.
4) ≪韓國文集叢刊350≫(서울: 民族文化推進會, 2005), 凡例 2쪽.
5) 이성무 지음, ≪조선왕조실록 어떤 책인가≫(서울: 동방미디어, 1999), 6쪽과 269쪽.

2. 중국문자는 불완전한 문자였다

중국문자는 태생적으로 불완전한 문자였습니다. 中國의 문자를 形(글자의 모양)·音(讀音)·義(뜻)라는 세 가지 요소로 나누어 볼 때, 字形과 字音 두 가지 요소는 매우 불편하고도 힘든 역사를 이어왔습니다. 이 역사에서 가장 중요한 역할을 한 인물로 흔히 秦始皇과 毛澤東 두 사람을 거론합니다. 秦始皇은 字形을 통일시켰고, 毛澤東은 字音의 절대음가 표기방안을 마련하여 전국적인 표준어 사용을 실현했다고 하는 것입니다.

象形文字는 처음에 ᄀ 상형의 방식이 시대와 지역에 따라 매우 다양했습니다. 즉 사물의 모습이나 특징을 그림으로 나타내는 것이기 때문에 그림의 모양은 각양각색이었던 것입니다. 이러한 字形을 통일시키지 않으면 문자의 사용에 많은 혼란이 따릅니다. 다양한 篆書가 쓰이던 시대에 秦始皇의 焚書坑儒(당시의 책을 불사르고 儒學者들을 매장시킴)는 자형을 자연스럽게 秦나라의 小篆으로 통일시킨 결과를 낳았습니다. 잔인한 역사였지만 중국 전체가 하나로 통일된 자형으로 쓰이기 시작한 것은 이 때부터였습니다.

자형은 통일되었지만 그로부터 2,000여 년이 지난 현대까지도 字音은 현실적인 표준화를 이루지 못했습니다. 表音文字와는 달리 表意文字는 글자에 絶對音價를 나타낼 수 있는 音素單位가 없기 때문에 지역이나 시대에 따라 천차만별로 읽히는 불완전한 문자였습니다.

예로, 우리는 중국문자의 수용 시기에 있었던 入聲을 지금도 그대로 유지하고 있지만 중국은 아예 없어졌습니다. 우리는 朝鮮時代에 이미 訓民正音에 의해 절대음가를 표시해 왔기 때문에 변화가 있을 수 없었지만, 중국은 훈민정음과 같은 표음 수단이 없어 讀音이 유동적이었기 때문에 이러한 큰 변화가 가능했던 것입니다(이러한 배경을 모르는 언어학자들의 희한한 어학이론들이 亂舞하기도 합니다). 약 50년 전까지만 해도 北京 사람과 廣東 사람은 말이 전혀 통하지 않는 상황이었는데, 이것은 독음의 표준화 방안이 없었다는 것이 일차적인 원인이었습니다. 표준화 방안이 마련된 지금은 약 반세기 정도의 시간으로 전국이 普通話로 통일되어 있음을 볼 때 더욱 그렇다고 할 수 있습니다.

발음과 관련된 단서는 唐나라 前後의 韻書에서 보이는 反切의 방법이 있었지만 이것은 音價의 표준화와는 거리가 먼 것이었습니다. 즉 이것은 절대 음가를 나타내는 것이 아니고 두 글자의 聲母와 韻母를 취하여 讀音을 나타내는 것이기 때문에 그 자체가 유동적인 것이었습니다. 가령 '東'의 음가를 '德紅'으로 나타내어, '德'에서 초성을 취하고 '紅'에서 중성과 종성을 취하여 '동'으로 읽는다는 방식입니다. 그러나 '德'과 '紅'의 독음이 또한 모두 다르기 때문에 이 방법은 특정 시대와 특정 지역의 상대적인 음가를 나타낼 수 있을 뿐이었습니다.

중국에서 독음의 표준화 방안에 대한 연구나 노력은 현대에 와서 시작되었으니 문자의 역사에 비해 상당히 늦었습니다. 특히 한국의 훈민정음과 비교하면 500년 넘게 늦은 것입니다. 중국은 서양과의 접촉이 있기까지는 이러한 문제를 해결하고자 하는 시도를 해본 일이 없었던 것으로 보입니다.

중국문자를 서양인이 알아볼 수 있도록 表音化(注音)를 시도한 것이 어쩌면 중국문자의 독음을 나타낸 최초의 시험이었습니다. 즉 明나라 때 이탈리아 예수회의 전도사였던 마테오 릿치(Matteo Ricci, 1552~1610)가 라틴문자로 중국문자의 독음을 표기하였다고 전합니다. 이것은 200여 년이 지난 후에 중국의 문자 학자들에게 문자 개혁에 대한 하나의 동기부여를 한 계기가 되었습니다.

1900년대쯤에서부터 서양의 문물에 접한 중국의 학자들은 중국문자를 보완하는 노력보다 우선 중국문자 폐지운동을 전개했습니다. 錢玄同은 한자를 근본적으로 폐기해야 한다고 주장했으며, 魯迅은 한자를 없애지 않으면 중국은 반드시 망한다고까지 했습니다. 傅斯年의 주장을 보면 당시 이들이 문자에 대해 얼마나 無知한 생각들을 가지고 있었는지 알만 합니다.

중국문자의 기원은 극히 야만적이며, 그 모양 또한 극히 기이하고, 인식하기에도 극히 불편하며, 응용도 극히 비경제적이고, 정말 거칠고 조잡스러워 소귀신 뱀귀신 같은 문자여서 참으로 천하에서 가장 불편한 기구이다.[6]

우리나라의 한글학자들이 한자를 폐지해야 한다는 주장과 매우 유사한 맥락입니다. 중국문자에 대한 이러한 일종의 열등의식은 서양의 표음문자가 더 우수하다는 생각에서 비롯되었습니다. 그래서 중국문자를 폐기하고 병음문자(표음문자)를 만드는 것이 이들에게는 시급한 과제였고, 이로부터 漢字는 병음문자로 대체되어야 한다는 국어의 로마자 운동이 일어났습니다. 즉 한자를 폐지하고 중국의 구어를 로마자로 표기하겠다는 방식입니다(우리도 한때 그러한 주장들이 있었다). 그러나 이 방안은 현실적으로 성공할 수 없는 것이었고, 당연히 일반 대중으로부터 외면 받았습니다.

한자 폐지 운동이 실패하면서 나타난 것은 기존의 한자에 독음을 표기하는 수단을 만드는 것이었습니다. 즉 일찍이 마테오 릿치가 시도했던 병음 방안(기존 문자의 독음을 표기하는 방식)을 만드는 것입니다. 이로부터 주음부호와 한어병음이라는 두 가지 방식이 만들어졌습니다.

그들은 먼저 세 가지로 요약되는 의제를 논의하였습니다. 첫째는 표준음을 확정하기 위해 모든 글자의 法定音을 규정하는 것이었고, 둘째는 모든 음소의 총 숫자를 확정하는 것이었으며, 세 번째는 모든 음소를 표기하는 자모를 채택 결정하는 것이었습니다. 첫째와 둘째의 문제는 어렵지 않은 작업이었지만, 세 번째 음소의 자모를 만드는 것은 매우 어려운 일이었습니다.

수많은 우여곡절을 겪은 후인 1918년에 이르러 39개의 주음자모를 제정 공포하였습니다. 후에 지금의 '注音符號'로 명칭이 바뀌었는데, 이것이 중국에서 제정한 최초의 表音方式이었으며, 아울러 정부에서 문자에 표준화된 음가

---

6) "中國文字的起源是極野蠻, 形狀是極奇異, 認識是極不便, 應用是極不經濟, 眞是又笨, 又粗, 牛鬼神蛇的文字, 眞是天下第一不方便的器具." 黃德寬, 陳秉新 著, ≪漢語文字學史≫(安徽; 安徽敎育出版社, 1990), 352쪽에서 재인용.

를 부여하는 최초의 작업이 되었습니다. 다시 말해 이것은 곧 중국의 문자에 나라에서 정한 절대 음가를 표시하여, 이를 사용하는 모든 중국인이 통일된 독음으로 글을 읽게 되었다는 뜻입니다. 이 방식은 지금까지 臺灣에서 사용하고 있습니다.

이와 달리 1949년 中華人民共和國이 수립되면서 黨과 정부차원에서 더 적극적인 문자개혁 운동이 논의 되었습니다. 즉 한자의 簡化와 표준어의 보급, 그리고 漢語拼音方案의 제정과 추진이라는 세 가지의 목표를 세웠습니다. 이로부터 <漢語拼音方案>을 확정하였고, 전국의 소학교 語文敎科書에는 새로 나온 글자에 대해 한어병음으로 독음을 표시하기 시작했습니다. 이로써 수천 년에 걸쳐 지역마다 서로 다른 중국어를 구사했던 중국이 하나의 표준화 방안을 마련하게 되었습니다. 周恩來는 이 방안에 대해 이렇게 설명했습니다.

> 이 방안은 과거의 直音法이나 反切法 그리고 각종 병음방안의 기초위에서 발전한 것이다. 라틴자모를 채택한 것으로 말하면 그 역사의 연원은 멀리는 350여 년 전으로 소급할 수 있고 가까이로는 60년 이래 우리 인민이 창제한 한어병음방안의 경험을 總結했다고 할 수 있다. 이 방안은 역사상 존재했던 또는 현재 아직 사용하고 있는 각종 라틴자모의 병음방안과 비교할 때 확실히 완벽하게 개선된 것이다.[7]

이것은 한어병음방안 창제의 역사를 한 마디로 집약한 것이라 할 수 있습니다. 이로써 로마자로 중국문자를 대체하려는 시도는 완전히 종식되었고, 한어병음방안은 중국문자의 독음을 표기하는 일종의 부호임을 분명히 하게 되었습니다. 문자개혁의 또 하나의 성과로 거론되는 한자의 簡化는 1977년 공포했던 제2차 漢字簡化方案(草案)이 1986년 폐지되면서 현재는 중지된 상태입니다. 즉 한자를 간체자로 바꾸는 작업은 더 이상 진행하지 않고 있습니다.

---

7) "這個方案是在過去的直音·反切以及各種拼音方案的基礎上發展出來的. 從採用拉丁字母來說, 它的歷史淵源遠則可以一直推溯到350多年以前, 近則可以說是總結了60年來我國人民創制漢語拼音方案的經驗. 這個方案, 比起歷史上存在過的以及目前還在沿用的各種拉丁字母的拼音方案來, 確實更加完善." 위의 책. 359쪽에서 재인용.

오히려 臺灣이나 華商들의 발걸음이 잦은 곳에서는 번체자로 바꾸어 쓰고 있습니다.

한어병음방안이 비록 서양의 문자를 차용하여 만든 것이기는 하지만, 중국문자의 독음을 표준화 하고 아울러 전국에 표준어을 보급하는데 절대적인 공헌을 하였습니다. 1982년에는 "전국적으로 통용되는 표준어를 보급한다(推廣全國通用的普通話)."는 문구를 새 헌법에 추가하였는데 이는 한어병음방안이 완성되었기 때문에 가능했던 것입니다.

이제는 중국뿐만 아니라 세계의 중국인 모두(현대의 교육에 접할 기회를 갖지 못한 고령자를 제외하고)가 의사소통에 거의 지장이 없는 표준음으로 통일된 중국어를 사용하고 있습니다. 이는 중국어의 역사에서 秦始皇에 의한 자형의 통일과 함께 빛나는 업적을 이룬 것이라 할 수 있습니다. 사람들은 毛澤東의 소신과 추진력이 절대적으로 크게 작용했다고 봅니다. 중국문자는 이로부터 비로소 완전한 문자의 기능을 하게 되었다고 하겠습니다.

3. 訓民正音은 漢字를 우리의 문자로 토착화시켰다

우리나라는 본래 우리의 문자가 없었기 때문에 자연스럽게 가까운 중국의 문자를 사용하게 되었습니다. 그러나 독음이 분명하지 않았던 한자는 우리의 언어생활을 매우 혼란스럽게 만들었습니다. 즉 문자는 우리의 언어와 함께 사용되어야 하는데 발음표기수단이 없는 한자는 口語로 옮겨지기가 어렵게 된 것입니다.

조금 더 당시의 상황을 상상해 보십시다. 문자는 書籍에 실려 들어옵니다. 즉 몇 천 字의 한자를 꾸러미로 빌려온 것이 아니고, 위 ≪三國史記≫의 기록에서처럼 佛經이나 經文으로 들어옵니다. 여기에는 수많은 어휘들이 함께 들어옵니다. 가령 ≪論語≫의 첫 구절입니다.

學而時習之不亦說乎! 有朋自遠方來不亦樂乎! 人不知而不慍不亦君子乎!

여기에서 우선 '時習', '遠方', 그리고 '君子' 등의 어휘는 바로 일상용어로 사용될 어휘들입니다. 그러나 이 어휘들의 발음을 표기할 방법이 없으니 구어로 사용하기에는 매우 큰 불편함이 따르기 마련입니다. 즉 중국에 다녀온 사람이 발음을 口傳으로 전해야 하는데, 이렇게 배운 발음으로 여럿이서 모여 얘기한다면 어떤 상황이 연출될지 짐작할 만합니다. 즉 모두가 서로 다른 발음을 하면서 서로 자기가 맞는다고 우길 것이지만 이를 판단해줄 근거가 없습니다.

가령 우리는 지금도 '다방(茶房)'에 가서 '차(茶)'를 마신다고 합니다. 왜 같은 글자인데 '다'와 '차'라는 서로 다른 音으로 읽는가요? 이것은 잘못된 것입니다. 이를 다르게 읽어야 될 이유가 있었던 것이 아니고, 단지 漢字音의 전래 시기 또는 지역에 따라 서로 다르게 쓰인 것이 지금까지 계속된 것일 뿐입니다. 지금이라도 바로 잡아야 하지만 이미 너무 오래 쓰였기 때문에 바로 잡을 수도 없습니다. 당시에는 이와 유사한 현상이 거의 모든 글자에서 나타날 수 있었을 것입니다.

우리가 中國의 문자를 사용한 역사는 오래 되었지만 朝鮮朝까지도 이렇게 불편하게 사용하였습니다.

이러한 불편의 한 단면이 <訓民正音>의 鄭麟趾 序文에 보입니다.

우리의 예악과 문물은 중국을 따라 같지만 방언이나 일상어가 그와 같지 않으니, 글을 배우는 사람은 그 의미를 깨우치기 어려웠고, 刑房은 그 곡절을 통하기가 어려운 병폐가 있었다. 옛날 新羅 薛聰이 처음으로 吏讀를 만들어 관청과 민간에서 지금까지 사용해 왔는데, 이는 글자를 빌려 사용하는 것이어서 혹은 어렵거나 혹은 막히어 통하지 않았으니, 조잡하여 뜻을 헤아릴 수도 없을 뿐더러 말로 사용하게 되면 만에 하나도 전달할 수가 없는지라.[8]

---

8) "吾東方禮樂文物, 侔擬華夏, 但方言俚語, 不與之同, 學書者患其旨趣之難曉, 治獄者病其曲折之難通.

우리의 언어가 중국과는 다르기 때문에 중국의 문자를 그대로 가져다 쓰는 것 자체가 무리였던 것입니다. 吏讀는 우리말과 중국문자의 혼합된 형태여서 더욱 혼란스러울 뿐이었습니다. 이것을 口語로 사용하게 되면 만에 하나도 통하지 않는다 한 것입니다. 語順이 다르고 표준화된 字音이 없는 상황에서 중국문자는 극히 제한적인 문자의 기능을 할 수밖에 없었습니다.

우리는 무엇인가 방법을 찾지 않을 수 없었습니다. 우리의 말을 한자로 표기하겠다는 吏讀의 방식은 처음부터 성공할 수 없는 것이었습니다. 한 글자한 글자에 대한 絶對音價를 나타낼 수 있는 방법을 찾아야 했습니다. 그것은 중국이 현대에 와서야 이루었던 표기 방식을 만드는 것이었습니다.

訓民正音은 이러한 배경에서 창제된 것입니다.

世宗大王께서는 학자들을 중국에 파견하여 중국의 韻書를 수집하여 연구하고 정확한 音價를 밝혀내고자 하였습니다. 그리고 그 음가를 표기할 방법을 찾고자 하신 것입니다. 훈민정음은 이렇게 탄생하였습니다.

> 이 달에 임금께서 친히 諺文 28字를 지었는데, 글자는 古篆을 모방하였다. 初聲·中聲·終聲으로 나뉘었으며 이를 합하여 글자가 되었다. 무릇 文字와 우리나라의 日常語를 모두 표기할 수 있으니, 글자는 비록 간단하지만 轉換의 쓰임이 무궁하였다. 이것을 訓民正音이라 하시었다.[9]

≪世宗莊憲大王實錄≫ 25년(1443년)의 기록으로 훈민정음 頒布에 대한 가장 직접적인 正史의 기록입니다. 매우 간략한 기록이지만 훈민정음의 구조와 기능 그리고 장점에 대해 더 할 수 없이 간결하게 요약하였습니다.

昔新羅薛聰始作吏讀, 官府民間, 至今行之, 然皆假字而用, 或澁或窒, 非但鄙陋無稽而已, 至於言語間, 則不能達其萬一焉." ≪世宗莊憲大王實錄≫113卷, 28年 9月 29日. 국사편찬위원회 인터넷 제공.

9) "是月, 上親制諺文二十八字, 其字倣古篆, 分爲初中終聲, 合之然後乃成字, 凡于文字及本國俚語, 皆可得而書, 字雖簡要, 轉換無窮, 是謂≪訓民正音≫." ≪世宗莊憲大王實錄≫102卷, 25년 12월 30일 第2條.

훈민정음의 기능은 곧 창제의 목적과도 같은 것인데 여기에서 두 가지로 집약하였습니다. 즉 하나는 '文字'를 표기할 수 있다는 것이며, 다른 하나는 '우리나라의 일상어(俚語)'를 표기할 수 있다는 것입니다.

여기에서의 '文字'는 당연히 중국문자를 지칭합니다. 훈민정음은 '諺文'으로 구별하여 지칭하였습니다. 여기에서 '諺文'은 卑下의 명칭이 아닙니다. 단지 통속적인 글 즉 口語의 글이라는 뜻으로 쓰인 것입니다. 아무리 史官의 史草를 임금이 볼 수 없다 해도 대왕께서 친히 창제하신 훈민정음을 비하의 뜻으로 지칭했을 리는 없습니다. 언문은 중국문자와 우리말을 모두 표기할 수 있는 기능을 한다는 의미입니다.

이제 훈민정음으로 표준화된 독음을 표기하면 곧 문자는 정해진 독음으로 읽히게 될 것입니다. 중앙에서 표준화 하면 지방의 어디에서도 같은 독음으로 읽힙니다. 훈민정음은 당시의 문자에 대해 正音 표기 기능을 함으로써 1,000년에 걸친 문자의 문제를 해결하였습니다. 鄭麟趾의 序文에는 훈민정음의 이러한 우수성과 특징에 대하여 더 구체적인 내용이 있습니다.

> 癸亥年 겨울, 우리 전하께서는 正音 28字를 창제하시어 '例義'를 간략하게 보이시고 이름을 訓民正音이라 하시었다. 象形의 글자로 古篆을 모방하였고, 소리를 따라 만들었으니 7音과 조화를 이루고, 三極(天·地·人)의 뜻과 陰陽 二氣의 오묘함 등 갖추지 않은 것이 없었다. 이 28자로 轉換의 쓰임이 무궁하며 간결하되 要略하였고, 정교하면서 서로 통하니 智者는 하루아침이면 깨우치고 어리석은 자라도 열흘이면 배운다. 이로써 글을 해석하면 그 뜻을 알 수 있고 이로 訟事를 들으면 그 情況을 알아 볼 수가 있다. 字韻으로는 능히 淸濁을 구분할 수 있고, 樂歌로는 律呂의 조화를 이루었으니, 사용하기에 모자람이 없고, 표현에 전달되지 않음이 없다. 바람소리나 학과 닭의 울음소리 또는 개 짖는 소리라도 모두 적을 수 있다.[10]

10) "癸亥冬, 我殿下創制正音二十八字, 略揭例義以示之, 名曰訓民正音. 象形而字倣古篆, 因聲而音叶七調, 三極之義, 二氣之妙, 莫不該括. 以二十八字而轉換無窮, 簡而要, 精而通, 故智者不崇朝而會, 愚者可浹旬而學. 以是解書, 可以知其義, 以是聽訟, 可以得其情. 字韻則淸濁之能卞, 樂歌則律呂之克諧, 無所用而不備, 無所往而不達, 雖風聲鶴唳雞鳴狗吠, 皆可得而書矣." 《世宗莊憲大王實錄》113卷, 28년 9월 29일 第4條.

훈민정음은 소리 표기를 바탕으로 한 표음문자체계입니다. 표의문자에 없는 音素의 기능을 해주는 것입니다. 이로 중국문자의 독음을 표기하고 아울러 그 뜻풀이까지 명확하게 할 수가 있습니다. 즉 훈민정음 체계로 통일된 용어를 사용하여 문장의 의미를 쉽게 전달할 수 있으니 책의 이해도 빠르고, 용어 하나하나에 민감할 수밖에 없는 訟事에서도 口語에 의한 의사전달이 가능해진 것입니다. 과거 문자의 표준화된 독음도 없고 吏讀와 같이 우리의 말에 이러한 남의 문자를 차용하는 방식으로는 생각도 해볼 수 없는 성과라 할 수 있습니다. 또한 그 표기력은 무궁무진하여 온갖 새소리 심지어는 바람소리까지도 표기해낼 수 있는 것이었습니다.

훈민정음은 單音節語인 한자의 발음을 우리말의 다음절어 체계로 변환시키지 않고 단음절로 변환시키도록 만들었습니다. 예로 중국어의 '來'를 우리말로 그대로 옮기면 '라이'가 되어 두 음절로 표기되어야 합니다. 만일 이렇게 되면 우리는 우리말 속에 중국어를 넣어 말하는 결과가 되어 우리의 말은 크게 혼란스러울 것입니다. 우선 중국어 발음을 정확하게 표기하는 것 자체도 문제지만 도대체 우리의 말 사이에 외국어를 끼워 말할 수는 없는 일입니다.

즉 중국의 독음을 단음절로 표기하도록 하여 우리말로 사용하는데 불편이 없도록 해야 했습니다. 한글의 初聲·中聲·終聲으로 된 음운구조는 중국어의 어떤 음운체계도 간결하고도 정확하게 한글로 轉寫할 수 있도록 하기 위해 고안된 것입니다. 예를 들면 '라이(來)'를 '래'로 표기하여 音韻을 축약하였습니다.

물론 중국어의 발음 표기도 가능합니다. 조선시대의 중국어 교본인 ≪老乞大朴通事≫에는 중국어의 발음이 상당히 유사하게 표기되어 있습니다. 이는 한글의 표음기능이 매우 우수함을 입증하는 것입니다.

뜻글자인 중국문자는 무궁무진한 조어력이 있습니다. 훈민정음은 또한 '轉換無窮' 즉 무궁무진한 표기력을 갖고 있으니 이 두 글자가 함께 하면 천상천하에 이보다 더 완벽한 문자는 없습니다. 이로써 우리는 중국보다 훨씬 완전한 문자생활을 하게 되었습니다. 물론 이러한 성취가 한 번에 이루어진 것은 아닙니다. 우리는 吏讀나 鄕札 또는 口訣 등의 과정을 지나면서 참으로 오랜 세월에 걸친 至難한 노력 끝에 이루어낸 것입니다.

중국의 문자가 字形을 통일시킨 뒤로 다시 字音을 통일시켜 완벽한 문자의 기능을 하게 되기까지는 약 2,000년이 훨씬 넘는 세월이 걸렸습니다. 그러나 우리나라는 중국의 문자를 가져다 쓰기 시작한지 약 1,500여 년 만에 이를 완벽하게 사용하였습니다. 이것은 訓民正音의 덕택이었습니다.

4. 訓民正音은 이렇게 사용되었다

훈민정음이 어떻게 쓰이는지에 대해 맨 처음 확실하게 보여준 것은 <龍飛御天歌>의 편찬입니다. 훈민정음이 과연 자유롭게 중국문자와 병행하여 言文一致의 언어생활을 가능하게 할 수 있는지에 대한 첫 실험이기도 했습니다. 世宗 27(1445)년 4월 5일, 權踶·鄭麟趾·安止 등이 <龍飛御天歌> 10권을 지어 올렸습니다.[11]

모두 125章으로 이루어진 장편의 敍事 詩歌였습니다. 내용은 先代의 王들과 그 선조들을 칭송하면서 朝鮮의 開國을 찬양한 것입니다. 125장중에는 순 훈민정음만으로 지은 것도 있고 한자와 병행한 것도 있습니다. 두 가지 모두 漢文詩를 병기하였습니다. 예를 들어봅니다.

第一章
海東 六龍·이 ·ᄂᆞᄅᆞ·샤 :일:마다 天福·이시니 古聖·이 同符·ᄒᆞ시니(海東의 여섯 龍이 날아 하시는 일마다 天福이 있으니 옛 성인과 일치하심이라)
海東六龍飛, 莫非天所扶, 古聖同符.[12]

---

11) ≪世宗莊憲大王實錄≫108卷, 27年 4月 5日.
12) 윤석민 외 지음, ≪쉽게 읽는 용비어천가1≫(서울: 박이정, 2006), 65~68쪽. 필자 번역.

天命의 도움으로 朝鮮의 王業을 일으켰음을 노래하였습니다. 당시의 口語를 훈민정음으로 표기하면서 중국문자를 혼용하였습니다. 이제는 우리의 문자로 토착화해가는 과정이었습니다. 혼란이 없는 言文一致의 실현이 가능하게 된 것입니다. 이는 우리의 역사에서 중국 문자를 완벽한 우리의 문자로 사용한 첫 작품의 첫 구절입니다.

第二章
불·휘 기·픈 남·ᄀ 브ᄅ·매 아·니 :뮐·씨 곳 :됴·코 여·름 ·하ᄂᆞ니
(뿌리 깊은 나무는 바람에 아니 흔들리니 꽃 좋고 열매 많나니.)
根深之木, 風亦不扤, 有灼其華, 有蕡其實.
:ᄉᆡ·미 기·픈 ·므·른 ·ᄀᆞᄆ·래 아·니 그·츨·씨 :내·히 이·러
바·ᄅ·래 ·가ᄂᆞ·니(샘이 깊은 물은 가뭄에 아니 그치니 냇물이 되어 바다로 가나니.)
源遠之水, 旱亦不竭, 流斯爲川, 于海必達.

이 章은 漢文의 어휘가 아니고 당시의 순수 口語를 훈민정음만으로 표기하였습니다. 당시 최고의 학자들이 훈민정음으로 구어의 아름다움을 절묘하게 살려 놓았습니다. 중국 문자를 배우지 못한 사람은 훈민정음만으로도 문자 생활을 할 수 있다는 것을 보여 주었습니다. 그러나 구어는 단지 소리로 전해져 온 말이기 때문에 의미상의 혼란이 없을 수 없습니다. 때문에 <龍飛御天歌>는 매 章마다 漢詩를 붙여 이해를 도왔습니다.

이어서 나타난 <釋譜詳節>이나 <訓民正音>국역본 등이 곧 훈민정음의 기능을 십분 발휘한 기록이었습니다. 즉 한문에 懸吐를 하여 문장의 이해를 도왔으며, 독음을 표기하고 아울러 훈민정음으로 번역을 하였습니다.

훈민정음으로 독음을 표기하기 위해서는 중국문자에 우리의 표준화할 독음을 정해야 했습니다. 이에 따라 ≪東國正韻≫을 간행하였습니다. ≪世宗實錄≫

29년(1447) 9월 29일에 ≪東國正韻≫이 완성되어 이를 간행하라 命하시었다
는 기록이 있습니다.[13]

　≪東國正韻≫은 東國(우리나라)의 正韻이라는 뜻으로 중국의 ≪洪武正韻≫
에 대칭되는 이름으로 보입니다. ≪洪武正韻≫이 明의 太祖가 친히 冊名을
내렸듯이 ≪東國正韻≫ 또한 世宗大王께서 친히 命名하셨습니다. 正韻은 포
괄적인 의미에서는 訓民正音에서의 正音과 마찬가지로 바른 音을 말하는 것
입니다. 다만 여기에서는 엄밀하게 말한다면 중국의 음운과 구별되는 우리나
라의 음운으로, 이제까지 우리는 중국의 음운(발음)을 차용하였지만 이것을
우리의 언어에 알맞도록 재정비하여 ≪東國正韻≫이라 하였습니다.

　즉 당시 元나라 때 발간된 ≪古今韻會擧要≫가 36개의 聲母에 107개의
韻이었고, ≪洪武正韻≫이 31개의 성모에 76개의 韻이었는데, ≪東國正韻≫
은 성모를 訓民正音에서의 23개로 하고, 운모를 91개의 韻으로 고쳐 이를 훈
민정음으로 표기하였습니다.[14] 이것은 중국음의 차용을 벗어나 우리의 독자
적인 음을 정하여 우리문자로서의 토착화를 꾀한 것이라 할 수 있습니다. ≪東
國正韻≫의 서문에 이를 명확히 하였습니다.

　　자획이 訛傳되어 '魚'字와 '魯'字가 서로 바뀌고, 聲音이 어지러워 淸濁의 구별이
　　없으니, 옆으로는 四聲에 따른 韻母를 가를 수가 없고 縱으로는 聲母를 배열할 수
　　가 없다. 때문에 운모와 성모가 결합되지 않고 脣輕音과 脣重音의 순서가 바뀌어
　　聲韻의 변화가 극에 이르렀다. ……옛사람이 정해놓은 운모와 성모를 따라서 합칠
　　것은 합치고 나눌 것은 나누되 聲韻을 합하고 나누는 것은 모두 聖上의 재가를 받
　　았으니 이 또한 각각 근거가 있는 것이다. 이에 四聲으로 맞추어 91韻과 23聲母
　　를 정하여 御製訓民正音으로 그 음을 정하였다.[15]

---

13) ≪世宗莊憲大王實錄≫117卷, 29년 9월 29일.
14) ≪東國正韻≫(서울; 建國大學校出版部, 1973), 575-597쪽.
15) "字畫訛而魚魯混眞, 聲音亂而涇渭同流, 橫失四聲之經, 縱亂七音之緯, 經緯不交, 輕重易序而聲韻之
　　變極矣.……因古人編韻定母, 可倂者倂之, 可分者分之, 一倂一分一聲一韻, 皆稟宸斷, 而亦各有考據.
　　於是調以四聲, 定爲九十一韻二十三母, 以御製訓民正音定其音." 위의 책 〈東國正韻序〉, 三-五쪽.

이어서 간행한 것은 ≪洪武正韻譯訓≫입니다. ≪洪武正韻≫은 明의 太祖(在位; 1368-1398)의 勅命을 받은 樂韶鳳, 宋濂 등이 편찬한 韻書였습니다. 이는 元代(1260-1368)의 ≪中原音韻≫(1324)이 北方音에 치우쳐 있어 이에 南方音을 고려하여 통일된 음을 나타내고자 한 것이었습니다. 世宗大王께서는 申叔舟와 成三問 등에게 명을 내려 ≪洪武正韻≫에 훈민정음으로 중국어의 譯音을 표기하도록 했습니다. 즉 中國語에서의 中國音을 명확하게 표기하여 중국어의 발음 준거를 삼고자 한 것입니다.

우리 세종대왕께서는 韻學에 유의하시고 깊이 연구하시어 訓民正音의 글자들을 창제하시었으니, 사방 만물의 소리를 전달하지 못하는 것이 없었으며, 우리나라 선비들은 비로소 四聲七音을 알게 되었고 이로 갖추지 않은 것이 없었으니 이는 단지 字韻을 나타내는데 그치는 것이 아니었다. 이리하여, 우리나라는 대대로 중국을 섬겨왔으나 語音이 통하지 않아 언제나 通譯에 의존해야 했다. 이에 먼저 ≪洪武正韻≫을 번역하라 명하시었다.……그러나 語音이 이미 다르고 訛傳이 심하여, 臣들에게 명하시어 중국의 선생이나 학자들에게 찾아가 바로 잡으라 하시었으니 중국을 왕래한 것이 일곱 여덟 번이었고, 質正을 해준 사람이 상당수였다. 北京은 萬國이 모이는 곳으로, 가고 오는 먼 길에 交際를 통하여 밝히고자 한 것 또한 적지 않았다. 변방과 異域의 使臣이나 佛者나 道家 또는 군인에 이르기까지 함께 접촉하여 正音과 俗音의 變異를 다하고자 하지 않음이 없었다. 또한 중국의 使者가 왔을 때 儒學者라면 곧 찾아가서 바로 잡았다. 이렇게 십여 차례의 원고를 쓰고 부지런히 반복하기를 8년을 하였으니 거의 바로 잡아 결함이 없어졌음에 의심하지 않게 되었다.[16)

≪洪武正韻譯訓≫은 ≪洪武正韻≫의 中國音을 훈민정음으로 표기한 것입니다. 우리나라와 중국은 문자를 함께 쓰지만 語音이 달라 口語로는 통하지

---

16) "我世宗莊憲大王留意韻學, 窮研底蘊, 創制訓民正音若干字, 四方萬物之聲, 無不可傳. 吾東方之士, 始知四聲七音, 自來所不具, 非特字韻而已也. 於是, 以吾東國世事中華而語音不通, 必賴傳譯. 首命譯洪武正韻.……然語音旣異, 傳訛亦深, 乃命臣等, 就正中國之先生學士, 往來至於七八, 所與質之者若干人. 燕都爲萬國會同之地, 而其往返道途之遠, 所嘗與周旋講明者, 又爲不少. 以至殊方異域之使, 釋老卒伍之微, 莫不與之相接, 以盡正俗異同之變. 且天子之使至國而儒者則又就正焉. 凡謄十餘藁, 辛勤反復, 竟八載之久, 而向之正罔缺者, 似益無疑." ≪洪武正韻譯訓≫(서울; 高麗大學校出版部, 1974), 349쪽.

가 않으니 譯官의 통역에 의존해야 했습니다. 이제 훈민정음이 완성되었고, 훈민정음은 만물의 소리를 표기하지 못하는 것이 없는 표음문자였습니다. 따라서 중국의 語音을 훈민정음으로 표기해 놓으면 口語의 대화가 가능할 것이라고 본 것입니다. 다만 훈민정음의 표기력은 문제가 되지 않는데, 중국의 정확한 발음을 알아내는 것은 힘든 작업이었습니다. 音韻의 質正을 목적으로 북경을 왕래한 것이 7,8차에 이르고, 또한 오가는 길에서 사람들을 사귀며 물었고, 심지어는 불교나 도교인 또는 군인을 가리지 않고 물어 音價의 正·俗音을 살펴 이를 십여 차례나 고쳐 쓰기를 8년이나 한 것입니다. 그런 후 중국의 어음 표기에 더 이상 문제가 없다고 판단한 후 책을 완성하였습니다.

이렇게 훈민정음의 창제는 곧 한자를 우리의 말과 조화를 이루어 우리의 문자로 토착화시키는 역할을 하였습니다. 발음을 모르는 사람은 곧 ≪東國正韻≫이나 ≪洪武正韻譯訓≫으로 표준화된 발음을 찾아 알 수 있고, 이로써 한자의 口語化는 아무런 문제가 없게 된 것입니다.

이제 훈민정음은 중국문자를 우리의 문자로 사용할 수 있는 충분한 조건을 갖추었을 뿐만 아니라 중국음을 쉽게 표기하여 중국어를 학습하는데 좋은 방안이 되기도 하였습니다.

다시 요약하면;

우리나라는 일찍부터 중국의 문자를 가져다 사용했지만 絶對音價를 알 수 없는 문자였기 때문에 이를 口語로는 사용이 거의 불가능한 것이었습니다. 이에 世宗大王께서는 訓民正音을 창제하여 이제까지의 絶對難題를 해결하였습니다. 龍飛御天歌는 훈민정음으로 우리 口語와 중국문자를 성공적으로 혼용하여 사용한 첫 작품이었습니다. 훈민정음 諺解本은 이제까지 중국문자로만 사용해온 漢文에 懸吐를 하고, 그 독음을 표기하였으며 아울러 그 의미를 훈민정음으로 풀어썼습니다. 중국문자를 우리의 문자로 사용하기 위한 세 가지의 문제가 해결된 것입니다.

첫째, 중국문자로 표기가 거의 불가능했던 우리의 국어를 훈민정음이라는 새로운 문자로 표기할 수 있게 되었습니다. 이로써 혼란스러운 吏讀의 사용은 더 이상 필요하지 않았습니다.

둘째, 1500여 년 동안 사용해온 중국문자를 우리의 문자로 토착화 할 수가 있었습니다. 훈민정음 창제 때까지는 사실상 우리의 문자라고 할 수가 없었습니다. 양반들 사이에서 文言으로 겨우 사용되는 문자는 보편성을 확보할 수 없는 매우 제한적인 기능을 할 뿐이었습니다. 여기에 우리 국어에 알맞은 독음을 정하여 이를 훈민정음으로 표기함으로써 言文一致를 이루고, 중국어와는 다른 우리의 문자 체계를 갖추게 된 것입니다.

셋째, ≪洪武正韻譯訓≫에서 볼 수 있듯이 우리의 문자로 외국어를 나타낼 수 있게 되었습니다. 이는 漢字를 중국문자와 우리의 문자로 구분하는 기준이 되기도 합니다.

우리는 漢字의 宗主國인 중국이 이루지 못한 것을 이루었습니다. 중국은 현대에 와서 로마자를 빌어 拼音의 方案을 겨우 만들었지만, 그나마 이는 단지 부호일 뿐으로 문자가 아닙니다. 로마자를 이용한 신문자 운동은 可讀性이 없기 때문에 실패할 수밖에 없었고, 결국 注音符號나 한어병음방안을 만들어 보조적으로 사용하는데 그쳤습니다. 훈민정음은 그 자체가 문자입니다. 다만 漢字와 병행하면 문자의 기능이 중국문자나 또는 일반 표음문자보다 비교할 수 없이 효율적으로 바뀐다는 점이 크게 다릅니다.

다시 말해, 우리의 문자는 漢字와 훈민정음이 결합된 형태입니다. 우리의 문자에서 한자를 들어내는 것은 사실상 문자의 내용을 들어내는 것과 마찬가지입니다. 극히 일상적인 어휘를 제외하면 우리말의 어휘 대부분은 한자어로 되어 있으며, 이러한 어휘에서 훈민정음은 단지 注音의 기능만을 합니다. 때문에 한글만으로 표기하면 어휘의 뜻은 사라집니다. 한자는 무한한 조어력이 있으며 훈민정음은 또한 무한한 표기력이 있어, 이 두 문자를 함께 사용하는 것은 가장 완벽한 문자를 사용하는 것이라고 볼 수 있습니다.

3. 中國歷代王朝西紀對照表

朝　代		年　代	都　城	現在地名
夏		B.C.約22世紀末～B.C.約16世紀初	安邑	山西夏縣
			陽翟	河南禹縣
商		B.C.約16世紀～B.C.約11世紀	亳	河南商丘
			殷	河南安陽
周	西周	B.C.約11世紀～B.C.771	鎬京	陝西西安
	東周	B.C.770～B.C.256	洛邑	河南洛陽
秦		B.C.221～B.C.206	咸陽	陝西咸陽
漢	西漢	B.C.206～A.D.25	長安	陝西西安
	東漢	25～220	洛陽	河南洛陽
三國	魏	220～265	洛陽	河南洛陽
	蜀	221～263	成都	四川成都
	吳	222～280	建業	江蘇南京
西晉		265～317	洛陽	河南洛陽
東晉十六國	東晉	317～420	建康	江蘇南京
	十六國	304～439	―	―
南朝	宋	420～479	建康	江蘇南京
	齊	479～502	建康	江蘇南京
	梁	502～557	建康	江蘇南京
	陳	557～589	建康	江蘇南京
北朝	北魏	386～534	平城	山西大同
			洛陽	河南洛陽
	東魏	534～550	鄴	河北臨漳
	北齊	550～577	鄴	河北臨漳
	西魏	535～557	長安	陝西西安
	北周	557～581	長安	陝西西安
隋		581～618	大興	陝西西安
唐		618～907	長安	陝西西安
五代十國	後梁	907～923	汴	河南開封
	後唐	923～936	洛陽	河南洛陽
	後晉	936～946	汴	河南開封
	後漢	947～950	汴	河南開封
	後周	951～960	汴	河南開封
	十國	902～979	―	―
宋	北宋	960～1127	開封	河南開封
	南宋	1127～1279	臨安	浙江臨安
遼		907～1125	皇都（上京）	遼寧巴林右旗
西夏		1038～1227	興慶府	寧夏銀川

		會寧	阿城(黑龍江)
金	1115〜1234	中都	北京
		開封	河南開封
元	1206〜1368	大都	北京
明	1368〜1644	北京	北京
淸	1616〜1911	北京	北京
中華民國	1912〜1949	南京	江蘇南京

中華人民共和國1949年10月1日成立, 首都北京。

색인

김세환 ————————————————————————————————

충남 부여 출생
한국외국어대학교 중국어과(학사)
臺灣 輔仁大學 中文硏究所(석사)
한국외국어대학교 중국어과(박사)
부산대학교 중문과 교수(1983~)

『끝나지 않는 식민지 학문 100년』(2004)
「周易의 문학적 연구」
외 다수

초판인쇄   2012년 2월 29일
초판 2쇄   2019년 1월 11일

지은이   김세환
펴낸이   채종준
펴낸곳   한국학술정보(주)
주 소   경기도 파주시 문발동 파주출판문화정보산업단지 513-5
전 화   031) 908-3181(대표)
팩 스   031) 908-3189
홈페이지   http://ebook.kstudy.com
E-mail   출판사업부 publish@kstudy.com
등 록   제일산−115호(2000.6.19)

ISBN   978-89-268-3018-5 03720 (Paper Book)
        978-89-268-3019-2 08720 (e-Book)

이담 Books 는 한국학술정보(주)의 지식실용서 브랜드입니다.